Über die Herausgeberin:
Die Herausgeberin Teresa Pütz studierte Germanistik, Medien- und Politikwissenschaften in Trier und Lissabon. Sie arbeitet als Lektorin in der Verlagsbranche und lebt in München. Mit ihrer herausgegebenen Weihnachtskrimi-Anthologie *Stollen, Schnee und Sensenmann* stand sie 2014 auf der SPIEGEL-Bestsellerliste.

Teresa Pütz (Hrsg.)

Ausgezeichnete Morde

Besuchen Sie uns im Internet:
www.droemer.de

Originalausgabe Juli 2016
© 2016 Droemer Taschenbuch
Ein Imprint der Verlagsgruppe
Droemer Knaur GmbH & Co. KG, München.
Alle Rechte vorbehalten. Das Werk darf – auch teilweise –
nur mit Genehmigung des Verlags wiedergegeben werden.
Covergestaltung: NETWORK! Werbeagentur GmbH, München
Coverabbildung: NETWORK! Werbeagentur GmbH, München
Satz: Adobe InDesign im Verlag
Druck und Bindung: CPI books GmbH, Leck
ISBN 978-3-426-30503-4

2 4 5 3 1

Inhalt

Sebastian Fitzek

In einer kleinen Straße

»Na warte, Freundchen!«

Anita Keppler klatschte das nasse Geschirrtuch neben die Spüle und löste ihre Schürze.

Manuel, ihr 17-jähriger Sohn, der am Küchentisch saß und bis eben noch lustlos in seinem Frühstücksei herumgestochert hatte, folgte dem Blick seiner Mutter durch das Flügelfenster.

»Was ist denn nun schon wieder?«

Von seiner Perspektive aus konnte er es nicht sehen, also bat Anita ihn, vom Stuhl aufzustehen, damit Manuel einen Blick nach draußen auf die verkehrsberuhigte Straße in der Charlottenburger Einfamilienhaussiedlung werfen konnte.

»Der Kerl da!« Anita zeigte auf einen Jogger. Bis eben noch hatte er vor ihrer monströsen Linde gestanden, die im Sommer die Einfahrt und alle Autos darin mit diesem ekligen Honigtau überzog, das Heinz (Gott hab ihn selig!) immer als *Baumsperma* verflucht hatte, wenn er die Scheiben von dem klebrigen Zeug befreien musste.

»Mach ein Foto von ihm, schnell.«

»Ein durchgeschwitzter Glatzkopf in Turnhosen? Auf so was stehst du jetzt, Mama?« Manuel griff lächelnd nach seinem Smartphone.

Für mich gab es immer nur deinen Vater, dachte Anita, und für einen Moment verfluchte sie den Teufel namens Schicksal, der ihrem Heinz einen Herzinfarkt und ihr die Einsamkeit geschenkt hatte.

»Mach keine Witze. Sieh doch nur, was er in der Hand hat.«

Manuel betrachtete den Mann vor dem Fenster auf den in den Fotomodus geschalteten Bildschirm seines Handys und pfiff durch die Zähne.

Tatsache.

Das also war der Dreckskerl, den sie jetzt schon seit Wochen suchten.

»Was für ein Wichser!«

Anita schnalzte missbilligend mit der Zunge. Manuel wusste ganz genau, was sie von derartigen Schimpfwörtern hielt, Heinz hätte ihm so etwas nicht durchgehen lassen, aber der Tadel musste auf später verschoben werden. Jetzt sollte sie besser zusehen, dass der Jogger nicht wieder verschwand. Sie eilte aus der Küche, schlüpfte in ihre Gartenschuhe, richtete im Dielenspiegel kurz ihre Dauerwelle (für den Fall, dass die Schäfers von nebenan wieder mit dem Hund vorbeikamen. Letzte Woche hatten sie sie im Bademantel erwischt, als sie nur schnell die Post hereinholen wollte, und Anita hatte in ihren Augen lesen können, was die Spießer sich gedacht hatten: *»Seitdem der Alte tot ist, lässt die Dicke sich ganz schön gehen«*), dann entschied sie, dass sie mit 58 eh keine Schönheitswettbewerbe mehr gewinnen würde.

Jetzt gab es weiß Gott Wichtigeres als die Frisur.

»Rechte Hand hoch und du rufst die Polizei okay?« Sie öffnete die Haustür.

»Die Polizei?«, rief Manuel ihr zweifelnd hinterher.

»Tu, was ich dir sage!«

Mit diesen Worten war sie auf der Straße.

»Hey, Sie da! Hallo!«

Der Jogger, der sich eine Einfahrt weiter die Schuhe zuband, richtete sich auf und sah sich nach der Stimme um. Er hatte gar keine Glatze, sondern nur sehr helle, kurzgeschorene Haare. Und viel zu große Ohren für sein schmales, glänzendes Gesicht. Dem Schweiß nach zu urteilen, der den Kragen seines Sweatshirts verdunkelte, war er schon einige Kilometer unterwegs.

»Also *Sie* sind das!« Anita schloss zu ihm auf und fing selbst an zu schwitzen. Gerade halb acht Uhr früh am Morgen, und die Temperaturen lagen schon bei 25 Grad. Dieser August hatte es wirklich in sich.

»Meinen Sie mich?«, fragte der Jogger und sah sich um, ob noch jemand in seiner Nähe stand. Der Mann war nicht älter als dreißig, durchtrainiert mit strengen Gesichtszügen, wie man es oft bei Menschen sah, die in kurzer Zeit sehr viel Gewicht verloren hatten. Auch wenn Anita ein schlechtes Gesichtsgedächtnis hatte, war sie sich sicher, dass er nicht zu ihrer engeren Nachbarschaft zählte, was ihn umso mehr verdächtig machte.

Wer joggt schon durch diese Siedlung, ohne hier zu wohnen?

»Ja. Endlich haben wir Sie erwischt.«

»Mich? Erwischt?« Er sah sich unsicher um, wie jemand, der sich ganz plötzlich sehr unwohl in seiner Haut fühlt und nicht länger mit einer bestimmten Person alleine sein will.

»Wovon reden Sie?«

»Von dem, was Ihnen da am Hintern klebt.«

Der Mann griff sich an die Gesäßtasche seiner Jogginghose und zog eine eingerollte Klarsichthülle hervor, in der sich ein DIN-A-4 Blatt befand.

»Das hier?«

»Ja, was haben Sie damit vor?«

Er betrachte das Flugblatt, das er eben gerade von der Lin-

11

de gerissen hatte, reichlich desinteressiert und zuckte mit den Schultern. »Nichts. Ich wollte es in die nächste Abfalltonne werfen.«

»Abfall?«

Anita riss ihm das Flugblatt aus der Hand und pochte mit dem Zeigefinger auf das Kindergesicht im Zentrum. Das breit lächelnde, hellblonde Mädchen hätte problemlos für die Sorte Zahnspangen Werbung machen können, die ihr ahnungsloses Lächeln offenbarte. Ahnungslos deshalb, weil die neunjährige Lara bei der Aufnahme wohl kaum geahnt hatte, dass das Foto einmal in der gesamten Nachbarschaft an jedem dritten Baum hängen würde, direkt unter der schreienden Überschrift:

VERMISST!!!

In den ersten vierundzwanzig Stunden hatten die meisten der Nachbarn angenommen, die Kleine wäre von zu Hause ausgerissen. Dabei war Lara kein Problemkind, ihre Mutter jedoch im ganzen Viertel als Flittchen verschrien, das ihrem Mann gerne Hörner aufsetzte. Wer konnte es einer armen Kinderseele verdenken, vor einer Mutter zu fliehen, die durch die Betten der Nachbarschaft hüpfte, sobald ihr Mann für längere Zeit außer Haus war?

Mittlerweile aber, nach so langer Zeit ohne ein einziges Lebenszeichen oder irgendeine heiße Spur, glaubte niemand mehr an ein freiwilliges Verschwinden des Mädchens.

»Wie können Sie es wagen?«, fauchte Anita und zeigte auf ein Mittelhaus schräg gegenüber. »Da drinnen sitzen gerade die Eltern der Kleinen. Sie bangen, dass ihr Mädchen endlich wieder heimkommt. Seit sechs Wochen ist sie verschwunden, und seit sechs Wochen warten wir hier alle auf irgendeine Nachricht. Einen Hinweis. Und was machen Sie?« Anita wedelte mit dem Flugblatt. »Kommen einfach daher und stören die Suche!«

»Also mal halblang«. Der Jogger hob beide Arme. Schweißflecke zeigten sich unter beiden Achseln. »Ich störe keine Suche, ich rette die Bäume.«

»Wie bitte?«

»Die Reißzwecken!« Der Jogger zeigte zurück zur Linde. »Ein Baum ist ein Lebewesen und keine Pinnwand.«

»Die Reißzwecken?« Anita griff sich mit beiden Händen an den Kopf. Das war ja wohl die Höhe! »Ein kleines Mädchen ist verschwunden, und Sie sorgen sich um die verdammte Linde?«

Der Mann nickte stur, was Anita nur noch wütender machte. Sie hob kurz ihren rechten Arm und hoffte, dass Manuel das Zeichen sah, dann sagte sie: »Ich habe eine Idee, Mr. Greenpeace. Wieso gehen wir beide nicht einfach mal rüber, und Sie sagen den Lehmanns ins Gesicht, dass Ihnen dieser Baum da wichtiger ist als ihre Tochter?«

»Wissen Sie was?«, bellte der Jogger zurück und streckte Anita kämpferisch das Kinn entgegen: »Lecken Sie mich.«

Er wollte sich wegdrehen, aber Anita hielt ihn am Arm zurück.

»Sie gehen nirgendwohin, bevor …«

»Bevor was?«

»Bevor die Polizei kommt!«

»Die Polizei?« Dem Jogger blieb der Mund stehen. »Haben Sie eine Macke?«

»Wenn, dann keine größere als Sie, Freundchen. Seit Laras Verschwinden hängen wir unsere Flugblätter auf, und alle zwei Tage sind sie wieder abgerissen.«

»Ja, weil ich die Bäume in diesem Viertel schütze.«

»Oder weil Sie etwas zu verbergen haben.«

»Ich?« Der Jogger lachte und zeigte Anita einen Vogel. »Na klar doch. Ich bin ein Serienkiller und hab Angst, dass Sie mir mit Ihren beschissenen Flugblättern auf die Schliche kommen.«

Sein süffisantes, selbstsicheres Lächeln erstarb, als er sah, wie Manuel, sein Handy schwenkend, zu ihnen auf die Straße trat und rief: »Die Bullen kommen in fünf Minuten.«

*

Eine halbe Stunde später – Manuel war auf dem Weg in die Schule, und die Beamten hatten die Personalien des Joggers längst aufgenommen – war Anita immer noch wütend. Nicht wegen des abgerissenen Flugblattes, sondern wegen der Polizisten. Die beiden Uniformierten hatten sich nur halbherzig für ihre Mithilfe bedankt. Stattdessen war ihnen ihre Skepsis mehr als anzusehen gewesen. *Aber hey, heißt es nicht, dass Täter oft an den Tatort zurückkehren, um sich dort über den Lauf der Dinge zu informieren?*

Oder um die Ermittlungen zu behindern?

Sie hätten ihn wenigstens mal beschatten können.

»Ich rette die Bäume!«

Ha, von wegen. Gab es denn eine faulere Ausrede?

Anita lief gerade mit dem Schmutzwäschekorb bewaffnet die Treppe vom ersten Stock hinunter, als sie Glas klirren hörte. Sie konnte das Geräusch nicht so recht verorten, vielleicht von der Haustür her?

Er ist zurückgekommen, war ihr erster Gedanke.

Der Jogger.

Sie stellte den Korb auf ein Sideboard im Flur und schlich leise auf Zehenspitzen an die Tür, um aus dem Spion nach draußen zu sehen.

Nichts.

Niemand da.

Ihr Herz pochte laut. Sie hielt den Atem an, achtete auf jedes Geräusch. Mit jeder Sekunde, in der sie wartete, wuchs die Sorge in ihr.

Nun hab dich nicht wie ein kleines Kind, schalt sie sich selbst, als sie merkte, wie ihr unheimlich wurde. Allein, ohne ihren Sohn im Haus. Sie überlegte, ob sie ihn anrufen sollte, noch war er ja nicht weit.

Sei nicht albern, befahl sie sich selbst und drückte die Brust durch. Doch dann passiert es wieder. Es klirrte.

Aber nicht vor der Haustür.

Anita erkannte ihren Irrtum.

Das Geräusch kam von weiter unten.

Aus dem Keller!

Sie sah zu der angelehnten Tür, hinter der es nach unten ging, zu den drei muffigen Räumen, in denen sich die Heizungsanlage, die Waschmaschine und die scheußliche Abstellkammer befanden, die seit dem Tod ihres Mannes nicht mehr ausgemistet worden war.

»Hallo?«, rief Anita und bewaffnete sich mit der Taschenlampe, die hinter der Kellertür für Stromausfälle über dem Sicherungskasten hing. Notfalls konnte man mit dem klobigen Ding auch zuschlagen.

Für einen Moment lauschte sie von der Spitze der Treppe in die Dunkelheit hinab, dann schaltete sie das Licht ein.

Nichts.

Keine weiteren Geräusche, keine Bewegungen, keine Schatten.

Vermutlich hatte sie sich nur getäuscht, und sie hatte ja ohnehin vorgehabt in den Keller zu gehen.

Also was soll's, sei kein Weichei. Oder glaubst du, Mr.

Greenpeace ist zurückgekommen, um sich für die Anzeige bei dir zu rächen? Am helllichten Tag?

Bei dem Gedanken über ihre alberne Sorge musste sie beinahe lächeln. Anita fasste sich ein Herz, griff sich den Wäschekorb, legte die Lampe obenauf und stieg die Treppe hinab. Von Stufe zu Stufe wurde es merklich kühler.

Unten angekommen, wollte sie zur Waschküche abbiegen, als sie es noch einmal hörte: knirschendes Glas.

Als ob es jemand absichtlich zerdrückte.

Das Geräusch war sehr viel lauter als oben. Und näher.

In diesem Moment wusste sie, was los war. Sie hatte die Lage komplett falsch eingeschätzt. Hatte nicht damit gerechnet, dass so etwas passieren konnte!

Entsetzt ließ sie den Korb fallen, vergaß, nach ihrer Lampe zu greifen, und riss die Tür zur Abstellkammer auf, dann stieß sie einen spitzen Schrei aus.

»Nein! Nein, nein …«, brüllte sie, als sie die Gefahr vor sich sah … und rannte los. In ihrer Eile löste sich einer ihrer Gartenschuhe, und sie stolperte, was sie wichtige Sekunden kostete, und fast hätte sie es nicht mehr geschafft. Fast wäre sie zu spät gekommen.

So aber gelang es ihr im allerletzten Moment.

»Hiergeblieben«, schrie sie und packte erst nach dem Fuß. Dann nach dem Unterschenkel, und schließlich hatte sie einen so guten Griff, dass sie den Körper mit einem einzigen Ruck aus dem halb geöffneten Kellerfenster wieder zurückreißen konnte.

Das blonde Mädchen zu ihren Füßen streckte flehend die Hand nach ihr aus.

»Bitte, oh bitte lassen Sie mich gehen«, weinte sie. Blut tropfte von ihren Unterarmen. »Bitte, Frau Keppler. Ich will nach Hause. Ich will zu meiner Mama.«

Na klar willst du das. Zurück zu dem Flittchen, das meinen Heinz verführte.

Die Kettenglieder von Laras Zahnspange glänzten im Schein der Kellerlampe über ihren Köpfen, so wie der Chrom des Bettgestells, auf dem sie ihn damals erwischt hatte. Als sie wegen einer Magenverstimmung den Einkaufsbummel hatte abbrechen müssen. Heinz hatte mittig auf ihrem Ehebett gelegen, leb- und reglos, vom Betrug dahingestreckt. Die Lippen so blau wie der Slip, den Laras Mutter zwischen den Laken vergessen hatte. Verständlich, wer durchwühlt schon ein Bett, auf dem der zu Tode gerittene Liebhaber liegt?

»Du gehst nirgendwohin«, erklärte Anita mit fast sachlicher Stimme. Je heftiger Lara zitterte, umso ruhiger wurde sie. »Deine Mutter hat mir das Liebste in meinem Leben genommen.«

Da ist es ja wohl nur recht und billig, wenn ich ihr dasselbe antue.

Lara weinte und Anita lächelte.

Okay, der Tag hatte nicht optimal begonnen. Erst waren die Polizisten nicht so recht auf ihr Ablenkungsmanöver eingestiegen und jetzt musste sie auch noch ein Fenster reparieren, was ihren Zeitplan für heute Vormittag endgültig durcheinanderbrachte.

Aber Laras Anblick, dieses Gesicht!

Der Ausdruck erinnerte sie an die Qualen, die Laras Mutter derzeit aushalten musste.

Und das entschädigt für den ganzen Ärger.

Denn trotz der blutenden Kratzer, die sich das Mädchen bei ihrem Fluchtversuch zugezogen hatte und die Manuel später würde versorgen müssen, trotz alledem fand Anita, dass die Kleine mit dieser Angst in ihren Augen um so vieles besser aussah als auf dem Flugblatt, das sie ja nicht vergessen durfte, wieder an die Linde zu hängen.

So, wie es sich für eine hilfsbereite Nachbarin in einer kleinen Straße einfach gehörte.

Über den Autor

Sebastian Fitzek, geboren 1971 in Berlin, ist Deutschlands erfolgreichster Autor von Psychothrillern. Er studierte Jura, promovierte im Urheberrecht und arbeitete als Chefredakteur und Programmdirektor für verschiedene Radiostationen in Deutschland. Gleich sein erster Psychothriller »Die Therapie«, der im Jahr 2006 erschien und für den er für den Friedrich-Glauser-Preis als bestes Krimi-Debüt des Jahres nominiert wurde, eroberte die Taschenbuch-Bestsellerliste. Bald darauf erschienen die Titel »Amokspiel« sowie »Das Kind« und »Der Seelenbrecher«, mit denen er seinen Ruf als »Star« des deutschen Psychothrillers festigte. Auch »Der Augensammler« und die Fortsetzung »Der Augenjäger« zeichnen sich durch gelungene psychologische Spannung aus.

Seine Bücher werden in vierundzwanzig Sprachen übersetzt; als einer der wenigen deutschen Thrillerautoren erscheint Sebastian Fitzek auch in den USA und England, der Heimat des Spannungsromans. Sein dritter Roman »Das Kind« wurde mit internationaler Besetzung verfilmt und kam im Herbst 2012 in die Kinos. Im September 2012 erschien sein Thriller »Abgeschnitten«, den er zusammen mit dem Gerichtsmediziner Michael Tsokos geschrieben hat.

Bei Droemer Knaur erschien zuletzt »Passagier 23«. Sebastian Fitzek lebt mit seiner Frau Sandra und den zwei Kindern in Berlin.

Lust auf weitere Hochspannung mit
Sebastian Fitzek?

Die Fitzek-Box
zum 10-jährigen Jubiläum

Mit 10 Bestthrillern ist die Box ein unverzichtbares Lese-Ereignis für alle Fitzek-Fans. Die Box enthält »Die Therapie«, »Amokspiel«, »Das Kind«, »Splitter«, »Der Seelenbrecher«, »Der Augensammler«, »Der Augenjäger«, »Abgeschnitten«, »Der Nachtwandler« und »Passagier 23« – jedes Buch im separaten Schuber. Die hochwertige limitierte Sonderedition vom größten deutschen Thrillerautor!

Val McDermid

Der Schluck des Teufels

Aus dem Englischen von Doris Styron

Die Steine waren glitschig von den feinen Tröpfchen, die der von hoch oben herabrauschende Wasserfall versprühte. Das braune Wasser wurde durch den stufenförmigen Sturz in die Tiefe aufgewirbelt, schäumte weiß und glänzte und glitzerte im gleichen Farbton, den der Whisky am Ende der Destillation annahm. Die drei Jugendlichen kletterten zögernd den steilen Hang hinauf und hielten öfter inne, um zu verschnaufen. Sie waren durchaus daran gewöhnt, sich außerhalb der Stadt in der freien Natur auszutoben. Aber die ihnen vertraute Natur war zahmer als die Wildnis der Insel Jura. Sie wussten mit Sanddünen und Waldwegen mit Wandermarkierungen zurechtzukommen, nicht mit dieser rauhen Welt von Felsen und Heide, Farngestrüpp und Kiefern, wo man unversehens auf rauschendes Wasser oder Tümpel stieß. Hier konnte man sich leicht verirren. Für einen Ortsfremden war eines dieser Moore, wo man auf die Pirsch gehen konnte, von dem nächsten kaum zu unterscheiden. Für einen Neuling sahen alle drei Hügel mit ihrer Form einer weiblichen Brust gleich aus. Dass man die Orientierung verlor, war vorprogrammiert.

Aus diesem Grund war Jack nervös und schaute immer wieder zurück, um sich zu vergewissern, dass er genau wusste, wo er war. Es war ihm klar, dass man ihm als dem Ältesten die Schuld geben würde, wenn etwas schiefging. Aber bis jetzt war alles in Ordnung. Er konnte das Schieferdach der viereckigen Hütte neben der Brennerei und dahinter die Bay of Small Isles sehen, wo zwei Jachten vor Anker lagen und sacht im Wasser schaukelten. Am Tag zuvor hatten sie beim Abendessen beobachtet, wie die Boote an ihre geschützten Liegeplätze segelten. Er war froh, dass sie in der Hütte übernachteten und nicht auf einem Boot eingesperrt und dem unberechenbaren Wetter und dem Brechreiz ausgeliefert waren. Es war viel besser, festen Boden unter den Füßen zu haben, wenn man aus der Tür trat.

Und dann schien sich doch der Boden unter ihm zu bewegen. Ein Schrei, fast ein Brüllen übertönte das tosende Wasser. Jack fuhr herum und erhaschte noch den letzten Moment von Camerons Sturz von den Felsen in den Wasserfall. Jack stellte sich vor, was kommen musste, und begriff zunächst nicht, wieso sein Cousin nicht von den brausenden Wassermassen in die Tiefe gerissen wurde, da er doch der vereinten Wirkung von Wasser und Schwerkraft ausgesetzt war. Aber Cameron war offenbar verschwunden. Die Schreie, die Jack jetzt hörte, kamen von seiner Schwester Roisin, die sich noch an die Felsen klammerte, sich aber aufführte, als sei sie diejenige in Not.

Jack suchte sich vorsichtig den Weg zurück hinunter zu seiner Schwester und rief: »Wo ist Cameron?«

Sie hörte so lange auf zu schreien, dass sie ihm einen verächtlichen, abweisenden Blick zuwerfen konnte. »Er ist im Wasserfall.«

»Wie kann er im Wasserfall sein?«

Sie zuckte mit den Schultern. »Ich weiß es nicht. Aber er ist reingefallen und nicht wieder rausgekommen, also muss er noch drin sein, stimmt's? Ich meine, das ist ja hier keine Pforte zu einer anderen Welt, oder?«

Jack schaute auf das rauschende Wasser hinunter. Da er nichts von seinem Cousin sah, hatte Roisin mit ihrer sarkastischen Feststellung womöglich den Nagel auf den Kopf getroffen. Er starrte angestrengt ins Wasser und wünschte sich inständig, Cameron möge auftauchen. Als er etwas Rotes aufleuchten sah, fragte er sich kurz, ob er es durch seinen Wunsch ins Leben gerufen hatte. Dann sah er es wieder und war diesmal sicher, dass es Camerons T-Shirt war. »Schau, dort ist er«, rief er. »Da muss ein Felsvorsprung oder eine Höhle oder so etwas sein. Roisin, geh runter und hol Hilfe!«

Ausnahmsweise musste er ihr das nicht zweimal sagen. Jack sah zu, wie sie eilig hinunterkletterte, und hoffte, dass sie nicht stürzte und damit seine Probleme verdoppelte. Als sie hinter den Gebäuden der Brennerei und dann der Hütte aus seinem Blickfeld verschwunden war, wandte er sich wieder dem Wasserfall zu. Ja, er erhaschte eindeutig mehrmals kurz einen Blick auf Camerons Hemd. Und es schien, als bewege sich sein Cousin, also war er auf keinen Fall tot oder schwer verletzt. Jack setzte sich auf einen Steinbrocken und wartete; die Arme hatte er um seine angezogenen Beine geschlungen und den Oberkörper fest dagegengepresst, so hielt er die Angst zurück.

Die Rettung wurde schleunigst in Angriff genommen. Nur Minuten nachdem Roisin verschwunden war, erschienen Gestalten auf dem Hang und schwärmten über die Felswand aus, trittsichere und gesetzte, geborene Inselbewohner und auch Zugezogene. Nicol, der Schiffer, legte Jack beruhigend einen Arm um die Schultern, während andere eine Menschenkette bildeten und in das wild schäumende Wasser stiegen. Sie näherten sich vorsichtig, aber ohne zu zögern, dem Wasserfall. Und schneller, als man für möglich gehalten hätte, kamen sie rückwärts aus der durchbrochenen Wand des Wassers wieder heraus; Cameron hing mit seinem dünnen Körper an dem Anführer wie ein Klammeräffchen.

Gerade zur rechten Zeit kamen die Mütter. Der stämmige Mann, der die Rettungsmannschaft angeführt hatte, löste Cameron von sich ab und gab ihn an seine Mutter weiter. Sie drückte ihn fest an sich, und nach dem Schock zitterten beide vor Erleichterung. Jetzt, wo die Angst vorbei war, ließ er los, drehte sich halb zum Wasserfall um und sagte: »Da ist ein Fass Whisky drin.«

Die Einheimischen tauschten skeptische Blicke und schauten dann Willie Cochrane an, den Geschäftsführer der Destillerie aus Glasgow. Er schüttelte den Kopf. »Das kannit stimmen. Wir können jedes Fass nachweisen. Dafür sorgt das Zollamt.«

Cameron lächelte einnehmend. »Aber wirklich. Ehrlich. Da ist ein Fass genau wie die, die Sie uns im Lager gezeigt haben.«

»Es gibt nur eine Möglichkeit, es herauszufinden«, sagte Nicol und schaute die Rettungshelfer erwartungsvoll an.

Der Anführer zuckte mit den Achseln. »Warum nicht? Wir sind ja eh schon nass. Hat jemand eine Lampe?«

Einer hatte eine mit Gummi ummantelte Taschenlampe am Gürtel hängen. Wortlos reichte er sie ihm, und die Männer traten noch einmal unter den trommelnden Guss des Wasserfalls.

Während sich die Mütter um Cameron kümmerten, liefen die anderen herum und machten überdeutlich, dass sie nichts Nützliches zu tun hatten. Aber sie mussten nicht lange warten. Die Männer tauchten wieder auf und kamen rückwärts aus dem Wasser, wobei sie sich wie nasse Hunde schüttelten. »Der Junge hat recht«, sagte der Anführer. »Ich hab keine verdammte Ahnung, wie man das da hochgekriegt hat, aber in den Felsen ist eine kleine Höhle, kaum hoch genug, dass man aufrecht stehen kann. Und ganz hinten drin liegt ein Whiskyfass.«

»Das kannit sein«, wiederholte Willie und schüttelte energisch den Kopf. »Auf keinen Fall!«

»Ist ja nicht dein Problem, Willie«, sagte der Mann. »Es ist ein Fass von 1901.«

Willies Augen wurden vor Staunen ganz groß. Ein breites Grinsen trat auf sein kleines Gesicht. »Du machst Witze.«

»Wenn ich's dir doch sag! Es muss eins der letzten Fässer aus der alten Brennerei sein, bevor sie geschlossen wurde.«

Willie rieb sich die Hände. Einhundertelf Jahre alter Whisky! Er sah schon die Pfund-Zeichen vor sich. »Also, wie kriegen wir es da raus?«, fragte er.

*

Archie Maclean saß gern am Fenster. Sein Häuschen lag versteckt am Ende eines Pfads, und das Beste daran war die Aussicht auf das Steilufer über dem Loch Tarbert. Meistens hörte man hier nur das Meer und die Vögel, außer wenn die Hubschrauber mit VIP-Gästen angeschrubbt kamen, damit sie auf Lord Astors Landsitz auf die Jagd gehen konnten. Das war eines der wenigen Dinge, die sich seit seiner Kindheit in diesem Winkel der Insel geändert hatten. Zweiundneunzig war er jetzt und hatte jede Menge Zipperlein, um es zu beweisen. Aber er hatte nicht das Gefühl, dem Tod nahe zu sein.

Auf Jura hatten die Leute traditionell die Eigenschaft, sehr alt zu werden. Irgendein Wissenschaftler hatte ihnen gesagt, es hätte mit dem hohen Selengehalt des Wassers zu tun. Archie meinte, der Grund sei hauptsächlich die saubere Luft, das harte, aber einfache Leben und der gute Whisky. Jahrelang hatten sie sich auf Freunde und Verwandte über dem schmalen Islay-Sund drüben verlassen müssen, die ihnen einen zuverlässigen Vorrat an gutem Whisky verschafften; aber seit vor vierzig Jahren die Destillerie wieder den Betrieb aufgenommen hatte, kamen die Einheimischen nicht zu kurz.

Er schaute auf seine Uhr. In zehn Minuten würde er das Radio anschalten, um die Nachrichten zu hören. Wenn man alt wurde, bedeutete das nicht, dass man klein beigeben und nicht mehr versuchen sollte, die Welt zu verstehen. Jede Woche fuhr sein Urenkel Callum einmal mit ihm zum Service Point in Craighouse hinunter, wo er das Internet nutzen und seinem Sohn in Neuseeland und seiner Tochter in Spanien E-Mails schreiben konnte. Archie surfte auch gern im Internet und folgte den Links in die Winkel und Ecken des Cyberspace.

Zwei Lummen fielen ihm ins Auge, und er verfolgte ihren Flug über den See, bis sie verschwanden. Ein unerwartetes Geräusch ließ ihn den Kopf zur Seite neigen und angestrengt horchen. Dann entspannte er sich. Es war Callums Land Rover, dessen klappriger Dieselmotor sich den Pfad heraufquälte. Archie lächelte, stützte sich auf die Armlehnen seines Stuhls, stand ächzend auf und ging in die Küche. Er mochte es, dass Callum ihn öfter mal außer der Reihe besuchte. Archie wollte nicht, dass seine Familie vorbeikam, weil sie sich verpflichtet fühlte. Er war lieber allein, als das Gefühl haben zu müssen, ein Besuch bei ihm werde als gute Tat betrachtet. Aber zu Callum, dem Ältesten der Urenkelgeneration, hatte er immer schon eine besondere Beziehung gehabt.

Der Motor hustete noch ein paar Mal und ging dann aus. Archie spürte die kühle Nachmittagsluft, als die Tür aufging und Callum eintrat. Auf dem Weg zu einem der Küchenstühle legte dieser kurz den Arm um Archies dünne Schultern und drückte ihn.

»Dein Haar ist nass«, sagte Archie.

»Du merkst aber auch alles, Daddo. Du wirst nicht glauben, was ich gerade gemacht hab.« Callum schüttelte seinen großen Kopf, und sein rötliches, struppiges Haar fiel ihm feucht und lockig auf die Schultern herab.

»Lass hören!« Archie gab Teebeutel in zwei Becher und goss kochendes Wasser drüber.

»Du kennst ja den Fluss, der vom Market Loch herunterfließt?«

»Den Whisky River?« Archie rührte den Tee um, hob behutsam die Beutel heraus und legte sie auf einen Unterteller, der zu diesem Zweck neben dem Kessel stand.

»Ja. Na ja, eins von den Kindern, die ihre Ferien in der Hütte verbringen, ist heute früh in den Wasserfall gestürzt, deshalb mussten wir den Jungen rausholen. Weil er einfach verschwunden war. Wie durch Zauberei.«

Vor Schreck verschüttete Archie Tee auf den Tisch. Callum sprang auf, holte einen Lappen und wischte den Tee weg, während der ältere Mann nach einem Stuhl tastete und sich schwerfällig darauffallen ließ. »Eine Höhle?« Er klang schwach und missmutig.

»Ja, eine Höhle. Gut geraten, Daddo.«

»Ach, an dem Hang sind ja hier und da ein paar Höhlen. Da braucht man kein Einstein zu sein.«

»Dort ist also eine Höhle. Wir holen den Jungen raus, keine große Sache. Aber er fängt an, von einem Whiskyfass in der Höhle zu plappern. Willie war dabei und hat hartnäckig behauptet, es könnte keins von seinen sein. Aber der Junge war genauso hartnäckig, er hätte dort eines gesehen. Mehr um ihm den Gefallen zu tun als aus sonst einem Grund, sind wir noch mal reingegangen. Und tatsächlich war da ein Fass.«

Archie nippte an seinem Tee und hoffte, dadurch werde

das flaue Gefühl in seinem Magen nachlassen. »Das ist ja erstaunlich«, sagte er, klang jedoch gar nicht erstaunt.

»Aber Willie hatte recht. Es war keins von seinen Fässern. Rate mal, was es war?«

»Keine Ahnung.« Archie starrte in seinen Tee. »Von Islay?« Es war vernünftig, das zu vermuten. Im Lauf des letzten Jahrhunderts hatte es zu jedem beliebigen Zeitpunkt auf der Insel drüben über dem schmalen Sund mindestens ein halbes Dutzend Brennereien gegeben.

»Noch besser. Es ist ein Fass von 1901 von der alten Jura-Destillerie. Willie ist vor Aufregung fast in Ohnmacht gefallen.«

»Ja? Das glaub ich.«

Callum nahm einen kräftigen Schluck Tee. »Weiß Gott, wie sie es geschafft haben, es überhaupt da raufzuschaffen.«

»Man wird es doch bestimmt nicht wieder runterholen können?« Archie klang entspannt, aber mit seinen geschwollenen, arthritischen Fingern umklammerte er fest seinen Becher und drückte ihn gegen die Brust.

Callum tippte sich mit dem Finger an die Nase. »Man muss nur wissen, wie. Norman Shaw hatte genau das richtige Gerät in seinem Boot. Einen großen dreibeinigen Ständer für einen Flaschenzug. Die Jungs haben das Fass mit Stricken gesichert und es zwischen den Steinbrocken durchgezogen, dann hat Norman es Schritt für Schritt den Abhang hinuntergelassen. Es gab einen oder zwei brenzlige Momente, aber niemand wurde verletzt, und auch das Fass blieb heil. Was für ein erstaunlicher Anblick, Daddo. Man konnte noch die Schrift auf dem Fass erkennen: ›Jura 1901‹.«

»Und wo ist das Fass jetzt?«

»Willie und seine Männer haben es weggeschafft und lagern es unter Zollverschluss. Ich meine, genau genommen gehört es nicht der Destillerie, aber niemand will mit dem Steuereintreiber in ein Szenario wie in *Das Whisky-Schiff* verwickelt werden. Der Zollverschluss schien da die beste Lösung. Willie wird das Fass morgen früh anschlagen und herausfinden, wie der Whisky ist. Wenn er gut ist, wird er den Mischmeister vom Festland kommen lassen. Um zu sehen, ob er etwas Besonderes ist; Willie sagt, man kann ihn für viel Geld verkaufen, und wir kriegen alle etwas davon ab. Wenn Robert Paterson erst mal seine Zustimmung gegeben hat, dann ist alles möglich.«

Archie starrte über Callums Schulter hinaus auf den Zipfel des Loch Tarbert, den man durch das Küchenfenster sehen konnte. »Ich hab das Gefühl, das wird wirklich etwas Besonderes.«

Callum trank seinen Tee aus und erhob sich. »Hoffe ich doch. Ich könnte ganz gut 'n bisschen Geld brauchen. Den Land Rover reparieren lassen. Und vielleicht 'n neuen Motor für das Dingi.« Er klopfte Archie auf die Schulter. »Ich seh dich dann am Donnerstag, Daddo. Zur gleichen Zeit wie immer?« Mit seinen Träumen von Motoren beschäftigt, bemerkte er nicht, dass Archie zum Abschied gar nichts sagte.

*

Wie sähe eine Leiche aus, wenn sie vierundsechzig Jahre in einem Eichenfass in Whisky gelegen hätte? Archie hatte einmal ein Forum gefunden, in dem es um forensische Anthropologie ging und in dem ein amerikanischer Professor Fragen beantwortete. Was manche Leute interessierte, war besorgniserregend bizarr. »Wie würde ein abgetrennter Venushügel in einem Glas Formalin aussehen?«, wollte jemand wissen.

»Wie Thunfisch in der Dose, mit Haaren«, war die lakonische Antwort gewesen.

Zwei Wochen später hatte er wieder das Forum besucht und die Frage gestellt: »Wie sähe eine Leiche aus, wenn sie fünfzig Jahre lang in einem Fass Whisky gelegen hätte?« Sie wurde fast sofort beantwortet.

»Die Leiche wäre vollkommen erhalten, vorausgesetzt, sie wäre ganz vom Alkohol bedeckt gewesen«, hatte der Professor geschrieben. »Alles – außen und innen – wäre noch genau so wie früher. Sogar der Mageninhalt wäre noch komplett erhalten, man könnte also herausfinden, was die Person vor fünfzig Jahren als letzte Mahlzeit zu sich genommen hatte. Es würde nur *eine* große Veränderung vorliegen. Genau wie Whiskey seine Farbe von dem Holz bekommt, in dem er zum Reifen liegt, so hätte auch die Leiche diese Farbe angenommen. Wenn es sich um einen anfangs weißen Mann handelte, wäre er nach fünfzig Jahren ganz schön dunkel. Selbst das Weiß der Augen hätte sich geändert, zumindest würde er gelbsüchtig aussehen.«

Diese Antwort hatte Archie nicht erwartet. Er hatte vermutet, der Whisky würde eher wie Säure wirken und den Körper langsam zerfressen. Und er war überzeugt gewesen, dass nach so langer Zeit im Fass nichts von Jock Lindsay übrig sein würde außer einem Bodensatz. Die Vorstellung, dass er da in der Flüssigkeit schwebte wie ein Exponat in einem Museum, war verstörend. Aber trotzdem, hatte sich Archie gesagt, war die Höhle mit ihrem Geheimnis über ein halbes Jahrhundert unberührt geblieben. Wahrscheinlich würde sich das auch nicht ändern, bis er schon längst gar nicht mehr lebte. Er hatte bezweifelt, dass es heutzutage überhaupt noch jemanden gab, der einen Namen mit dem Toten in Verbindung bringen würde.

Archie wusch die Becher ab und stellte sie aufs Abtropf-brett. Im Kühlschrank war noch etwas von dem Auflauf mit Wild von seiner Enkelin. Er hatte vorgehabt, ihn mit Kartof-feln und Karotten zum Abendessen zu verspeisen. Aber jetzt hatte er keine Lust mehr darauf. Stattdessen füllte er seinen verbeulten Flachmann mit sechzehn Jahre altem Jura-Whis-ky, zog seine alte Jagdjacke über und ging, sich schwer auf seinen Spazierstock stützend, auf die Tür zu.

Für den Weg zum Steilufer nahm er sich Zeit und setzte sich dort auf seinen gewohnten flachen Felsbrocken. Sein knochiges Hinterteil hatte keine Polsterung mehr, und er wusste, dass er nicht lange verweilen konnte. Wenigstens hat-ten die Mücken aufgehört, ihn zu verfolgen. Nichts mehr da, das sie aus ihm heraussaugen konnten, dachte er oft. Archie schraubte seinen Flachmann auf und schlürfte die lauwarme, torfig schmeckende Flüssigkeit. Er spürte das Brennen bis hinunter in den Magen. »Kosten wir's so gut wie möglich aus!«, sagte er zu sich.

Eine leichte Brise kräuselte den Zufluss zum See hin, des-sen Wellen unter ihm heranrollten. Von hier aus konnte er einige der Vermessungssäulen sehen, Zeichen, die die Gefah-renstellen markierten. Dieses geniale Navigationssystem hat-te man in den sechziger Jahren eingerichtet, um die tückische Fahrt durch die gewundene Passage zu erleichtern, die vom Meer zum Ankerplatz im Loch Tarbert führte. Davor hatten die felsigen Untiefen die Unterseite so manchen ortsfremden Bootes aufgerissen. Und auch ein paar Boote der Einheimi-schen, die sich allzu sicher gefühlt hatten.

Damals – im Jahr 1948 – hatte es noch keine Vermessungs-säulen gegeben. Nur ein paar angemalte Steine, die den Weg markierten. Es war ganz einfach gewesen, die bemalten Stei-ne mit Säcken zu verdecken und einige zur Täuschung nachzubilden. Archie wusste, dass das genügen würde, um Jock Lindsay zu verwirren. Obwohl Lindsay auf Jura aufgewachsen war, hatte er sich ans Land gehalten, nicht ans Meer. Er hätte wohl sein Boot in den See hinaufsteuern können, wenn alles so gewesen wäre, wie es hätte sein sollen; aber Archie hatte dafür gesorgt, dass es nicht so war. Das Motorrad, das Jock an Bord mitführte, hatte bewirkt, dass sein Boot sank, sobald es leckgeschlagen war. Auf diese Weise war Jock für Archie kein Gegner, als er, von den schweren Stiefeln und Kleidern nach unten gezogen, versuchte, in der Dunkelheit das Land zu erreichen. Archie hatte gewusst, dass er diesen Vorteil unbedingt brauchte, denn Jock war größer, brutaler und skrupelloser, als er jemals gewesen war. Aber er war entschlossen gewesen, Jock Einhalt zu gebieten. Und wenn das hieß, sich fauler Tricks zu bedienen, dann sollte es eben so sein.

Es endete in einem Mord und hatte in der Schule begonnen. Archie und Jock waren zusammen in die Dorfschule gegangen, und als der Krieg ausbrach, hatten sie sich zusammen anwerben lassen und gingen beide zu den Fallschirmjägern. Beide hatten den Krieg so erlebt, dass sie nur froh waren, noch am Leben und unversehrt zu sein. Archie wusste, dass Jock Schlimmeres gesehen und getan hatte als das, womit er hatte fertig werden müssen. Das hieß, dass es wirklich sehr übel gewesen war.

Nach dem Krieg blieb Jock weiter in der Armee, aber Archie war sehr dankbar, auf die Insel Jura zurückkehren zu können. Er hatte auf dem Gut Ardlussa im Norden der Insel Arbeit gefunden, wo er sich mit allem befasste, was so anfiel. Als die Fletchers Barnhill an den Schriftsteller Eric Blair vermieteten, der überall als George Orwell bekannt war, hatte man ihm gesagt, er solle alles tun, was er könne, um auszuhelfen, solle aber so unaufdringlich wie möglich sein. Er hatte sein Bestes getan, und obwohl Mr. Blairs Schwester, wenn sie verärgert war, eine so scharfe Zunge hatte, dass sie damit Farbe hätte abziehen können, hatte Archie den Kopf eingezogen und sich unsichtbar gemacht, wenn Mr. Blair zugegen war.

Aber meistens tat der Schriftsteller, was Schriftsteller eben tun. Er blieb in seinem Zimmer und hämmerte auf eine Schreibmaschine ein. Wenn Archie durch den Garten ging, hörte er manchmal das Klappern der Tasten, dazwischen das leise Klingeln des Wagenrücklaufs, und dann unterbrach oft ein Hustenanfall den weiteren Verlauf.

Archie hatte nie viel gelesen, aber er wusste, dass Mr. Blairs Bücher als wichtig galten. Offenbar setzte er sich für die Arbeiter ein, allerdings gelang es Archie nie, irgendein Gespräch mit ihm zu führen. Er hatte ein Buch geschrieben, in dem Tiere die Herrschaft übernahmen, aber eigentlich ging es nicht um die Tiere, sondern um den Kommunismus. Laut Mrs. Fletcher unten im großen Haus hatte es sich sehr gut verkauft.

Miss Blair sagte, das Buch, das ihr Bruder jetzt schreibe, werde noch beachtenswerter sein. Was die Einzelheiten betraf, blieb sie ein bisschen vage, berichtete aber, es sei sehr politisch und werde viele Leute äußerst ungehalten machen. »Besonders die einfältigen Dummköpfe, die meinen, nur weil die Russen im Krieg auf unserer Seite waren, seien sie jetzt, wo alles vorbei ist, die Art von Menschen, die wir als Verbündete haben wollen«, hatte sie eines Nachmittags bei der Kartoffelernte erklärt.

Für Archie war alles gut gelaufen. Die Arbeit auf Ardlussa und Barnhill war hart, aber er wohnte in einem recht netten gemieteten Häuschen, hatte Morna Stewart geheiratet, und ihr erstes Kind war unterwegs. Und dann bekam er eine Postkarte von Jock Lindsay.

»Ich komme auf Urlaub nach Hause. Sieh zu, dass du am Samstag nach Craighouse kommen kannst, dann gehen wir zusammen einen trinken.«

Archie hatte nur wenig Lust, mit Jock Lindsay einen zu trinken. Er konnte sich vorstellen, sein Geld auf sinnvollere Weise auszugeben. Aber Morna nahm die Karte in die Hand und stieß ihn mit dem Ellbogen an. »Ach komm, Archie. Du arbeitest hart und verdienst mal ein bisschen Spaß.«

»Ich hab jede Menge Spaß mit dir.«

Sie kicherte. »Es gibt doch mehr im Leben als 'n Tanz-abend in Inverlussa. Rede mal mit Mrs. Fletcher. Ich bin si-cher, dass es etwas gibt, das im Lkw nach Craighouse runter-gebracht werden muss. Oder von dort geholt.«

Und also war er gegangen.

✳

Sie tranken ein paar Bier in der Bar, dann hatte Jock Archie raus auf den Pier geführt und eine kleine flache Flasche aus seinem Kampfanzug genommen. Er zog den Korken heraus und gab die Flasche an Archie weiter. »Trink«, forderte er ihn auf. »Ein guter Tropfen von Islay.«

Archie nahm zögernd einen Schluck. Der medizinische Beigeschmack eines intensiv torfigen, öligen Whiskys füllte seinen Mund, machte seine Stirnhöhlen frei und ließ ihm schwindlig werden. »Mein Gott, Jock, das ist ja 'n Schlück-chen«, sagte er.

»Beziehungen, Archie. Beziehungen.«

Schweigend gingen sie zum Ende des Piers und bedienten sich abwechselnd aus der Flasche. Schließlich wandte sich

Jock Archie zu und sagte: »Du arbeitest also für George Orwell.«

»Wir nennen ihn bei seinem richtigen Namen. Eric Blair. Aber, ja, das stimmt.«

»Die Leute, für die ich arbeite, die halten nicht viel von deinem Mr. Blair.«

»Tatsächlich? Und für wen arbeitest du, Jock? Ich dachte, du bist Soldat?«

»Bin ich auch, Archie. Aber die Dinge sind nicht mehr so einfach wie damals, als du noch Uniform getragen hast. Damals war der Feind klar sichtbar. Jetzt hält er sich manchmal gut versteckt.«

»Wieso ist Mr. Blair der Feind von irgendjemand? Er schreibt doch nur Bücher.«

Jock lachte glucksend. Es klang leise und drohend. »Bücher, die die Leute veranlassen, ihre Meinung zu ändern, Archie. Bücher, die die Wahrheit verdrehen und lügen. Dein Mr. Blair, er redet davon, dass er für die Arbeiter sei. Er behauptet, Sozialist zu sein. Aber in seinem letzten Buch hat er den Sozialismus verhöhnt und die Arbeiter lächerlich gemacht. Jetzt hört man, dass er ein Buch schreibt, das die Leute dazu bringen wird, sich von der Linken abzuwenden. Und wozu führt das? Es führt dazu, dass wir zu Marionetten von Amerika werden, so ist das. Die einzige sichere Möglichkeit für uns ist das Gleichgewicht der Kräfte, und wenn wir uns von Russland abwenden, dann haben wir das Handtuch geworfen. Wir würden uns von Uncle Sam bestechen lassen und unsere Souveränität aufgegeben.«

Archie schüttelte den Kopf, er war perplex. Noch nie hatte er Jock so reden hören. Niemand aus der Gegend redete so. »Gleichgewicht der Kräfte«. »Souveränität«. »Von Uncle Sam bestechen lassen«. Über so etwas tönten Politiker im

Radio, so sprach man nicht, wenn man samstagabends mit Freunden ausging.

»Bist aber arg politisch worden«, sagte er.

»Die Leute, für die ich arbeite, haben mir erklärt, wie es zugeht in der Welt, Archie.«

Archie kratzte sich am Kinn. »Soso?«

»Archie, du kennst mich ja. Wir haben zusammen in der Klemme gesteckt. Du weißt doch, dass du mir trauen kannst.« Jock klang einnehmend, und als er Archie die Flasche reichte, stieß er ihn mit dem Ellbogen an.

»Inwiefern soll ich dir trauen?«

»Ich hab einen Auftrag«, sagte Jock. »Befehl von ganz oben. Man will nicht, dass das neue Buch von deinem Mr. Blair das Licht der Welt erblickt. Ich höre, er ist sehr krank?«

Zögernd nickte Archie. »Ja. Es ist kaum noch was an ihm dran. Manchmal denke ich, einen weiteren Winter wird er nicht überstehen. Aber er ist ein zäher Kerl. Bei so einem weiß man nie.«

Jock nahm eine Packung Zigaretten heraus und bot Archie eine an, der aber den Kopf schüttelte. Tabak hatte ihm nie geschmeckt, und darüber war er froh, wenn er hörte, wie Mr. Blairs quälender Husten quer durch den Garten hallte. Ein richtiger Raucherhusten war das. Jock zündete seine Zigarette an und sagte dann: »Ich habe den Befehl, das Manuskript seines neuen Buches zu zerstören. Um jeden Preis.«

Die Worte lagen still und schwer zwischen ihnen wie ein Stein. Archie wusste nichts über Bücher, aber er wusste viel über schwere Arbeit. Und ihm war klar, was es Mr. Blair rein körperlich kosten musste, das Buch zu schreiben, das nach Maßgabe seiner Schwester bald fertig sein sollte. »Bist du deshalb hier?«

Jock lachte. »Nein. Ich bin hier, weil ich Hilfe von einem alten Waffenkameraden brauche. Wenn ich wiederkomme, werde ich auf jemanden angewiesen sein, der sich auf dem Grundstück auskennt und mir Zutritt zu Barnhill verschaffen kann, ohne Aufsehen zu erregen. Rein und raus, keiner merkt was. Und gute Arbeit geleistet ohne große Umstände. Da kommst du ins Spiel, Archie.«

Archie schüttelte den Kopf. »Das kann ich nicht machen. Sie haben mich sehr anständig behandelt.«

Jock packte ihn plötzlich am Arm. »Es geht hier nicht um dich, Archie. Du tust das für dein Land. Es ist deine patriotische Pflicht. Siehst du diese Uniform? Es ist die gleiche, die wir beide im Kampf gegen die Nazis getragen haben. Diese Kämpfe, die wir jetzt austragen, sind genauso wichtig. Wenn du mir nicht hilfst, ist das eine Art Verrat, Archie.«

Wenn man es von dieser Seite betrachtete, war es schwer, Einwände dagegen zu erheben. Jocks Persönlichkeit hatte immer sehr überzeugend gewirkt. Als sie die halbe Flasche geleert hatten, einigten sie sich auf einen Zeitpunkt. Jock, selbstsicher wie immer, sagte, er werde in einem Boot zum Loch Tarbert hochfahren. Schließlich war das der einzige Ankerplatz auf der Insel, der von den vorbeikommenden Booten oder Straßenfahrzeugen aus nicht einzusehen war. Jock würde ein Motorrad an Bord haben. Er würde Archie abholen, der auf dem Beifahrersitz mitfahren sollte. Sie würden so nahe an Barnhill heranfahren, wie sie es riskieren konnten, und dann würde Archie Jock zu dem Gehöft führen. »Ich bring dich bis zur Treppe, weiter nicht«, hatte Archie gesagt. In diesem einen Punkt gab er nicht nach.

Aber Jock sah das ganz locker. Jetzt, wo er glaubte, der Weg zu seinem Ziel sei frei, war er wieder der alte joviale Typ. Archie verbarg sein Unbehagen vor dem früheren Freund, konnte es aber nicht unterdrücken, es brannte und knurrte in seinem Magen wie schlechtes Bier.

Als Archie morgens nach Ardlussa zurückfuhr, die Augen zusammenkneifend wegen der Kopfschmerzen, die der Alkohol hinterlassen hatte, dachte er über das nach, was Jock ihm gesagt hatte. Und je mehr er darüber nachdachte, desto naiver kam er sich vor. Jock hatte ihm da eine Geschichte aufgetischt über ein Manuskript, das zerstört werden sollte. Aber das brachte ja nichts, solange der Autor des Manuskripts noch am Leben war. Er kannte Jock gut genug, dass er sicher war, er werde niemals einen Auftrag nur halb erledigen. Und Jocks Bekräftigung »um jeden Preis« war eindeutig genug gewesen für Männer, die das erlebt hatten, was sie im Krieg gesehen und getan hatten.

Es wäre leicht, Eric Blair zu töten, denn er war geschwächt und mitgenommen von seiner Krankheit. Ein Kissen aufs Gesicht gedrückt, sein Körper von Jocks viel größerem Gewicht festgehalten, und es würde innerhalb von Minuten vorbei sein. Kein Kampf, von dem jemand im Haus aufwachen würde. Niemand würde sich auch nur Gedanken machen, so krank, wie Mr. Blair war. Und das Manuskript im Kamin verbrannt, die Tat eines Mannes, der wusste, dass der Tod vor der Tür stand, und der mit der Qualität seiner Arbeit nicht zufrieden war. Das war ein Plan, der viel mehr einleuchtete als Jocks schlichte Zerstörung eines Manuskripts.

Archie wusste, mit einem solchen Ausgang würde er nicht leben können. Jock mochte behaupten, seine Auftraggeber seien Patrioten, aber da ging es nicht um einen Patriotismus, den Archie anerkennen konnte. Dafür hatte er nicht gekämpft.

Und so traf er seine Entscheidung.

Was mit Jocks Leiche zu tun sei, das war das Einzige, was

ihm Sorge bereitete. Er wollte sie nicht im Wasser zurücklassen, weil sie eines Tages irgendwo auftauchen würde. Nein, sollten Jocks Zahlmeister sich doch fragen, was schiefgegangen war. Wenn sie es nicht rausfanden, würde sie das vielleicht davon abhalten, es noch einmal zu versuchen.

Tagelang ließ ihn dieses Problem nicht los. Er wusste aufgrund seiner Erfahrungen im Krieg, dass Leichen oft irgendwie wieder zum Vorschein kamen. Und er wollte nicht, dass es mit Jock so laufen würde. Er wollte nicht, dass diese Sache jeden Tag seines Lebens drohend über ihm hing. Jock sollte für alle Zeit aus den Augen und aus dem Sinn sein. Archie buddelte Kartoffeln aus und band Bohnenpflanzen hoch, weidete Hirsche aus und ruderte in die von Insekten wimmelnde Luft der Dämmerung hinaus, um zu fischen; aber immer schlug er sich dabei mit diesem Problem herum. Bald würde ihm keine Zeit mehr bleiben.

Ironischerweise war es Mr. Blair selbst, der ihn auf die Lösung brachte. Archie hatte den ganzen Tag Feldsteine versetzt, um die Form eines Ackers zu verändern, damit er leichter zu pflügen war. Blair war gegen Ende des Nachmittags vom Haus heruntergekommen. »Wollen Sie einen Brandy, wenn Sie fertig sind? Dann kommen Sie doch ins Haus. Etwas anderes haben wir leider nicht. Hätten wir noch eine Brennerei auf der Insel, dann hätte ich Ihnen einen Whisky anbieten können«, sagte er.

Und da wusste Archie, was er mit Jock Lindsays Leiche machen würde.

Sein Vater hatte in der alten Destillerie gearbeitet, bis sie 1901 geschlossen wurde. Ein paar zornige Einwohner aus dem Ort hatten ein halbes Dutzend Fässer aus dem Lager geholt, die dort unter Zollverschluss lagen, und sie hoch in die Höhlen am Hang über der Brennerei geschleppt. Im

Laufe der Zeit war der Inhalt unter den Arbeitern verteilt worden. Aber jemand verplapperte sich, und Craighouse erhielt einen Überraschungsbesuch vom Steuereintreiber. Archies Vater und seine Kameraden hatten das letzte noch verbleibende Fass in eine Höhle beim Wasserfall gebracht. Und dann hatte einer der Idioten versucht, es noch besser zu tarnen, indem er einige der Felsbrocken bewegte.

Nach dem Felsabbruch, der sich daraus ergab, war das Fass so gut wie unerreichbar. Mit der Zeit geriet es in Vergessenheit. Es kam genug geschmuggelter Whisky von Islay herüber, so dass man sich nicht unbedingt nach einem Fass mäßig guten Jura-Whiskys sehnte, selbst wenn er nichts kostete.

Also lieh sich Archie eins der Pferde von Ardlussa und machte sich mit einem Sack Kartoffeln auf nach Craighouse, um sie dort zu verkaufen. Spät am Abend fand er einen Weg durch das Wasser zur Höhle. Das Fass war noch da, feucht, aber nicht angestochen. Er hatte Hammer und Stemmeisen mitgebracht, damit er den Deckel abnehmen konnte. Beim Licht einer Taschenlampe, die er zwischen den Zähnen hielt, stemmte er das Eichenfass auf, und es haute ihn fast um, als die Holzscheibe sich löste und ihm der stechende, strenge Geruch des torfigen Alkohols entgegenschlug. Das Fass war noch fast voll, nur ein kleiner Teil des Inhalts war durch natürliche Verdunstung verlorengegangen. Der Schluck der Engel, so hieß das bei den Brennern. Jock würde einen beträchtlichen Teil des Whiskys verdrängen, aber es würde noch genug übrig sein, um die Leiche in der Flüssigkeit zu versenken, wenn Archie sie hineingesteckt hatte.

Vier Tage später bewies Archie die Richtigkeit seiner Hypothese. Jock den steilen Hang hinaufzuschleppen hatte ihn fast umgebracht, aber die Angst vorm Strick des Henkers hatte ihn angetrieben. Es war schließlich auch nicht anders

als damals bei den Sanitätern, wenn er verwundete Kameraden trug. Eigentlich leichter, weil er keine Angst vor feind-
lichen Heckenschützen oder Minen am Boden zu haben
brauchte.

Der harte Kampf, den toten Körper in die Höhle zu kriegen, war gefährlich und machte ihm Angst, aber Archie war
fest entschlossen und schaffte es. Er ließ die Leiche in das
Fass rutschen und stieß sie tief hinein, dabei schwappte der
scharf riechende Malt-Whisky hoch und durchnässte ihn bis
zu den Achseln. Der Whisky pladderte auf seine Füße und
versickerte schnell im Erdboden der Höhle. Jock ließ sich
wie eine Ziehharmonika zusammenfalten und im Fass verbergen. Mit Rücken und Knien steckte er fest gegen die Dau-
ben gedrückt. Und ja, es war genug Whisky da, dass er komplett bedeckt war. Das Fass war wieder voll bis zum Rand.

Archie setzte den Deckel ein. Vom Bootshaus in Ardlussa
hatte er sich eine Tube Abdichtmasse mitgenommen und
presste die Paste nun vorsichtig in die Löcher, die er heraus-
gestemmt hatte, um den Deckel abnehmen zu können. Als er
fertig war, fuhr er mit dem Daumen über die verschlossenen
Stellen, um sicherzugehen, dass sie richtig dicht waren. Dann
trat er an den Rand der Höhle und ließ das Wasser auf sich
herabrauschen. Es war, als würde er von hundert Händen geschlagen, aber er war sicher, dass der Whisky abgewaschen
wurde. Und auch das Blut, das aus Jocks Kopfwunde ausgetreten war.

Danach schockierte es Archie, dass er offenbar die ganze
Sache vergessen konnte. Aber so war es. Wenn er sich an jene
Nacht erinnerte, war er immer überrascht. Fast so, als sei alles einem anderen passiert. Er lebte nicht in ständiger Furcht
davor, dass das Fass entdeckt werden könnte. Noch scheute
er sich, sich vorzustellen, was Jock Lindsay dieser Tage wohl

im Schilde führen würde. Nachts wachte er nicht auf und hörte, wie die Eisenstange Jocks Schädel mit einem Geräusch zertrümmerte, das sich anhörte, als falle eine Melone auf einen Steinboden.

Auf den Erfolg von *1984*, Mr. Blairs gefeiertem Roman, war er nicht besonders stolz. Er las ihn nicht einmal. Archie lebte einfach sein Leben als sehr angesehenes Mitglied der Gemeinde weiter. Als guter Ehemann, Vater, Großvater und Urgroßvater. Hätte jemand je gefragt, dann hätte seine Familie gesagt, er hätte ein ziemlich ereignisloses Leben gehabt.

Und jetzt würde das alles bald zu Ende sein. Irgendwann in der Zukunft würde ein schlauer Rechtsmediziner Jock Lindsay identifizieren. Die Unterlagen aus seiner Militärzeit würden ihn mit Archie in Verbindung bringen, und man würde an seine Tür klopfen. Archie würde es nicht fertigbringen zu lügen, nicht, wenn er direkt gefragt wurde. Wenigstens war Morna schon längst an einem Ort, wo seine Vergangenheit ihr nicht mehr wehtun konnte.

*

Am Donnerstag, als Callums Land Rover vor seinem Häuschen anhielt, stand Archie schon unter der Tür und atmete die vertraute Luft ein. Aber Callum war zu aufgeregt wegen seiner eigenen Neuigkeit, um Überraschung zu empfinden. Sobald er in Hörweite war, rief er: »Du wirst nie erraten, was passiert ist! Cochrane hat einen Spund in das Whiskyfass getrieben, das sie im Wasserfall gefunden haben. Aber es war mehr als Whisky in dem Fass – da war eine Leiche drin! Ein Mann, dem der Schädel eingeschlagen wurde. Kannst du das glauben?« Mit einer ausladenden Geste des Erstaunens breitete er die Arme aus.

»Ich weiß«, sagte Archie.

»Hat dich jemand angerufen und es dir erzählt?« Callum war enttäuscht. Dann hellte sich sein Gesichtsausdruck auf. »Willie hat gesagt: ›Zumindest haben sie kein Fass von dem guten Tropfen verdorben.‹ Nämlich, das alte Destillerie-Malz machte nicht viel her.«

Archie nickte. »Ich hab davon gehört. Was meinst du, Callum, könnten wir heute woandershin fahren?«

Callum zog die Stirn kraus. »Nicht zum Service Point? Wieso nicht? Wo willst du denn hin?«

»Wir werden rüber müssen nach Islay. Zum Polizeirevier. Es gibt da was, das ich denen erzählen muss.«

Über die Autorin

Val McDermid, geboren 1955 in einem schottischen Bergbaugebiet, arbeitete lange als Dozentin für Englische Literatur in Oxford und als Journalistin bei namhaften Tageszeitungen Großbritanniens. Heute zählt sie zu den ganz Großen der britischen Krimiszene.

Für ihre verschiedenen Serien um die lesbische Glasgower Journalistin Lindsay Gordon, die Privatdetektivin Kate Brannigan aus Manchester und die Serie um Tony Hill und Carol Jordan erhielt sie diverse internationale Literaturpreise. So wurde ihr Thriller »Das Lied der Sirenen« 1995 mit dem Golden Dagger Award für den besten Kriminalfall des Jahres ausgezeichnet. Nach Erscheinen des dritten Tony-Hill-Bandes »Ein kalter Strom« schrieb The New York Times Book Review: »Val McDermid ist die Beste!« Für ihr Lebenswerk erhielt sie 2010 die angesehenste Auszeichnung, die es in Großbritannien für Kriminalromane gibt: den Diamond Dagger der britischen Crime Writers' Association.

Val McDermid ist wie ihre Serienheldin Lindsay Gordan lesbisch und engagiert sich für die Gleichstellung von Homosexuellen in der Gesellschaft. Sie lebt heute in der Nähe von Manchester.

Mehr zur Autorin unter www.valmcdermid.com

Lust auf weitere Hochspannung mit
Val McDermid?

Der Verrat
Thriller

Hilflos muss die Schriftstellerin Stephanie Harker auf dem Flughafen von Chicago mit ansehen, wie ihr fünfjähriger Adoptivsohn von einem Unbekannten entführt wird. Doch als sie die Verfolgung aufnehmen will, wird sie für eine Attentäterin gehalten und festgenommen. Verzweifelt versucht sie zu entfliehen und erlebt eine Überraschung, die ihr ganzes Dasein bis in die Grundfesten erschüttert …

Eiszeit
Ein neuer Fall für Carol Jordan und Tony Hill
Thriller

Carol Jordan hat ihren Job als Detective Chief Inspector hingeschmissen. Sie kann den Tod ihres Bruders einfach nicht verwinden, der zusammen mit seiner Frau von einem Killer abgeschlachtet wurde. Sie wirft dem Profiler Tony Hill vor, diesen brutalen Mord nicht vorhergesehen zu haben, und will nichts mehr mit ihm zu tun haben. Doch dann geschehen auf einmal bizarre Morde. Ein Unbekannter bringt Frauen um, die Carol ähnlich sehen. Alle Spuren führen zu Tony …

Friedrich Ani

Wo es dem Verbrecher schmeckt

Er wollte nicht mehr zuhören. Seit einer Stunde hörte er ihr zu, jetzt hatte er keine Lust mehr. Er wollte still dasitzen, im *Kicker* lesen und sonst nichts. Aber sie hörte nicht auf zu sprechen.

Er sagte: »Ich hab's verstanden.«

Sie sagte: »Scheint mir nicht so.«

Er sagte: »Ich mach so was nicht.«

Sie sagte: »Niemand kommt zu Schaden, und wir sind gerettet.«

Über diese Bemerkung dachte er eine Weile nach, dann schwappte ihre Stimme wieder über seine Gedanken. Er lehnte sich zurück und versuchte, sich an den Namen des Berliner Sponsors zu erinnern, der seit einer Woche seinen Verein, die Münchner Löwen, unterstützte. Er kam nicht drauf.

»Wenn du willst, erklär ich's dir noch mal«, sagte Elisabeth Klier. »Aber eigentlich gibt's da nichts zu erklären.« Sie trank einen Schluck Weißwein, stellte das Glas auf den Tresen, der als Küchenteiler fungierte, und wartete auf eine Antwort.

Am Anfang hatte der neunundfünfzigjährige Gideon Klier geglaubt, seine Frau habe den ganzen Tag getrunken und zu viel ferngesehen. Bis ihm klarwurde, dass sie es ernst meinte, verging fast eine Stunde. Inzwischen, so schien ihm, war sie tatsächlich betrunken. »Aha«, sagte er. Dann überlegte er, ob er noch ein alkoholfreies Bier trinken sollte. »Verstehe. Ja. Aha.« Er entschied sich gegen das Bier. »Wir bedrohen sie. Womit noch mal?«

»Hörst du nicht zu? Mit einer Pistole. Wir haben eine Pistole.«

»Wir haben keine Pistole«, sagte Klier.

»Nicht wir persönlich.« Elisabeth machte eine Pause, fuhr mit dem Zeigefinger über den Rand des Glases, und ihre Lippen zuckten, wie bei einem unauffälligen Lächeln. Das gefiel Klier nicht.

»Wer dann?«, sagte er.

»Manuel.«

Sofort fragte er sich, ob er den Namen bisher überhört hatte. Er wusste es nicht. Er bezweifelte es, aber er war sich nicht sicher. Er wollte seine Ruhe. Er wollte ins Wohnzimmer gehen und im *Kicker* lesen und sonst nichts. Morgen Mittag würde er noch eine Fahrstunde geben, dann war Pause bis Mitte September. Was danach kam, lag im Dunkeln. Aber er würde sich nicht kleinkriegen lassen, er würde seine Schulden abbezahlen, trotz aller finanziellen Probleme einen neuen Wagen anschaffen und vielleicht sogar das Büro streichen lassen. Seine Fahrschule hatte immer noch einen Namen in der Stadt, auch wenn er die Filialen in den anderen Stadtteilen hatte schließen müssen und nur noch eine in Giesing besaß. Fahrschule Klier.

Scheiß auf die Konkurrenz, dachte er, jetzt war Sommer.

»Es wär gescheiter, du würdst mir zuhören.« Elisabeth Klier schenkte sich ein neues Glas ein und prostete ihm zu, was er abseitig fand.

Aber er sagte: »Zum Wohl, Lise. Was hat Manuel damit zu tun?«

»Wo bist du denn mit deinen Gedanken? Ich hab ihn engagiert. Einer muss den Mund aufmachen.«

Kliers Unterkiefer klappte nach unten, er starrte seine Frau mit einem Gesichtsausdruck an, der Lise irgendwie behämmert vorkam. »Guck doch nicht so blöde«, sagte sie.

Er schloss den Mund und schüttelte den Kopf. Allmählich nahm der Plan, von dem Lise ihm erzählte, Konturen an, endlich begriff er, wovon sie redete und welche Konsequenzen ihnen damit drohten. Das, was sie vorhatte, könnte eine Lösung sein, dachte er plötzlich. Dann fielen ihm gleichzeitig eine Menge anderer Dinge ein, die er nicht zu Ende denken konnte, weil die eindringliche Stimme seiner Frau ihn zum Zuhören zwang.

»Wir sind morgen Abend bei den beiden eingeladen, das weißt du«, sagte sie.

Er hatte nicht mehr daran gedacht. Er wollte da nicht hingehen, wozu denn? Sie waren bloß Publikum, Paul erzählte von der bevorstehenden Reise und seinem Restaurant und seinem Auto, das er »Das Mobil« nannte, Anita servierte das Essen und den Wein und behandelte ihre Gäste wie Kinder.

»Ich weiß«, sagte Klier.

»Wir gehen hin, sitzen eine Stunde rum, dann klingelt's, Paul geht zur Tür, öffnet, und Schlagzu.«

»Schlagzu? Was heißt Schlagzu?«

»Nur so ein Ausdruck von Manuel.« Lise trank und schwenkte das Glas. »Ich hab ihm von meiner Idee erzählt, er kennt sich aus, er war fünf Jahre im Gefängnis …«

»Drei.«

»Er kennt sich aus. Er hat zwei Waffen, zwei Pistolen. Oder Revolver, ich weiß nicht. Für den Notfall. Wir teilen durch drei, ich mein, durch zwei natürlich. Manuel kriegt die Hälfte. Das ist gerecht.«

»Von welchem Geld?«, sagte Klier. Seine Mietschulden für die ehemaligen Räume in Schwabing, Neuhausen und Riem und die Schulden für die Fahrzeuge, die er hatte abgeben müssen, beliefen sich auf rund hunderttausend Euro, eine Summe, über die er mit seiner Bank seit Monaten verhandelte. Und weil er ein langjähriger, solider Kunde bei der Stadtsparkasse war, rechnete er nicht mit einer totalen Absage für einen Kredit. Die Zeiten waren hart, auch wenn die Sparkassen von der globalen Misere weniger gebeutelt wurden als andere Geldinstitute.

»Pauls Geld«, sagte Lise laut, trank, sah ihren Mann grimmig an, trank noch einmal.

Damit hatte Paul Severin immer wieder geprahlt: dass er nicht so krank sei, sein ganzes Geld auf einer Bank zu deponieren. Jeder Geschäftsmann, sagte er, brauche Spielgeld für den Notfall, und sein Spielgeld lagere in einem Safe bei ihm zu Hause, rund eine Viertelmillion. Unter Freunden dürfe man das sagen.

Unter Freunden.

Früher, als sie gemeinsam in den Süden gefahren waren, jedes Ehepaar im eigenen Wohnmobil, waren sie Freunde gewesen, Männer auf der gleichen Ebene, gut verdienende unauffällige Geschäftsleute, die im Urlaub kein Wort über ihre finanzielle Situation verloren, wozu denn? Sie waren da, sie luden Leute zum Essen ein, sie führten ihre Frauen aus, sie zahlten Steuern und holten sie sich zurück, wie alle, mit denen sie verkehrten.

Seit zwei Jahren nicht mehr.

Klier hatte nicht nur die Autos seiner Fahrschule und den Polo seiner Frau verkaufen müssen, sondern auch seinen weißen Carthago. Steuern bekam er schon lange keine mehr zurück, im Gegenteil. Mit seinem geheimen Konto in Österreich hatte er einen Teil seiner Steuerschulden in Deutschland beglichen. Eine einzige Überweisung war ihm zum Verhängnis geworden.

Trotzdem wollte er in Ruhe den August genießen und sonst nichts.

»Wir spielen die Geiseln«, sagte Lise. »Manuel räumt den Tresor aus, dann nimmt er uns als Geiseln mit.«

»Alle beide?«, sagte Klier, als habe er intensiv über den Ablauf des Überfalls nachgedacht.

Lise zögerte. »Ja.« Anscheinend brachte sie die Bemerkung aus dem Konzept. »Wahrscheinlich. Damit es überzeugender wirkt. Aber vielleicht hast du recht, vielleicht sollte Manuel nur eine Geisel mitnehmen.«

»Und wen von uns?«

Nachdem sie eine Zeitlang ihr Glas betrachtet hatte, sagte Lise: »Mich am besten. Weil ich eine Frau bin. Geiselnehmer denken immer, dass Frauen die besseren Geiseln sind.«

»Woher weißt du, was Geiselnehmer denken?«, sagte Klier.

»Was hältst du von dem Plan?«

Er hielt nichts davon. »Interessant«, sagte er. »Und Manuel macht mit?«

»Morgen Abend. Denen wird ihr Urlaub sauber vergehen. Und wir sind unsere Schulden los. Komm, trink ein Glas mit mir. Willst du ein Bier?«

Er trank ein Bier mit ihr, dann küssten sie sich, und weil er den speziellen Blick seiner Frau kannte, zog er sie aus und schlief mit ihr vor dem Tresen. Danach saßen sie schweigend vor dem Fernseher. Klier dachte an das Geld, mit dem er sein Geschäft wieder in Schwung bringen könnte, Elisabeth dachte an Manuel, mit dem sie ihr Leben wieder in Schwung bringen wollte.

Die siebenschüssige Smith & Wesson war die Hauptwaffe. Sollte sie nicht genügen, würde Manuel Gebhard die Pardini zum Einsatz bringen, eine großkalibrige Sportpistole, die er einem ehemaligen Knastkumpel für sechshundert Euro abgekauft hatte. Im Magazin lagen dreizehn Patronen, das musste genügen.

Für den sechsunddreißigjährigen ehemaligen Immobilienmakler war der Überfall am Hans-Mielich-Platz, fünf Minuten von seiner Wohnung entfernt, der Startschuss für seinen Lauf zurück ins Leben. Nach vier öden Jahren auf der verschatteten Wartebank sehnte er sich nach dem einzig wahren Scheinwerfer, der Sonne. Er hatte zwei Freunde auf Mallorca, die wussten, wie man Geschäfte mit Häusern und Apartments betrieb, egal, welche Tricks die spanische Regierung sich noch einfallen ließ, um ausländische Investoren zu schikanieren. Mit diesen Freunden plante er seine Zukunft. Und in dieser Zukunft hatte Anita keinen Platz. Aber das wusste sie noch nicht, und sie brauchte es auch nie zu erfahren.

Lange, mehr als zwei Jahre, hatte Manuel an dem Plan gebastelt, um ihn im richtigen Moment am richtigen Mann zu erproben, das heißt an der richtigen Frau. Ein paar Andeutungen, und Lise schnappte nach dem Köder. Bei Anita dauerte es nicht länger. Vermutlich nahm er wegen der Unwägbarkeit der Situation zwischen den Frauen die zweite Waffe mit. Niemand konnte vorhersagen, was passierte, wenn klarwurde, dass er nicht mit Lise, sondern mit Anita abhauen würde. In diesen Dingen, das hatte er schon mit zwanzig vollkommen begriffen, waren Frauen weniger berechenbar als ein Tsunami, für Frauen gab es keine Frühwarnsysteme, nirgendwo auf der Welt.

Paul Severin stellte keine Gefahr dar. Er wäre zu dem Zeitpunkt schon tot. Das hatte Anita so beschlossen.

Gideon und Lise Klier steckten zu tief mit drin. Wenn sie zur Polizei gingen, hätten sie ihre Fahrschule für alle Zeit gegen die Wand gefahren.

Endlich raus hier, dachte Manuel, raus aus dem versifften Schrotthaus, weg von der verpesteten Gegend.

Nach dem Zusammenbruch seines Maklerbüros und nachdem er seine Strafe wegen Urkundenfälschung und Steuerhinterziehung abgesessen hatte, war Manuel Gebhard in ein heruntergekommenes, zweistöckiges Haus in Untergiesing gezogen, das direkt neben einem Bahndamm lag. Fünfzig Meter hinter der Unterführung betrieb sein ehemaliger Konkurrent Schneider ein florierendes Großraumbüro. Jedes Mal, wenn Gebhard an den Fenstern vorbeiging, spuckte er aus.

Eigentlich, dachte er, während er am Fenster stand und rauchte und den Eurocity nach Salzburg vorbeirasen hörte, sollte er Schneider ebenfalls aus der Welt schaffen.

»Ich vergebe dir«, sagte Manuel zur schmutzgrauen Gardine und beschloss, zur Feier des Tages seine Waffen zu reinigen.

»Ich ertrag das nicht mehr«, sagte Paul Severin zu seiner Frau. »Diese graublauen Bezüge sehen aus wie bei der Bundesbahn. Und sie kratzen, das hab ich dir von Anfang an gesagt, die kratzen mir die Haut auf. Und dir auch.« Er grinste sie an und tätschelte ihren Oberschenkel.

Sie saß neben ihm am gedeckten Tisch. Er trank Bier aus der Flasche und rieb sich die Hände. Er fühlte sich gut. »Der Prismo hat ausgedient. Im Winter macht er Probleme im Schnee, im Sommer überhitzt er sich. Weg mit dem. Ich will den großen Hymer, acht zwanzig lang, zwei dreißig breit, das sind Maße. Und Fußbodenheizung haben wir auch. Die Ausstattung ist hell, modern, luftig, nicht so spießig wie beim Prismo. Ich versprech's dir, zum Lido fahren wir nächstes Jahr mit dem Hymer. Ich hab mich schon erkundigt, das klappt alles rechtzeitig mit der Lieferung.«

»Aber der ist so teuer«, sagte Anita Severin zu ihrem Mann.

»Ich krieg ihn für neunzig, hab schon verhandelt, sie nehmen den Prismo in Zahlung und verscherbeln ihn weiter. Du wirst begeistert sein, ich zeig dir Fotos im Urlaub, da haut's dich um.«

Ihnen gegenüber am Tisch saßen Elisabeth und Gideon Klier und hörten zu. Jedes Mal, bevor ihre Freunde in Urlaub fuhren – im Sommer für vier Wochen an den Lido di Jesolo, im Winter neuerdings nach Leutasch –, trafen sie sich zu einem »Restevertilgungsabend« in der Dachgeschosswohnung der Severins am Hans-Mielich-Platz. Im Erdgeschoss befand sich das Severin, ein bayerisches Gasthaus, das bei jungen Leuten aus dem Viertel ebenso beliebt war wie bei älteren Besuchern, die aus der ganzen Stadt nach Untergiesing kamen. Da das Lokal keinen Biergarten hatte, sperrte Paul Severin jedes Jahr den gesamten August und zwei Wochen im September zu, außerdem, und das wusste inzwischen jeder Gast, vom dreiundzwanzigsten Dezember bis zum fünften Januar. In diesen Zeiten gönnte sich das Ehepaar einen Urlaub im Wohnmobil.

»So schaut's aus«, sagte Severin. Er meinte niemand und nichts Bestimmtes. Vom Wurstaufschnitt war nichts mehr übrig, das Käsebrett war leer, ein paar Gewürzgurken, eingelegte Zwiebeln und von Anita ordentlich geschälte, geputzte und geschnittene Karottenstangen lagen noch auf den Tellern, im Korb zwei Semmeln und zwei Scheiben Brot.

Zwei Stunden lang hatte Severin vom Geschäftsverlauf im Herbst erzählt, dann hatte er das Gespräch auf die von der Rezession bedrohte Lage auf dem »Mobil-Markt« gebracht, wobei er meinte, Gideon solle froh sein, dass er mit alldem nichts mehr zu tun habe. Klier hörte zu und dachte an vieles. Zwischendurch redeten seine Frau und Anita in leiserem Ton über Blumen und Kaufhäuser, sie stießen mit ihren Weingläsern an, und es sah aus, als würden sie sich mögen. »Pass auf, du kleckerst«, sagte Anita mehrmals zu Elisabeth wie zu einem kleinen Mädchen.

»Dusche und Klo sind extra«, sagte Paul Severin gerade, als es an der Tür klingelte und er aufstand. »Das Mobil ist nicht zu groß, aber du hast trotzdem den Eindruck, in einem Zimmer zu sein und nicht in einer Kammer. Verstehst, was ich mein?«

»Ja«, sagte Klier. Es war sein erstes Wort seit ungefähr einer halben Stunde, was außer ihm vermutlich niemandem aufgefallen war.

»Scheiße«, sagte Severin an der Tür, mehr nicht.

Der Faustschlag zerschmetterte seine Nase. Er sackte zu Boden. Der maskierte Mann sperrte die Tür ab und schleifte den blutenden Severin ins Wohnzimmer. Die drei Personen am Tisch blieben wie erstarrt sitzen. Severin schnappte nach Luft. Der Maskierte, der eine schwarze Wollmütze mit Augen- und Mundschlitzen und schwarze Lederhandschuhe trug, sah sich um, ging zur Couch, nahm ein besticktes rotes Kissen. Dann zog er aus einer der Taschen seines abgewetzten grünen Parkas eine Pistole.

Als Severin anfing, über den Boden zu kriechen, prustend, mit blutüberströmtem Gesicht, versperrte der Maskierte ihm den Weg, und weil Severin sich an seine Beine klammerte, trat er ihm in den Nacken. Mit einem harten Geräusch schlug Severins Kopf auf dem Parkett auf.

»Die Nummer vom Tresor«, sagte der Unbekannte.

Severin spuckte Blut. Der Maskierte kniete sich neben ihn. »Die Nummer vom Tresor will ich hören.«

Aus Severins verzerrtem, verschmiertem Mund kam ein Krächzen.

Der Maskierte sprang auf, ging zum Tisch, richtete die Pistole auf Anitas Kopf. »Die Nummer vom Tresor.«

»Weiß ich nicht«, sagte Anita Severin. Sie zitterte am ganzen Körper. Ihre Finger bewegten sich unaufhörlich auf und ab, Speichel rann aus ihrem Mund und tropfte auf ihre blaue Bluse.

»Du weißt die Nummer nicht?«

Anita schüttelte den Kopf und hörte nicht mehr damit auf.

»Dein Mann hat dir die Nummer nicht verraten?«

Sie schüttelte den Kopf.

»Kein Vertrauen«, sagte der Maskierte. Er versuchte, seine Stimme zu verstellen, aber Klier fand, dass es ihm nicht sehr gut gelang. Manuel drückte den Lauf der Waffe gegen Anitas Stirn. »Erinnere dich.«

»Das ... das tut weh.« In ihren Augen standen Tränen.

»Die Nummer.«

»Weiß ich doch nicht«, flüsterte Anita.

Im nächsten Moment stand Manuel wieder vor Severin, der sich mit den Armen abstützte und gurgelnde Laute von sich gab.

»Jetzt die Nummer, bitte«, sagte Manuel und trat Severin zweimal auf die rechte Hand. Der Wirt schrie auf, verschluckte sich, spuckte Blut, röchelte. »Bitte? Lauter! Sprich jetzt.«

»Zwei ... eins ... null ...« Severin sackte in sich zusammen. Manuel packte ihn an den Haaren und zog seinen Kopf hoch. »... eins ... neun ... sechs ...« Er japste wie ein Ertrinkender. Manuel wiederholte die Zahlen. »F... f...fünf.« Aus Severins Augen flossen Ströme von Tränen. Manuel ließ seinen Kopf los, der wieder auf den Boden krachte.

»Das ist mein Geburtstag«, stieß Anita hervor. »Zweiter Oktober neunzehn...«

»Wo?«, sagte Manuel zu ihr.

»Was?« Verwirrt schaute sie ihn an.

»Wo ist der Tresor?«

Anita brauchte eine Weile für die Antwort. »Im Schlafzimmer«, sagte sie abwesend.

Manuel verschwand. Severin zuckte, hob den Arm, stieß einen gepressten Schrei hervor, spuckte wieder aus, krümmte sich, zappelte mit den Beinen. Dann kippte sein Körper zur Seite und zuckte noch ein paarmal.

Mit dem Kissen in der einen und der Pistole in der anderen Hand kam Manuel aus dem Schlafzimmer zurück. »Alles da!« Er ging zu Severin, hielt das Kissen vor die Waffe, stutzte. Er betrachtete den leblosen Körper, bevor er seinen rechten Handschuh auszog und zwei Finger an Severins Hals legte. »Der ist hin. Herzinfarkt. Schau dir die verkrümmten Pratzen an. Der hat sich selber abgeschafft. So kann's gehen.«

Im Aufstehen zog Manuel den Handschuh wieder an.

Ein Schweigen und ein unangenehmer Geruch breiteten sich aus.

Das Schweigen endete, der Geruch wurde stärker.

»Wieso hauen Sie nicht ab?«, sagte Elisabeth Klier zur Überraschung ihres Mannes. »Sie haben doch alles …« Und mit ausgestrecktem Arm zeigte sie in Richtung Flur, wo das Schlafzimmer mit dem offenen Tresor war.

Mit einem Mal hörte Anita auf zu zittern. »Du kannst die Maske abnehmen«, sagte sie zu Manuel.

Er riss sich die Mütze vom Kopf und strich sich angewidert übers Gesicht. »Ich erstick gleich. Wo ist mein Bier?«

Anita sah ihre beiden Freunde an. »Entschuldigung, dass wir euch mit reingezogen haben. Ich konnte das Abendessen nicht mehr absagen, und heut war genau der Moment, um die

Sache durchzuziehen. Wenn ihr zur Polizei geht, bringt Manuel euch wahrscheinlich um.«

»Ah …«, sagte Elisabeth.

Klier war sich sicher, dass seine Frau etwas anderes sagen wollte, ein längeres Wort, einen dramatischen Satz.

»Der Plan war, Manuel nimmt mich als Geisel mit, vor den Augen von euch Zeugen …«

»Von uns Zeugen …«

Immerhin, dachte Klier, schaffte sie jetzt schon drei Worte.

»… Genau, vor euch Zeugen. Später lässt er mich frei und verschwindet. Und ich verlass meinen Mann und kehr zu ihm zurück, zu Manuel. Was ist los mit dir, Lise? Manchmal muss man halt Entscheidungen treffen, und manchmal verlangen solche Entscheidungen nach Blut.«

Elisabeth Klier würgte an Wörtern, die nicht herauskommen wollten.

»Wir geben euch was ab«, sagte Anita. »Zehntausend sind leicht drin. Ist doch selbstverständlich.«

»Du bist eine Schlampe«, sagte Elisabeth, obwohl sie etwas ganz anderes sagen wollte.

»Und du wirst immer eine Verliererin bleiben«, sagte Anita und lächelte Manuel an, dem der Schweiß über die Wangen lief.

Und du wirst immer eine Verliererin bleiben.

Noch oft musste Gideon Klier später an die letzten Worte der Frau seines ehemals besten Freundes denken.

Sie hatte den Willen. Sie hatte ein Motiv. Sie hatte die Gelegenheit. Sie war zur richtigen Zeit am richtigen Ort. Dachgeschoss, Hans-Mielich-Platz, Ecke Kühbacher Straße, Sonntag, 22. Dezember, 23 Uhr 12. Das Käsemesser mit der geschwungenen Doppelspitzklinge lag direkt vor ihr auf dem

Teller. Sie griff danach, beugte sich vor und stach Anita in den Hals. Die vierundvierzigjährige Wirtin kippte mit dem Stuhl um, zappelte wie ihr Mann eine Zeitlang mit den Beinen und starb.

»Aus einer Eingebung heraus«, sagte Gideon Klier noch in derselben Nacht zu seiner Frau, sei er daraufhin aufgesprungen, habe dem verdutzt glotzenden Manuel Kissen und Pistole aus der Hand gerissen, das Kissen auf sein Gesicht gedrückt – »warum, weiß ich nicht« – und ihm ins Herz geschossen. Nie zuvor hatte Gideon Klier eine Schusswaffe in der Hand gehalten. Nach dem Schuss hatte er sie sofort fallen lassen, vor Schreck über den lauten Knall.

Während Elisabeth den Tisch abräumte, das Geschirr spülte und die prallgefüllten Müllbeutel verknotete, holte Gideon das Geld aus dem Tresor, verschloss die Tür und wartete im Wohnzimmer, bis seine Frau in der Küche fertig war. Die drei Leichen, dachte er, würden der Polizei einige Rätsel aufgeben. Er betrachtete seine rechte Hand. Kein Abdruck einer Pistole, keine Spuren eines Schusses. Oder doch? Er stellte die weiße Plastiktüte mit den Geldscheinen auf den Boden und verglich die rechte Hand mit der linken. Kein Unterschied. Er nahm den Beutel und ging zur Wohnungstür.

»Komm endlich«, sagte er.

»Ich komme«, sagte seine Frau.

Sie horchten an der Tür, dann verließen sie die Wohnung. Unterwegs warfen sie die Mülltüten in einen Container. Sie gingen nach Hause, über die Pilgersheimer Straße, den Giesinger Berg hinauf zur Raintaler Straße, wo sie zur Miete wohnten. Ihre Eigentumswohnung in der Schwabinger Hohenzollernstraße hatten sie verkaufen müssen. Gideon Klier hatte immer noch nicht begriffen, welche Fehler er eigentlich begangen hatte, dass sein Leben derart zerbröselt war.

An Heiligabend aßen sie Ente mit Blaukraut und Kartoffelknödeln, das hatte Klier sich gewünscht. Die Tage vergingen in Stille. Über die Feiertage ruhten die Turbulenzen bei 1860 München, der Sponsor, eine Berliner Versicherung, schien noch nicht abgesprungen zu sein. Das wunderte Klier ein wenig, denn normalerweise zogen die Interessenten ihr Angebot in dem Moment zurück, wenn sie Einblick in die wahren Bilanzen des Vereins bekamen und ihnen das Ausmaß der Schulden bewusst wurde.

Elisabeth kümmerte sich um die Begrünung des Balkons und hatte nichts dagegen, wenn ihr Mann mit ihr schlafen wollte.

»Dein Lover hat dich verarscht«, sagte Klier an Silvester. Bisher hatten sie über das Thema nicht gesprochen, jener Abend war in ihren seltenen Gesprächen tabu. Die weiße Plastiktüte stand in der Abstellkammer hinter dem Regal mit den Konserven und den Putzmitteln.

»Er war nicht mein Lover«, sagte Elisabeth.

»Du wolltest mit ihm abhauen.«

»Wollt ich nicht.«

»Wolltst du nicht.«

»Nein.«

»Frohes neues Jahr«, sagte Gideon Klier. Sie stießen mit den Sektgläsern an und schauten zum Himmel, an dem Feuerwerke explodierten. Aus Silvester hatten sie sich noch nie viel gemacht, das war eine große Gemeinsamkeit zwischen ihnen. Wie ihre Spaziergänge an oberbayerischen Seen. Sie genossen die Landluft, kehrten in einem Gasthaus ein, redeten wenig und fuhren jedes Mal vor Einbruch der Dunkelheit nach München zurück.

Am Walchensee waren sie schon mindestens zehnmal gewesen. Im Sommer beobachteten sie die Surfer auf dem grünen See zwischen den dunklen Hängen, im Winter schätzten sie die Einsamkeit.

Am 6. Januar, Heiligdreikönig, verließen sie gegen Mittag das Polizeipräsidium·in der Ettstraße. Vier Stunden hatten die Kripobeamten sie vernommen, und sie hatten ihnen jede Frage ausführlich beantwortet. Im Grunde, sagte Klier, hätten er und seine Frau sich schon gewundert, warum sie diesmal nicht zum Essen eingeladen worden seien, da sie ja wussten, dass ihre Freunde verreisen würden, wie jedes Jahr.

Solche Sachen.

Der Geruch aus dem Dachgeschoss hatte die Nachbarn aufmerksam gemacht. Jeder hatte geglaubt, die Severins wären in Österreich. Dabei stand ihr Wohnmobil in der Garage, die sie extra für den großen Wagen hatten bauen lassen.

»Klo und Dusche sind getrennt«, sagte Klier auf dem Nachhauseweg.

»Bitte?«, sagte seine Frau.

»In dem Neunzigtausend-Luxusliner.«

»Glaubst du, sie verdächtigen uns?«, sagte Elisabeth.

»Nein.«

»Bist du sicher?«

»Ja.«

»Wieso?«

»Die haben keine Ahnung, die suchen nach kaltblütigen Mördern, nicht nach Leuten wie uns.«

»Wir sind kaltblütig«, sagte Elisabeth.

Auch an diesen Satz musste Klier später oft denken, wenn er zu Hause in seiner Dreizimmerwohnung in der Raintalerstraße saß und das gerahmte Foto seiner Frau betrachtete. Niemand wusste, wohin sie verschwunden war. Er hatte sie als vermisst gemeldet, doch die Polizei fand keine Spur. Sie misstrauten ihm, von Anfang an, deswegen durfte er auf keinen Fall wieder zum Walchensee fahren. Das war ein tiefer See voller Strudel. Im Frühling wäre er gern noch einmal dort gewesen, wegen der Schönheit der Natur, der grünen Farbe des Wassers, der Stille und dem vertrauten Gasthaus am See.

»Du hast mich zu einem Verbrecher gemacht«, sagte er zum Foto seiner Frau. »Also habe ich mich bemüht, einer zu sein.«

Jeden Montag und jeden Donnerstag kaufte er den neuen *Kicker* und las jede Zeile darin. Nach und nach deprimierte ihn die Wohnung immer weniger.

Den Stadtteil verließ er nur noch während des Fahrunterrichts. Das hätte er nie für möglich gehalten. Er war in Neuhausen auf die Welt gekommen, seine Schuljahre verbrachte er im Lehel, dann hatte er sich eine Wohnung in Schwabing gekauft. Jetzt empfand er eine Art Zugehörigkeit zu dem Viertel, in das er ursprünglich nur notgedrungen gezogen war. Eine Erklärung dafür hatte er nicht. Manchmal trank er Bier im Augustiner-Stüberl auf der Tegernseer Landstraße, manchmal ging er türkisch, manchmal italienisch, manchmal tschechisch, manchmal griechisch essen. Abende jedoch, die er für wichtig oder auf eine eigentümliche Weise für besonders hielt, verbrachte er ausschließlich im Schinkenpeter in der Perlacherstraße. Bei schönem Wetter saß er unter den Kastanien im Biergarten, bei Regen an einem Tisch in der Nähe der Theke, immer allein, immer mit einer Ausgabe des *Kicker* oder einer Boulevardzeitung.

Am 22. Juli, ein Jahr nach seinem angeblich letzten Besuch bei den Severins, entschied er sich für eines der riesigen, üppig belegten Brote, für die dieses Lokal, das früher Gastwirtschaft zum Walchensee hieß, bekannt war. Brot Nummer 3: italienischer Parmaschinken, Emsländer Katenschinken, Südtiroler Bauernschinken, feine Kalbsleberwurst. Dazu bestellte er ein Schälchen Sahnemeerrettich, der mit duftender Kresse garniert war. Als der Kellner das ovale Holzbrett brachte, legte Klier die Zeitung beiseite, nahm bedächtig das Besteck und die rote Papierserviette vom Teller und schnitt ein Stück Brot ab. Er zögerte, bevor er es in den Mund steckte. Der Schinken roch würzig, das Brot war nicht zu dick geschnitten, die Butter dünn aufgetragen, obenauf lag ein großes Blatt vom Rollo Rosso mit zwei Peperoni, einem Tomatenstück und einer saftigen, sorgfältig eingekerbten Gurke.

Gideon Klier war glücklich. Er dachte sogar darüber nach, ob er sich nicht doch wieder ein Wohnmobil kaufen sollte.

über den Autor

Friedrich Ani wurde am 7. Januar 1959 in Kochel am See als Sohn eines Syrers und einer Oberschlesierin geboren. Er schrieb seine ersten Hörspiele und Theaterstücke bereits kurz nach dem Abitur, als er nach München zog. Er absolvierte eine Drehbuchwerkstatt an der Hochschule für Film und Fernsehen. Nach dem Zivildienst in einem Heim für schwer erziehbare Jungen war Ani von 1981 bis 1989 Polizeireporter, danach Kulturjournalist und Drehbuchautor.

Seine Bücher wurden in mehrere Sprachen übersetzt und vielfach ausgezeichnet, so u. a. mit dem Tukan-Preis für das beste Buch des Jahres der Stadt München. Als bisher einziger Autor erhielt Ani den Deutschen Krimi Preis in einem Jahr für drei Süden-Titel gleichzeitig. 2010 folgte der Adolf-Grimme-Preis für das Drehbuch nach seinem Roman »Süden und der Luftgitarrist«. 2011 wurde der Roman »Süden« mit dem Deutschen Krimi Preis 2011 ausgezeichnet; 2014 erhielt sein Roman »M«, der wochenlang auf der Krimi-ZEIT-Bestenliste stand, den begehrten Preis.

Bei Droemer Knaur erschien zuletzt »Der einsame Engel«. Friedrich Ani lebt in München.

Mehr zum Autor unter www.droemer-knaur.de

Lust auf weiteres Lesevergnügen mit
Friedrich Ani?

Unterhaltung
Geschichten

Ob es um die Abschaffung der Landbevölkerung geht oder Stüberlbewohner ihre Weltsicht zum Besten geben: In seinen Geschichten erzählt Friedrich Ani von staatlich anerkannten Kriminellen und zufälligen Tätern, ungehörten Thekenphilosophen und fügsamen Schattenexistenzen. Mal nachdenklich, mal bitterböse und stets auf ungewöhnliche Weise unterhaltend.

Der einsame Engel
Ein Tabor-Süden-Roman

Nach dem Brandanschlag auf die Detektei Liebergesell ist deren Zukunft ungewiss. Dennoch nimmt Tabor Süden den Auftrag an, einen Geschäftsmann zu suchen. Aus Sorge, so dessen Mitarbeiterin, habe sie sein Verschwinden gemeldet. Bei seinen Ermittlungen stößt Süden schließlich auf eine Wahrheit, die jedes Glück unmöglich macht.

Judith W. Taschler

Bis der Tod uns scheidet

Jetzt kenne ich den Ablauf der Messe genau, sehr genau sogar. Ich habe ihn sorgfältig studiert, ich weiß auch nicht warum, ich brauche ihn ja nicht mehr, ich war plötzlich besessen davon und kaufte mir ein dünnes Buch mit dem Titel »Die heilige Messfeier. Eine Hilfe zum besseren Verständnis«. Das las ich dann immer, wenn ich Zeit hatte: beim Frühstück, in der Mittagspause, am Abend, an den Wochenenden. Immer wieder. Ich las sogar den Katechismus der katholischen Kirche. Ich wollte es einfach verstehen, es wurde eine Obsession von mir, es zu verstehen.

Jetzt kenne ich die Riten der heiligen Messfeier auswendig und flüstere sie ständig vor mich hin, wenn ich unterwegs bin, um Maria in ihrem Heimatort zu beobachten. Ich sitze im Auto und fahre ihr überallhin nach, in den Kindergarten, in das Tourismusbüro, in den Kindergarten, zu ihrem Elternhaus, zu ihrem Noch-Rohbau-Haus, zu ihrer Freundin, zu ihrem Elternhaus, in die Bibelrunde und wieder zu ihrem Elternhaus. Am Wochenende liege ich nachmittags im Gestrüpp am Waldesrand oberhalb ihres Elternhauses und beobachte, wie sie mit Nicolas spielt und mit ihrem Verlobten und ihrer Familie Kaffee auf der Terrasse trinkt. Es ist jedes Mal ein schönes, friedliches Bild, eine heile Familie, die Freude über die verlorene und wieder heimgekehrte Tochter muss groß sein. Dabei flüstere ich ständig vor mich hin: Eröffnung mit Einzug, Verehrung des Altars mit Kuss, Kreuzzeichen, Begrüßung der Gemeinde, Bußakt, Kyrie, Gloria und Tagesgebet …

Einzug

Zu Beginn der heiligen Messe tritt der Priester mit Albe, Messgewand und Stola in den Altar- oder Chorraum. Der Priester trägt Gewänder in verschiedenen Farben, das sind die sogenannten liturgischen Farben. Weiß gilt als Festfarbe, sie wird beispielsweise zu Weihnachten, Ostern, bei Christus- und Marienfesten und an speziellen Heiligenfesten getragen. Die Farbe Rot ist die Farbe des Heiligen Geistes. Sie ist aber auch die Farbe der Märtyrer, also jener, die aus Liebe für ihren Glauben starben ...

Als ich Maria kennenlernte, das war vor mehr als vier Jahren, trug sie eine rote Lederjacke, ein schwarzes, bauchfreies T-Shirt und eine Jeans. Sie kam zu mir an den Schreibtisch – ich bin Mercedesverkäufer –, ihr blonder Pferdeschwanz wippte hin und her. »Ich möchte den hier Probe fahren«, sagte sie grinsend und deutete auf einen schwarzen Mercedes SL 500 in unserer Ausstellungshalle. Ich fragte, ob sie auch vorhabe, ihn zu kaufen, worauf sie den Kopf schüttelte. Ich ließ sie Probe fahren und kam ganz schön ins Schwitzen. Sie tauchte erst nach zwei Stunden wieder auf, brachte einen Strafzettel mit, den sie mir auf den Schreibtisch legte. Sie sei in eine Radarfalle gefahren und hundert Meter später von der Polizei gestoppt worden, und weil sie kein Geld dabeihatte, bekam sie einen Zahlschein mit. Ich war ihr sofort verfallen.

Verehrung des Altars mit Kuss
Wenn der Priester den Altarraum betritt, macht er vor dem Tabernakel eine Kniebeuge als Zeichen der Verehrung und der Anbetung. Dann geht der Priester zum Altar. Über diesem verneigt er sich und küsst ihn.

Zwei Tage später gingen wir gemeinsam ins Kino und anschließend essen, zwei Wochen später übernachtete sie das erste Mal bei mir. Wir liebten uns die ganze Nacht und schliefen erst beim Morgengrauen ein. Dabei galt mein Gedanke dem Morgen: Wie würde Maria beim Aufwachen sein? Mit unreiner Haut, da ungeschminkt? Grantig? Würde sie Mundgeruch haben? Aber nichts davon wurde wahr. Maria sah am Morgen genauso wundervoll aus wie am Abend zuvor, ihre Haut war weich und zart, ihr Mund roch nach Milchreis, ihr Körper war einfach vollkommen. Sie stand auf und ging nackt in meinen begehbaren Schrank, wo sie meine dreißig Anzüge bewunderte. Sie band sich eine Krawatte um und kochte Kaffee. Als wir um halb neun aus der Wohnung gingen, sie in das Reisebüro und ich ins Autohaus, waren wir ein Paar.

Kreuzzeichen
Nun spricht der Pfarrer »Im Namen des Vaters und des Sohnes und des Heiligen Geistes«, und die Gläubigen antworten mit »Amen«, das heißt »so sei es«. In der Eucharistiefeier kommen die Menschen nicht in ihrem eigenen Namen zusammen, sondern im Namen des dreieinen Gottes.

Nach ein paar Tagen wusste ich, dass sie nicht gut kochen, dafür aber sehr gut Auto fahren konnte. Damit war mein Schicksal besiegelt: Ich betete sie an. Umgekehrt hätte ich es nicht so gerne gehabt. Eine Frau, die stundenlang in der Küche steht, um Speisen zu zaubern, die man sowieso innerhalb einiger Minuten aufessen wird – welch vergeudete Zeit! Ich wollte eine moderne Frau und keine, die mich an meine Großmutter erinnerte, die semmelknödelwälzend, blunzenwickelnd, beuschelschneidend in der Küche gestanden hatte, um ihre Großfamilie zu ernähren, und ich wollte ebenso wenig an die Küche im elterlichen Restaurant erinnert werden, in der ich und meine Schwestern ständig aushelfen mussten. Diesen ranzigen Geruch, den mein Körper trotz ausgiebiger Dusche noch im Bett an sich kleben hatte, hasste ich, und auch die Gäste, die bedient werden wollten. Ich wollte selbst bedient werden.

Nicht dass Maria nicht kochte, sie bemühte sich sogar sehr, meist sogar zweimal am Tag. Sie war der Meinung, eine Frau müsse kochen, und das halbwegs gesund. Es amüsierte mich, wie sie am Herd stand und die Zutaten wahllos in die Pfanne oder in den Kochtopf warf und dabei zu lauter Musik tanzte, um abschließend das Ergebnis auf die Teller zu klatschen. Meine älteste Schwester betitelte Marias Kochart und -weise als lieblos, ich aber nannte das Ganze schwunghaft. Und mit dem gleichen rasanten Schwung fuhr sie Auto.

Maria konnte mit hundertachtzig Stundenkilometern auf der Autobahn fahren und außerdem mit der rechten Hand auf die Rückbank greifen, um unserem Sohn den Schnuller wieder in den Mund zu stecken. Es war das reinste Vergnügen, ihr zuzusehen, ich saß auf dem Beifahrersitz und genoss jede Minute. Wie sie überholte, eine Linkskurve rechts ausfuhr, sicher und schnell einparkte! Sie machte jedem Auto Ehre.

Begrüßung der Gemeinde
Erst jetzt begrüßt der Priester im Namen Christi die versammelte Gemeinde: »Der Herr sei mit euch.« Die Gemeinde antwortet mit: »Und mit deinem Geiste.« Diese Begrüßung ist ein Segenswunsch von Gott her: Er ruft sein Volk zur Eucharistie zusammen.

Als nach ein paar Wochen die Ratio bei mir wieder einkehrte und ich schön langsam einige von Marias Schwächen erkannte, war es schon zu spät: Ich wollte auf Marias schwungvolle Koch- und Autofahrkünste nicht mehr verzichten, lieber nahm ich ihre Schwächen in Kauf. Marias größtes Manko bestand darin, dass sie aus einer sehr religiösen und konservativen Familie kam und ebendiese religiösen Wurzeln nicht abstreifen konnte. Sie wollte zwar auch in dieser Hinsicht modern sein, nannte ihren Glauben zum Beispiel »Spiritualität«, was die Sache für mich aber noch schlimmer machte, und ging im Minirock in die Messe. Anfangs ging ich einige Male mit. Ich saß die ganze Stunde neben ihr, beobachtete die Menschen um mich herum und atmete Marias Duft ein. Später begleitete ich sie nicht mehr, es langweilte mich, ich verstand nichts von dem, was da vorne vor sich ging, ich wusste nicht, welche Sprüche man zu welchem Zeitpunkt aufsagen musste, wann man stand, saß oder kniete und warum. Ich war als Kind kaum in die Kirche gegangen, meine Eltern waren erklärte Kirchengegner.

Außerdem ging sie oft mit Socken ins Bett.

Bußakt

»Ich bekenne Gott, dem Allmächtigen, und allen Brüdern und Schwestern, dass ich Gutes unterlassen und Böses getan habe – ich habe gesündigt in Gedanken, Worten und Werken – durch meine Schuld, durch meine Schuld, durch meine große Schuld.« Bevor wir die heilige Eucharistie feiern, ist es notwendig, dass wir Gott um Verzeihung bitten, weil wir Böses getan oder Gutes unterlassen haben.

Schon nach einem halben Jahr wurde Maria schwanger. Natürlich wäre es mir lieber gewesen, wir hätten noch länger

Zeit nur für uns beide gehabt, aber ich war auch nicht sonderlich traurig oder wütend oder enttäuscht darüber, bald Vater zu werden. Einer meiner ersten Gedanken war: Das Risiko, dass sie dich verlässt, ist mit einem Kind geringer als ohne. Von ihr verlassen zu werden wäre das Schlimmste für mich gewesen.

Einige Freunde gaben mir zu verstehen, sie habe mir ein Kind angehängt, aber darüber konnte ich nur lachen. Jeder Mann, der sich ein Kind anhängen lässt, ist ein Vollidiot! Man(n) merkt in jeder Beziehung schon nach ein paar Wochen, ob eine Frau nur einen Mann will oder sich sehnlichst ein Kind wünscht beziehungsweise eine komplette Familie, mit Haus, Miele-Waschmaschine, Mikrowelle, Garten, zwei oder drei süßen Nachkommen, Familienwagen und Ernährer, der das Geld nach Hause bringt. Falls diese weiblichen Sehnsüchte vom Mann nicht erkannt oder richtig gedeutet werden, dann ist er entweder minderbemittelt, oder er versteht nichts von Frauen – in beiden Fällen ein Vollidiot. Davon gibt es leider noch viele unter uns, sie sind eine Beleidigung für unser starkes Geschlecht. Mein Mitleid haben sie nicht, wenn sie anschließend bei den Sonntagsfamilienspaziergängen jammern: »Wo ist meine Freiheit hin?« Seit Jahrhunderten glauben die Männer, die Verhütung sei Frauensache und somit in sicheren Händen. Das zeugt nicht von hoher Intelligenz. Falls ein Kinderwunsch bei der Freundin besteht, man(n) ihn aber selber noch nicht verspürt, heißt es eben Vorsorge treffen, indem die Verhütung in die eigenen verlässlichen, männlichen Hände genommen wird.

Kyrie, Gloria und Tagesgebet
»Herr, erbarme dich. Christus, erbarme dich. Herr, erbarme dich.« Hier soll besonders der Lobpreis Christi zum Ausdruck

kommen, weil er sich unser erbarmt hat. »Ehre sei Gott in der Höhe!« In diesem Gebet danken wir Gott nicht für das, was er uns gegeben hat, sondern dass er ist. Das Tagesgebet gehört zum Höhepunkt der Eröffnungsriten. Der Priester fasst damit die Gebete aller zusammen und bringt es durch den Sohn im Heiligen Geist vor Gott.

Ich spürte bei Maria schon nach drei Wochen den Kinderwunsch. Es war die Art, wie sie in einem Kaffeehaus ein Baby ansah, das am Nebentisch von der Mutter auf dem Schoß gehalten wurde und uns mit einem zahnlosen Grinsen bedachte. Marias vor Liebe und Sehnsucht überschäumenden Blick konnte ich lange nicht vergessen, hätte sie mir diesen Blick geschenkt, ich wäre auf der Stelle tot umgefallen. Würden Frauen ihre Männer manchmal so ansehen, gäbe es keinen Geschlechterkampf mehr. Aber ich wusste, Frauen können nur kleine Kinder derart ansehen, niemals einen Mann. Zweitens wusste ich, dass in Maria der Kinderwunsch bereits vorhanden war, und zwar auffällig. Trotz dieses Wissens beließ ich die Verhütung in ihren weiblichen, unzuverlässigen Händen. Als sie dann schwanger war, lachten wir beide – wohlwissend – über unseren »Unfall«.

Maria zog bei mir ein, das heißt, wir holten endlich all ihre Sachen aus ihrem Zimmer in der Wohngemeinschaft, denn geschlafen hatte sie nur noch bei mir. Sie begann die Wohnung nach ihrem Geschmack umzugestalten, und ich ließ ihr freie Hand, auch was mein Konto betraf.

Bei der Geburt war ich dabei, wir wollten das beide so. Es verlief alles ohne Schwierigkeiten, und Maria war sehr tapfer. Es war der glücklichste Moment in meinem bisherigen Leben, als ich unser Baby in den Armen hielt. So etwas ist schnell behauptet, aber es war wirklich der glücklichste Moment in meinem bisherigen Leben, es war umwerfend, berauschend, faszinierend, wunderschön, dieses winzige Lebewesen voller Käseschmiere im Arm zu halten, seine Grimassen zu sehen und zu wissen: Das ist mein Sohn, mein Sohn, mein Sohn!

WORTGOTTESDIENST
Lesung, Zwischengesang, Lesung, Halleluja
»Im Anfang war das Wort und das Wort war bei Gott und das Wort war Gott. Alles ist durch das Wort geworden und ohne das Wort wurde nichts, was geworden ist.«
Unser Gespräch mit Gott ist in erster Linie ein Antworten auf sein Wort hin. Aus diesem Grund ist es notwendig, dass wir ihn zu Wort kommen lassen und ihn nicht mit unseren eigenen Ideen und Gedanken übertönen, so dass er uns gar nicht mehr sagen kann, was er will.

Bei der Taufe trafen sich unsere Familien das erste Mal, es war ein Fiasko, ein köstliches Fiasko, ich amüsierte mich zunächst prächtig. Die zwei Familien taxierten sich gegenseitig während der Messe und vor allem während des Essens im Gasthof, das Ergebnis fiel wahrscheinlich auf beiden Seiten kläglich aus, ich hörte sie schon alle auf der Rückfahrt in den Autos lästern. Allein die unterschiedliche Kleidung der so verschiedenen Familien! Die eine Seite der Tafel war trachtig besetzt, auf der anderen Seite der Tafel waren der Tigermantel meiner Mutter und die Cowboystiefel meiner jüngsten Schwester nur zwei der Highlights. Erst als ich Marias leidendes Gesicht sah, begann ich mitzuleiden.

Ich hatte drei Schwestern, Maria drei Brüder, ich war der Vorletzte, sie die Jüngste. Marias Familie erkannte in meiner sofort die Heiden. Die Blicke von Marias Mutter an mich, meine Familie und die Tochter waren nicht nur vorwurfsvoll, sie sollten auch Schuldgefühle erzeugen: »Was tut ihr mir an! Es ist nicht recht, unverheiratet zusammenzuleben, noch dazu mit einem Kind!«, seufzte sie zwischen Kürbiscremesuppe und Hirschragout. Die einzige Tochter, diese kostbare Unterstützung im Alter, so weit weg vom Heimatort, an einen Heiden verschwendet! Sie bestand auf ein Tischgebet, was meine Familie geduldig und augenrollend über sich ergehen ließ. »Wo würden wir hinkommen, wenn wir unserem Herrgott nicht mehr für die Speisen danken würden?«, sagte sie nach dem Gebet, bedachte mich und meine Familie mit einem rügenden Blick und nahm den Löffel.

Meine Mutter zog mich kurz beiseite: »Hättest du dir eventuell eine Freundin suchen können, deren Familie uns nicht wie Menschen zweiter Klasse behandelt?« Mein Vater stieß mir jovial in die Rippen: »Ist sie wenigstens gut im Bett?« Meine Schwestern flüsterten mir zu: »Wo hast du denn die Knierutscherin her, Bruderherz?« Sie gingen mir auf die Nerven.

Unser Sohn wurde auf den Namen Nicolas getauft, Noah und Elias waren Marias Favoriten, das konnte ich aber noch abwenden. Marias Mutter schenkte dem kleinen Nicolas einen Weihwasserbehälter, den ich in seinem Zimmer aufzuhängen hatte, und einen Rosenkranz, mit dem wir für ihn beten sollten. Als Nicolas ein Jahr alt war, gab ich ihm einmal diesen Rosenkranz zum Spielen, er hätte sich fast erwürgt damit.

Evangelium
»Aus dem heiligen Evangelium nach …«
Das Wort Evangelium heißt auf Deutsch Frohbotschaft. Jesu Botschaft ist Evangelium, weil sie den Schlüssel zur wahren

Freude beinhaltet. Die Wahrheit ist dem Menschen nicht all-
zeit bequem, aber nur die Wahrheit macht frei und nur die
Freiheit froh.

Ich vergaß das Trauma der Taufe sehr schnell und genoss
mein Leben mit Maria und Nicolas. Meine Arbeit machte
mir Spaß, meine Familie machte mich glücklich, wir waren
eine richtige Bilderbuchfamilie. Ich sorgte finanziell für uns
drei, und Maria versorgte Kind und Haushalt, an den Wochenenden fuhren wir oft weg oder machten es uns zu Hause
mit ein paar Freunden oder alleine gemütlich. Ich zahlte alle
Rechnungen und überwies jeden Monat ein sehr stattliches
Haushaltsgeld auf ihr Konto, ich halte nichts davon, beim
Haushaltsgeld zu sparen. Maria konnte sich wöchentlich eine
Putzfrau leisten, ab und zu eine Babysitterin, damit sie zum
Friseur oder zur Kosmetikerin oder in Ruhe shoppen gehen
konnte, einmal in der Woche gingen wir gemeinsam aus. Sie
sollte es gut haben, ich wollte nicht, dass sie eine frustrierte
Hausfrau wird. Lange Arme vom Einkaufstaschen- und
Kindschleppen, vergrämtes Gesicht, schlechte Haltung und
Spülhände, ungepflegt und unzufrieden. Eine, die ihre Familie im Grunde hasst, weil sie ständig unentgeltlich deren
Dreck wegputzen muss, und die keine Gelegenheit auslässt,
über ihren Mann schlecht zu reden. Ich bin mit drei Schwestern aufgewachsen und habe jeden Tag erlebt, welche Erwar-
tungen und Wünsche junge Frauen haben, wie sie denken
und fühlen. Ich weiß, wie sie sind, wenn sie ihre Tage haben,
ich weiß, dass sie gerne verwöhnt werden, und ich weiß, wie
ein Mann zu sein hat.

Meine älteste Schwester zum Beispiel. Sie hatte sich einen
um drei Jahre jüngeren Adonis geangelt, um den sie von allen
ihren Freundinnen beneidet wurde. Als sich endgültig her-

ausstellte, dass er zwar schön, aber faul war und eine Familie nie würde ernähren können und wollen, waren sie bereits verheiratet und hatten ein Kind. Mittlerweile haben sie zwei Kinder, sie muss halbtags arbeiten gehen und sieht zehn Jahre älter aus. Am Telefon jammert sie ständig über ihn, der Idiot bringt kein Geld nach Hause und spielt dann noch den Pascha!

Solche Männer konnte ich nie verstehen, wir wollen doch geliebt, angebetet, bewundert werden, das kostet eben etwas.

Predigt
Die Predigt gehört zu den ältesten Teilen des Wortgottes-
dienstes und war vornehmlich dem Bischof vorbehalten, spä-
ter seinen Stellvertretern in den Pfarreien, den Priestern.
Durch die Predigt sollte das gehörte Wort in der jeweiligen
Zeit aktualisiert werden, damit das Wort Gottes nicht nur ein
schöner und erbaulicher Text bleibt, sondern damit es gelebt
wird.

Da Marias Bedürfnis, ihre Familie zu sehen, größer war als mein Bedürfnis, meine zu sehen, fuhren wir alle zwei Monate zu ihren Eltern und alle vier Monate in meinen Heimatort. Ich war jedes Mal froh, wenn ich beide Varianten überstanden hatte, Maria war jedes Mal bedrückt.

In Marias Elternhaus durften wir als Unverheiratete natürlich nicht in einem Zimmer schlafen. In der Nacht schlich ich mich manchmal in ihr Zimmer und legte mich zu ihr ins Bett. Ich wollte mit ihr schlafen, doch sie wehrte immer ab: Sie könne einfach nicht, hier in ihrem Elternhaus. Sie hatte recht, besonders motivierend war das riesige Ölbild über dem Bett mit dem sitzenden Jesus als Schafhirte sowieso nicht. Ich zog mich wieder in mein Zimmer zurück, in dem die Muttergottes und das kleine Jesuskindlein über dem Bett mich rügend ansahen.

Was ich in ihrem Elternhaus am meisten fürchtete, waren die vier Mahlzeiten. Das intakte Familienleben, das von Marias Familie dabei demonstriert wurde, bescherte mir immer Kopfschmerzen. Die Kinder lärmten, Marias Schwägerinnen diskutierten über eine schlampige Frauensperson im Dorf, die ihren Mann mit Fertiggerichten in den Selbstmord getrieben hatte, die Brüder redeten von Traktoren, die Mutter erzählte von der Messe, der Vater döste. Vorher und nachher lange Gebete, die ich immer noch nicht beherrschte, dazwischen die frisch gemachten Knödel. Ich wünschte mich sehnlichst auf meine Couch vor dem Fernseher, mitsamt Formel 1, Bier, Pizza und viel Ruhe.

In meinem Elternhaus durften wir in einem Zimmer schlafen, das Zimmer war jedoch nie sauber, die Betten nie frisch bezogen. Meine Mutter schrieb Emanzipation groß und hielt nichts vom Haushaltführen. Da Maria sich ekelte, putzte ich jedes Mal das Zimmer und überzog die Betten neu.

In meiner Familie wurde kein Familienleben demonstriert, da ganz einfach keines mehr vorhanden war, es war schon vor vielen Jahren vom Geschäftsleben abgelöst worden, als ich und meine Schwestern noch Jugendliche gewesen waren. Mittlerweile besaßen meine Eltern drei Restaurants, und die Mahlzeiten wurden abwechselnd in einem davon eingenommen, dabei wurde nur über Angestellte, Steuern, Gäste, Ausgaben gejammert. Vorher und nachher Alkohol, der mir nicht schmeckte, dazwischen blutiges Fleisch. Ich wünschte mich sehnlichst auf meine Couch vor dem Fernseher, mitsamt Formel 1, Bier, Pizza und viel Ruhe.

Manchmal besuchten uns Marias Eltern oder Brüder, manchmal kamen meine Eltern oder Schwestern, jedoch kamen die beiden Familien nie gleichzeitig. Jedes Mal, bevor Marias Eltern kamen, füllte Maria den ständig leeren Weihwasserbehälter in Nicolas' Zimmer mit Wasser, immer, wenn meine Familie ihren Besuch ankündigte, entfernte ich das Ding.

Credo – Glaubensbekenntnis
»Ich glaube an Gott, den Vater, den Allmächtigen, den Schöpfer …«
Katholischer Glaube bedeutet nicht, dass jeder glaubt, was er will, sondern dass man ein gemeinsames Fundament hat. Im Glaubensbekenntnis stehen wir mit Freude zu unserem Glauben, denn hier bekennen wir, warum wir zu uns selbst stehen dürfen: weil Gott zu uns steht.

Es hatte ja früher oder später kommen müssen, Maria wollte heiraten, nicht nur standesamtlich, sondern auch kirchlich mit dem ganzen Tamtam. Ich wollte nicht heiraten, weder standesamtlich noch kirchlich, es erschien mir einfach nicht nötig, ich wusste allerdings – im Gegensatz zum Kinderwunsch – diesmal nicht, wie ich mit Marias Wunsch umgehen sollte. Rigoros ablehnen und somit den Druck, den ihre Familie ausübte, ganz allein ihr überlassen? Aber nicht nur das Gespenst »Heirat« geisterte von nun an durch Wohnung und Beziehung, sondern auch das Gespenst »Spiritualität«. Maria fuhr immer öfter alleine zu ihren Eltern und kam jedes Mal bedrückter zurück. Sie wollte mit mir und Nicolas beten, in die Kirche gehen, ein Kreuz in der Küche aufhängen. Eines Abends holte sie ihre Bibel und begann mir ihren Lieblingspsalm vorzulesen, immerhin war sie nackt dabei: »Der Herr ist mein Hirte, nichts wird mir fehlen. Er lässt mich lagern auf grünen Auen und führt mich zum Ruheplatz am Wasser.

Er stillt mein Verlangen ...« An dieser Stelle begann ich an
ihrem Busen zu saugen, und sie war total sauer.

Fürbitten
In den Fürbitten, welche Gebete des Volkes sind, beten wir
für die Kirche, für die Anliegen in aller Welt und auch für
unsere eigenen Nöte und Sorgen. Sie sind kein Akt der Anbe-
tung oder der Danksagung, sondern Flehbitten, in denen un-
sere Sorgen und Ängste ihren Platz auch im Gottesdienst ha-
ben.

Um das Gespenst »Spiritualität« zu vertreiben beziehungsweise zu besänftigen, ließ ich mich zur Hochzeit überreden,
und wir begannen die Planung dieses großartigen Ereignis-
ses, Maria begeistert, ich widerwillig. Maria wollte ein großes
kirchliches Fest mit mehr als hundert Gästen und stürzte sich
mit Energie in die Vorbereitungen, mir überließ sie die Orga-
nisation der kleinen standesamtlichen Feier, die einen Tag danach stattfinden sollte.

Eine Woche vor dem Fest schleppte Maria mich zum
Priester, den sie für die Trauung ausgesucht hatte, um mich
in die Messgestaltung mit einzubeziehen, worauf ich ebenso
gut hätte verzichten können. Der Priester war klein, hatte
ein weichliches Gesicht und bewegte sich weibisch; schwul
oder pädophil, war mein erster Gedanke, zur Tarnung hatte
er sich einen Vollbart wachsen lassen. Er zog ein Formular
aus seinem Schreibtisch und klärte uns darüber auf, dass er
ein Eheprotokoll aufnehmen müsse, das sei Pflicht, wir hätten deshalb schon viel früher kommen müssen. Er fragte
nach Namen, Adresse, Berufen und blätterte um.

Und dann passierte es, meine Vergangenheit schwebte in
Form eines kleinen rachsüchtigen Engels über mir und lachte

mich aus. Der Priester fragte uns, ob einer von uns bereits einmal standesamtlich verheiratet und aus der Kirche ausgetreten gewesen sei. Bei mir war beides der Fall, beides hatte Maria von Anfang an gewusst, ich war schon fast ein Jahrzehnt geschieden und wieder zahlendes Mitglied im Verein, es war nie Thema in unserer Beziehung geworden. Ich wollte beinahe lügen, tat es aber doch nicht, ich ahnte nicht die Folgen. Der Priester fragte nach Datum des Austritts und der standesamtlichen Trauung, es war kurz hintereinander gewesen, und sagte nur: »Dann haben wir ein Problem.«

Das hatten wir tatsächlich. Nicht nur eines, es war der Anfang einer Kette von Problemen.

EUCHARISTIEFEIER
Gabenbereitung
Brot und Wein werden auf dem Altar dargebracht. Nicht Menschenwort, sondern Gottes Kraft allein ist imstande, dieses Brot und diesen Wein zum Leib und Blut Christi werden zu lassen. Jedes Mal, wenn die heilige Eucharistie gefeiert wird, begeht man ein Freudenmahl und ein Opfer zugleich. Der Priester hebt die Hostienschale hoch und mischt Wasser mit Wein.

Wir erfuhren vom Priester von einem Kirchengesetz, das es seit Ende der achtziger Jahre gab: Wenn ein aus der Kirche Ausgetretener standesamtlich heiratet, gilt das wie eine kirchliche Hochzeit, was bedeutet, er darf nicht mehr kirchlich heiraten. Punktum, das war es, wir durften nicht kirchlich heiraten, hatten schon hundertzwanzig Leute eingeladen, Kleid und Anzug gekauft, den Saal gemietet, das Buffet bestellt. »Wir können eine Segensfeier machen«, sagte der Priester beruhigend beim Abschied. Im Auto bekam Maria einen Weinkrampf. Ihre Familie und Verwandten würden eine Segensfeier nie akzeptieren, das war absolut keine richtige Vermählung vor Gott. Meine würde den Unterschied wahrscheinlich gar nicht bemerken, dachte ich.

Es begann eine Horrorwoche für uns beide. Wir gingen zu einem Obersten der Oberen im Diözesangericht für Eheangelegenheiten und bekamen die Erlaubnis nicht, schweren Herzens, wie der alte Herr sich ausdrückte, er könne exkommuniziert werden. Ich müsse um Annullierung meiner ersten Ehe beim Diözesangericht ansuchen, es würde dann ein Verfahren eingeleitet, Akte samt Beweismaterial nach Rom geschickt, wo der Heilige Vater die Ehe annullieren könne, das würde ungefähr ein Jahr dauern. Es blieb also vorerst bei der Segensfeier, wir überlegten, sie abzusagen, was aber angesichts der kurzen Zeit nicht möglich war. Vorher mussten wir zu Marias Eltern fahren und sie auf die Segensfeier vorbereiten, sie wären sonst bei derselben ohnmächtig geworden. Die Familie war schlichtweg entsetzt, die Mutter fasste nach dem Rosenkranz, schließlich verzieh sie mir unter Tränen. Tochter und Mutter fielen sich weinend in die Arme.

Die Segensfeier in der Kirche war eine einzige peinliche Farce, das Einzige, was mich rührte, war Marias blasses Gesicht, die Feier im Gasthof war trostlos. Am nächsten Tag war Maria schwer krank, wir mussten die standesamtliche Trauung absagen.

Schon vier Tage nach der Segensfeier fand ich mich beim Diözesangericht ein, um vernommen zu werden. Ich saß einer Kommission, bestehend aus Richter, Prälat, Ehebandsverteidiger und Schriftführerin, gegenüber und musste auf Fragen bezüglich meiner ersten Ehe antworten. Das Ziel dabei war, Argumente für eine Annullierung zu finden.

Händewaschen
Der Ritus der Händewaschung soll das Unwürdigsein des
Menschen ausdrücken. Der Priester bittet, dass er würdig
wird, die Geheimnisse zu vollziehen. Er wäscht seine Hände,
was einer inneren Reinigung entspricht.

Zu meinem neunzehnten Geburtstag schenkte mir mein
Vater einen Golf, weil er sich für seinen Sohn schämte, der
mit einem klapprigen Opel Astra unterwegs war. Mit dem
Opel Astra fuhr ich in den Stadthafen, um ihn an russische
oder ukrainische Matrosen zu verkaufen, wie das alle meine
Freunde mit ihren ausgedienten Fahrzeugen machten. Ich
hatte Glück, es waren drei Schiffe aus Ismajil da, der Opel
war schnell verkauft. Als alle drei Matrosen um mein altes
Auto herummarschierten, nach Rost suchend, sah ich Ludmilla das erste Mal. Sie trug einen Mantel mit Pelzkragen und
hatte feuerrote, lange Haare und ein reifes Gesicht. Sie gefiel
mir wahnsinnig gut. Am Abend brachte ich den Typenschein
mit der Abmeldung in den Stadthafen und überreichte ihn
dem Käufer. Ludmilla kam zu mir und sprach mich auf Englisch an, wir gingen spazieren, dann auf einen Kaffee und
schließlich landeten wir auf der Rückbank meines neuen
Golfes. Sie war zwölf Jahre älter als ich und sehr erfahren,
trotz der Kälte und Enge war unser Sex einfach unglaublich!
Drei Minuten nachdem sie sich angezogen hatte und losgelaufen war, um mit ihrem Schiff abzufahren, kam sie wieder
zu mir zurück: Es war ohne sie abgefahren!

Ich nahm Ludmilla mit in mein Zimmer. Wir trieben es
dreimal am Tag – ich war damals Student –, zweimal in der
Nacht, bis uns meine Mutter nach einer Woche hinauswarf.
Bis ich eine Wohnung für uns gefunden hatte, kamen wir bei
einem Freund unter.

Gabengebet
Das Gabengebet will nicht, wie oft gemeint wird, die materi-
ellen Gaben von Brot und Wein vorweihen. Das Gabengebet
ist vielmehr eine Bitte um Annahme der Gaben. Wir sollen
auch unser eigenes Herz auf den Altar legen und Gott bitten,
dass er es verwandle.

Ich wollte Ludmilla bei den Behörden anmelden, ein Visum
beantragen und wurde darüber informiert, dass ihr aufgrund
der illegalen Einreise die Abschiebung drohte. Ich wollte
Ludmilla auf keinen Fall verlieren, ich war heftig in sie und
ihren Körper verliebt und schlug ihr vor zu heiraten. Sie wil-
ligte ein, ließ sich ihre Papiere aus der Ukraine schicken, und
wir heirateten. Ludmilla erhielt Visum und Arbeitsgenehmi-
gung, fand aber keine Arbeit. Ich schmiss mein Studium und
begann als Kellner zu arbeiten, ab und zu verkauften wir alte
Autos am Hafen. Dabei legte ich den Grundstein für meinen
späteren Beruf als Mercedesverkäufer. Zwei Jahre später ließ
ich mich scheiden, nachdem ich herausgefunden hatte, dass
sie untertags, während ich in der Arbeit war, Kunden in unserer Wohnung bediente.

Die Vernehmung dauerte fünf Stunden, ich musste an die
dreißig Fragen über Anfang, Verlauf, Ende der Beziehung,
Charakter und Religionsbekenntnis der Ex-Frau, Verhalten
der Eltern, Geschwister und Freunde uns gegenüber und
vieles mehr detailliert beantworten. Die letzte Frage des
Richters lautete: »Wurde die Ehe vollzogen?« Ich fragte ihn,
ob er bis jetzt geschlafen habe, er reagierte beleidigt. Abschließend musste ich vor einem kleinen Altar und vor Gott
bei brennenden Kerzen beeiden, die Wahrheit gesagt zu
haben.

Hochgebet
Das Hochgebet beginnt mit der Präfation, dem großen Dank-
gebet: »Der Herr sei mit euch«, und endet mit der sogenann-
ten Doxologie, mit dem bekennenden Amen der Gläubigen
vor dem Vaterunser.

Maria ging es nicht besonders gut zu dieser Zeit, ich wollte
sie aufmuntern, schenkte ihr Schmuck und ein Negligé, lud
sie zum Essen, ins Casino, in ein Konzert ein. Nichts half,
Maria sprach nur von »Spiritualität« und dass sie nicht länger
mit mir in Sünde leben könne. Ich merkte, dass sie sich immer mehr von mir abwandte, dass ich sie langsam verlor, und
das machte mich rasend vor Wut.

Nach zwei Wochen rief der Richter an: Ob ich zu einer
Gegenüberstellung kommen könne, man habe meine Ex-
Frau ausfindig gemacht. Als ich den Gerichtsraum betrat und
Ludmilla entdeckte, sie war vorher drei Stunden lang ver-
nommen worden, traute ich meinen Augen nicht. Sie war alt
und fett geworden, richtig fett, sicher an die hundert Kilo.
Ich sah sofort, dass sie immer noch als Prostituierte arbeitete.

Uns wurden verschiedene Fragen gestellt, die unsere Ehe
betrafen. Ludmilla stritt alle meine Beschuldigungen ab und
stellte selbst welche auf: »Ich habe nicht absichtlich mein
Schiff verpasst, sondern er hat mich daran gehindert, es rechtzeitig zu erreichen!«, sagte sie mit ihrem russischen Akzent,
ich staunte über ihr gutes Deutsch, in der gemeinsamen Zeit
hatten wir uns fast nur auf Englisch beziehungsweise mit
Händen und Füßen und mehr unterhalten. »Er hat mir ver-
boten, meiner Tochter in der Ukraine Geld zu schicken, ich
musste ihm immer alles Geld geben!« Ich wusste gar nicht,
dass sie eine Tochter hatte. Außerdem habe sie nie Freier in
der Wohnung empfangen, sondern Patienten, sie sei immer-

hin gelernte Heilmasseurin. Das ging fast zwei Stunden so dahin, der Ehebandsverteidiger hatte eine Menge zu notieren, der Prälat meinte, in solch einem schwierigen Fall würde es sehr schwer sein, eine Annullierung im Vatikan zu erreichen. Da platzte mir der Kragen.

Vaterunser
»Vater unser im Himmel, geheiliget werde dein Name, dein Reich komme, dein Wille geschehe, wie im Himmel so auf Erden. Unser tägliches Brot gib uns heute und führe uns nicht in Versuchung, sondern erlöse uns von dem Bösen. Denn Dein ist das Reich und die Kraft und die Herrlichkeit, in Ewigkeit, Amen.«

Ich stand auf und schrie alle an, was für ein lächerliches Theater das denn hier wäre, ich warf den kleinen Altar mit Kerzen und Bibel um und marschierte zu Ludmilla. Ich ließ meine Hose und Unterhose hinunter, holte meinen Penis heraus und hielt ihn ihr vor die Nase: »Gelernte Heilmasseurin! So haben deine Patienten ausgesehen!« Ich sah alle an. »Gefällt euch das?« Ich umfasste meinen Penis mit der rechten Hand und tanzte onanierend im Gerichtsraum herum. Zu einem Orgasmus kam es allerdings nicht – ich hätte sowieso nicht gekonnt, da mich Richter, Prälat und Ehebandsverteidiger ziemlich heftig aufforderten, zu gehen.

Ritus des Friedens
Der Priester fordert die Gläubigen auf: »Gebt einander ein Zeichen des Friedens und der Versöhnung.« Der Friedensgruß ist eine unmittelbare Vorbereitung zur Kommunion, denn Christus sagt uns, dass wir zuerst Frieden schließen sollten, bevor wir zum Altar treten.

Ich hatte es natürlich vermasselt, im Diözesangericht war man nicht mehr bereit, mir zu helfen, man betrachtete den Fall als abgeschlossen. Maria erzählte ich wochenlang nichts davon, sie glaubte, das Bittgesuch wäre auf dem Weg in den Vatikan, bis sie den Richter anrief, um zu fragen, wie lange es noch dauern würde. Sie kam zu mir ins Büro, zitternd vor Zorn, und schlug mich fest ins Gesicht. Da wusste ich, dass es nur eine einzige Lösung gab.

Nach Dienstschluss lieh ich mir vom Geschäft einen Vorführwagen aus und fuhr zwei Stunden bis in die Stadt, an deren Rand Ludmilla wohnte, ich hatte mir ihre Adresse gemerkt, als sie bei der Gegenüberstellung verlesen wurde. Es war bereits stockdunkel, als sie endlich mit einem Mann aus dem Haus trat, die beiden stritten eine Weile, dann stieg der Mann in ein Auto und fuhr weg. Sie watschelte am Gehsteig dahin, die Straße war völlig leer. Sie stieg vom Gehsteig hinunter und setzte an, die Straße zu überqueren, ich gab Gas und schoss auf sie zu. Ich hörte ein dumpfes Geräusch und brauste davon. Sie hat sicher nichts gespürt.

Agnus Dei – Lamm Gottes und Brechen des Brotes
Während alle Anwesenden beten »Lamm Gottes, du nimmst hinweg die Sünden der Welt«, bricht der Priester die Hostie. Symbolisch kann man diesen Ritus so verstehen: Das eine Brot, welches Christus ist, wird mit den vielen geteilt, damit sie der eine Leib Christi werden.

Ich kam spät in der Nacht nach Hause, Maria und Nicolas waren nicht da. Am nächsten Morgen fuhr ich sofort in ihr Heimatdorf. Ich fand Maria in der Küche, wo sie ihrer Mutter beim Kochen half, sie war so wunderschön, Nicolas streckte mir seine Arme entgegen. Mein Herz tat mir weh.

Der älteste Bruder verstellte mir den Weg und legte mir nahe zu gehen, ich weigerte mich. »Ich möchte mit dir reden, Maria«, flehte ich, »geh mit mir nach draußen.« Ihre Mutter und ihr Bruder sagten, dass sie nicht mit mir sprechen wolle, und ein Streit begann. Der Bruder provozierte mich, und als die Worte »degenerierter Prolet« fielen, rastete ich aus. Ich nannte ihn einen »hostienfressenden Knödelsack« und schlug ihm mehrmals mit der Faust ins Gesicht und in die Magengrube, woraufhin er anstandslos in die Knie ging. Der schreienden Mutter fegte ich sämtliche soeben geformten Knödel vom Tisch, den letzten schmiss ich ihr an die Stirn.

Vorbereitungsgebet zur Kommunion
Nun knien alle nieder zum Zeichen, dass man eigentlich unwürdig ist, die heilige Kommunion zu empfangen, und beten nach dem Bekenntnis des Priesters: »Herr, ich bin nicht würdig, dass du eingehst unter mein Dach, aber sprich nur ein Wort, so wird meine Seele gesund.«

Maria kam dann doch noch einmal mit Nicolas in unsere Wohnung zurück und blieb zwei Wochen. Dass ich mittlerweile Witwer war, da Ludmilla von einem Geisterfahrer getötet worden war, und ich nun kirchlich heiraten durfte, interessierte sie nicht mehr, es war kein Gesprächsthema mehr für sie.

Eines Abends saßen wir gemeinsam am Balkon, es war so ein schöner lauer, kitschiger Sommerabend, wie man ihn aus Filmen kennt. Nicolas schlief bereits. Maria starrte gedankenversunken in die Ferne, und ich erkannte, dass es zu Ende war. Diese wundervollen gemeinsamen Jahre mit Maria und Nicolas waren zu Ende. Sie sprach es dann auch aus. Sie wolle nach Hause zurück, sie könne so nicht mehr mit mir leben.

Sie wolle später einmal einen religiösen Mann heiraten, betonte sie. Ich spürte nicht einmal Wut in mir aufsteigen, es war das unvermeidliche Resultat der letzten Wochen.

Kommunionempfang
Der Priester überreicht die Hostie mit den Worten: »Der Leib Christi.« Der Gläubige antwortet: »Amen.« Er sollte außerdem die Ehrfurcht vor oder nach dem Empfang der heiligen Kommunion durch eine Kniebeuge ausdrücken.

»Warum hast du dich in mich verliebt? Warum haben wir ein Kind?«, musste ich sie fragen.

Maria schwieg eine Weile. »Du warst so – so potent«, sagte sie schließlich.

Potent fängt auch mit »P« an, so wie Prolet, ein potenter Prolet, mehr fiel mir dazu nicht ein.

»Potent in jeder Hinsicht«, sagte sie weiter, »du hast einfach Selbstbewusstsein ausgestrahlt. Ein sicherer Job, Eigentumswohnung, ein schönes Auto, genug Geld für ein angenehmes Leben. Du hast irgendwie gewusst, was läuft und wo es langgeht im Leben, weißt du, was ich meine?«

Ja, ich weiß, was du meinst. Ich habe dich von Anfang an zu sehr verwöhnt, du undankbares Luder, nein, du wunderbare Prinzessin. Der Prolet und die Prinzessin, fiel mir jetzt ein, und ich musste beinahe grinsen.

»War ich später nicht mehr potent?«

»Doch, aber ich habe gemerkt, dass das nicht alles ist. Mir hat was gefehlt in unserem angenehmen Leben, ich hab lange nicht gewusst, was, ich war einfach nur unglücklich.«

Sie schwieg eine Weile. Ich wusste, sie würde »Spiritualität fehlte mir« sagen, und sie tat es auch.

Maria trennte sich von mir und zog mit Nicolas in ihr Elternhaus zurück. Drei Monate später hatte sie einen neuen Freund, es war der Volksschullehrer des Dorfes, der aus dem Nachbarort stammte. Sie gingen regelmäßig mit meinem Sohn in die Kirche und bauten gemeinsam ein Haus.

Ich litt. Und wie ich litt. Ich ließ es mir nicht anmerken, ich ging weiterhin zur Arbeit und zwang mich, nicht zu versumpfen. Ich vermisste die beiden wahnsinnig.

Danksagung
Stille – um bei Gott zu verweilen. Der Gläubige sitzt still in seiner Bank und spürt im Gebet die Anwesenheit Christi.

Und jetzt liege ich frierend im Gestrüpp am Waldesrand oberhalb ihres Elternhauses und murmle den Ablauf der Messe vor mich hin. Ich habe Marias Tagesablauf in den letzten zwei Wochen genau studiert und bin ihr überallhin nachgefahren, um ihre Wege zu kennen. Ich kann nicht zulassen, dass aus meinem Sohn ein Knierutscher gemacht wird, das muss ich verhindern.

Jeden Dienstagabend hat Maria Bibelrunde im Nachbarort. Ich fahre ihr nach, und während sie im Haus ist, schleiche ich mich an ihr Auto heran, öffne die Tür mit einem Draht und lockere die Schraube beim Bremspedal so, dass sie ungefähr nach dem zehnten Mal Bremsen herausfallen wird und keine Verbindung mehr zum Gestänge und Bremskraftverstärker besteht.

Zwei Stunden später fährt Maria mit dem Auto los. In der langgezogenen Kurve im Wald einige hundert Meter vor ihrem Elternhaus prescht sie von der Straße in den Wald hinein und knallt gegen einen Baum. Ich verstecke mein Auto im Wald und gehe zu ihr, sie ist bereits tot. Mit Handschuhen öffne ich die Tür, schiebe ihre Beine beiseite und befestige die

Schraube wieder. Dann küsse ich das letzte Mal ihre Haare, schließe leise die Tür und gehe weg.

Es ist gut, dass Winter ist und der Hof ihrer Eltern ziemlich abgelegen und Maria dafür bekannt, zu schnell zu fahren und sich nie anzuschnallen.

Schlussgebet, Segen und Entlassung
Nachdem wir Christus in der heiligen Kommunion empfangen und ihm auch etwas Zeit für ein Gespräch geschenkt haben, wird das Schlussgebet gesprochen und um den Segen gebeten: »Es segne euch der allmächtige Gott, der Vater und der Sohn und der Heilige Geist. Gehet hin in Frieden.« – »Dank sei Gott dem Herrn.« Der Segen ist ein Zeichen, dass wir in Beziehung mit Gott leben.

Nicolas und ich sitzen auf der Couch und sehen fern: Formel 1. Die Rennautos kreischen und quietschen um die Kurve, schneiden sich gegenseitig, und zwei überschlagen sich. Nicolas ist begeistert, er holt seine kleinen Rennautos und macht das Ganze nach, die Dinger fliegen durch das Wohnzimmer, ich lache. Zu Mittag essen wir bei McDonald's, Nicolas bekommt seine gewünschte Cola, er mampft glücklich vor sich hin.

Ich bin Mercedesverkäufer, auch jetzt noch, nach dieser ganzen tragischen Geschichte, »der arme, kleine, mutterlose Junge«, stand im Ortsblatt. Ich bin ein sehr guter Mercedesverkäufer, ich gewann einmal den Landeswettbewerb »Der beste Autoverkäufer«, ich kann eben nicht nur Frauen gut einschätzen, sondern auch meine Kunden. Ich verdiene ganz passabel, bin nicht reich, aber kann mir ein angenehmes Leben leisten und meinem Sohn etwas bieten.

Altarkuss und Auszug
Der Priester küsst den Altar als Zeichen der Verehrung. Dann macht er eine Kniebeuge Richtung Tabernakel zum Bekenntnis, dass hier wirklich Christus allgegenwärtig ist, und geht in die Sakristei.

Über die Autorin

Judith W. Taschler, 1970 in Linz geboren, ist im Mühlviertel aufgewachsen. Nach einem Auslandsaufenthalt und verschiedenen Jobs studierte sie Germanistik und Geschichte in Innsbruck. Jahrelang unterrichtete sie als Deutschlehrerin. Mittlerweile ist sie freie Schriftstellerin und Drehbuchautorin.

Ihr Debütroman »Sommer wie Winter« erschien 2011 im Picus Verlag. Für ihren zweiten Roman »Die Deutschlehrerin« gewann sie 2014 den renommierten Friedrich-Glauser-Preis. Die Begründung der Jury lautete: »Liebe, Verrat und Tod. Es sind die großen Themen des Lebens, die Judith Taschler sprachlich virtuos in ein kleines Kammerspiel packt. Und es sind die leisen Töne, die dieser als Zwiegespräch geführten Lebensbeichte eine dramatische Tiefe verleihen [...]. Leben heißt scheitern, hat Amélie Nothomb einmal gesagt. So konsequent, spannend und literarisch subtil, wie Judith Taschler das Thema umsetzt, wird auch Scheitern zum Hochgenuss!«

2014 erschien ihr erster Erzählband »Apanies Perlen«, kurz darauf ihr dritter Roman »Roman ohne U«. Bei Droemer Knaur ist aktuell ihr neues Buch »bleiben« erschienen. Judith W. Taschler lebt mit ihrer Familie in Innsbruck.

Mehr zur Autorin unter www.jwtaschler.at

Lust auf weiteres Lesevergnügen mit
Judith W. Taschler?

Die Deutschlehrerin
Roman

»Das ist wirklich ganz großes Kino, was Judith Taschler sich da ausgedacht hat. Ein Mann und eine Frau. Und alles, was es zu einem Drama braucht: Liebe, Enttäuschung, Rache, Schuld, Verrat, ein Kind, eine überstürzte Heirat und ein Beinahe-Mord … Ich habe das Buch gelesen wie in einem Rausch, zweimal innerhalb weniger Wochen.«

Christine Westermann, WDR

bleiben
Roman

Es ist eine kurze, zufällige Begegnung auf der Reise nach Italien: Max, Paul, Felix und Juliane – vier junge Leute, voller Träume für die Zukunft, treffen im Nachtzug nach Rom aufeinander. Juliane und Paul werden heiraten, Max und Felix sich auf eine Weltreise begeben.

Zwanzig Jahre später trifft Juliane Felix zufällig wieder, und die beiden beginnen eine leidenschaftliche Affäre, die er jedoch ohne jede Erklärung abbricht. Erst Monate später erfährt Juliane den Grund. Die Wahrheit lässt das Leben aller eine dramatische Wendung nehmen.

Mechtild Borrmann

Ausgegraben

Der Winter war ohne große Kälte vorübergegangen und hatte viel Regen gebracht. Die Wiesen und Felder im Tal lagen Ende März noch satt und schwer, und die Bauern warteten mit dem Pflügen, ließen dem Boden noch ein paar trockene Tage.

Nur der neue Bauherr wartete nicht. Den Kösterhof hatte er schon im November abgerissen und anschließend dieses große Schild aufgestellt. Es zeigte sechs Einfamilienhäuser und darunter die Namen des Architekten und des Bauunternehmers.

Schon die Zwangsversteigerung zwei Jahre zuvor war erstaunlich verlaufen. Der Hof grenzte an den Naturpark und war seit über zwanzig Jahren als landwirtschaftliche Nutzfläche festgeschrieben. Die beiden Nachbarbauern wollten das Land ersteigern, aber zwei Fremde hatten das Startgebot von achtzigtausend Euro auf über zweihunderttausend getrieben. Dass jemand für ein marodes Haus und mittelmäßiges Ackerland so viel bot, hatte schnell zu Gerüchten geführt. Von Umwandlung in Bauland war die Rede, von Bestechung und Korruption. Das ganze Dorf war in Aufregung.

Aus solchen Dingen hielt Elisabeth Gräser, die Wirtin im Lokal Mühlenbach, sich raus. Empörung war nicht ihre Sache. Außerdem hatte sie sich für Lore, die ihr Leben lang auf dem Hof geschuftet hatte, ohne auf einen grünen Zweig zu kommen, gefreut. Sie konnte nicht nur ihre Schulden bei der Bank begleichen, sondern hatte auch noch eine schöne Summe übrig behalten.

Als die Gerüchte vom Bauland sich bestätigten, fand im Mühlenbach eine Bürgerversammlung statt. Hermann Sonntag, der im Dorf wohnte und Mitglied im Stadtrat war, war in Erklärungsnot. Das Wohnhaus, der Stall und die Scheune würden abgerissen, und nur auf diesen Flächen sollten neue Häuser entstehen. Und immer wieder versicherte er, dass das zum Zeitpunkt der Versteigerung noch nicht geplant gewesen sei. Die Dörfler glaubten ihm kein Wort, aber die Wogen glätteten sich.

Und nun das.

Am Montag waren sie angerückt. Das stetige Heulen der Motorsägen lag wie eine Drohung über dem Ort. Wenn die Bäume fielen, die Äste barsten und brachen, hallte ein Ächzen und Krachen durch das Tal. Die Männer arbeiteten auf der Obstwiese. Die hohen Birken zur Straße, die Apfel-, Birnen- und Kirschbäume waren in wenigen Stunden abgeholzt, und seit gestern wüteten auf der Wiese eine Raupe und ein Bagger. Sie brachen die Grasnarbe auf, rissen die Baumstümpfe mitsamt Wurzelwerk aus der Erde und schoben den nassen Mutterboden zur Seite.

Am Abend war der Thekenraum im Mühlenbach brechend voll. Auch Lore war gekommen. Hermann Sonntag verschaffte sich mit seinem tiefen Bariton Gehör. »Also, liebe Leute, ich bin doch einigermaßen überrascht«, erklärte er mit arrogantem Unterton. »Die neuen Häuser brauchen doch einen vernünftigen Zugang zur Straße. Außerdem ist die Kanalisation über hundert Jahre alt und muss erneuert werden. Das wird doch wieder zugeschüttet. Und Bäume, das verspreche ich euch, werden auch wieder gepflanzt.«

Elisabeth bediente an den Tischen. Ihr Neffe Thomas stand hinter dem Tresen, und seine Frau Christa kümmerte sich um die Küche. Vor einem Jahr hatte sie den beiden das Lokal überschrieben und war in ein kleines Haus am Dorfrand gezogen. Sie hatte niemandem gesagt, dass der Krebs an ihr fraß, stattdessen von Ruhestand und Verantwortung abgeben gesprochen. Trotzdem stand sie immer noch täglich in der Gaststube und half aus.

Während sie die Bestellungen an die Tische trug, sah sie zu Lore hinüber, die mit einigen anderen Gästen im hinteren Teil der Gaststube saß. Lore war blass, und sie hatte zu ihrem Bier schon drei Schnäpse getrunken.

Um Mitternacht waren nur noch drei Gäste an der Theke und Lore alleine am Tisch zurückgeblieben. Elisabeth zapfte zwei Biere und setzte sich zu ihr an den schweren alten Holztisch. Lores Gesicht war im Laufe der Jahre spitz geworden, aber in ihrem Blick lag immer noch dieser kindlich staunende Ausdruck.

»Eine Katastrophe ist das«, flüsterte sie.

Elisabeth tätschelte ihr die Schulter. »Ich weiß.« Der Hof war seit Generationen im Besitz der Kösters gewesen, und Lore hatte ihn nicht halten können.

Lore schwieg und starrte in ihr Glas. Leise Gespräche von den letzten Thekengästen waren zu hören und fernes Klappern aus der Küche, wo Christa noch letzte Aufräumarbeiten erledigte. Der Spielautomat am Ende des Tresens verlangte im Minutentakt klimpernd und blinkend nach jemandem, der ihn fütterte.

Lore atmete schwer. »Du verstehst das nicht, Elisabeth«, sagte sie und sah die Freundin dabei nicht an. Elisabeth strich ihr tröstend über den Rücken, und sie saßen lange schweigend.

Als die letzten Thekengäste fort waren und Christa mit den Tageseinnahmen nach oben ging, legte Thomas am Sicherungskasten Schalter für Schalter um, und im Saal, in der

Küche und im Restaurant wurde es dunkel. Auch der Spielautomat gab endlich Ruhe. Nur die drei Messinglampen über der Theke, mit ihrem dünnen gelblichen Licht, ließ er an. Elisabeth stand auf, ging hinter den Tresen und sagte zu ihrem Neffen: »Mach Feierabend. Ich schließ dann ab.«

Als er hinaufgegangen war, goss sie zwei Calvados ein und bedeutete Lore, sich an den Tresen zu setzen. »Dann muss ich nicht noch mal aufstehen, falls wir noch einen brauchen«, versuchte sie es in scherzhaftem Ton.

Die beiden Frauen waren seit Kindertagen Freundinnen.

Lore war eine zierliche Frau mit feinem hellem Haar und großen, staunenden Augen, die ihr schon als Kind den Ruf eingebracht hatten, dumm zu sein. Aber das war sie nicht. Lore gehörte zu den Menschen, die dem Leben hilflos gegenüberstanden. Sie hatte kein eigenes Gewicht. Wie eine Feder im Wind taumelte sie ziellos dahin, immer auf der Suche nach jemandem, der sie an die Hand nahm. Lore, die Sanfte, die stets versuchte, es allen recht zu machen. Elisabeth hingegen war schon als Kind kräftig, vorlaut und von schneller Auffassungsgabe gewesen. Sie hatte Lore vom ersten Tag an gemocht und beschützt wie eine kleine Schwester. Warum das so war, dafür brauchte es in Kindertagen keine Erklärung, und Lore hatte es Elisabeth mit unverbrüchlicher Treue gedankt.

Sie kippten den Calvados in einem runter, und Lore schob das leere Glas über die Theke.

»Elisabeth, was immer passiert, versprich mir, dass wir Freundinnen bleiben.«

»Was redest du denn da? Wir sind seit über fünfzig Jahren befreundet, warum sollte sich das ändern?«

Elisabeth stellte die Calvadosflasche zurück ins Regal und

die leeren Gläser in die Spüle. Lore war betrunken, sonst würde sie nicht so reden. Sie tätschelte ihr die Hand.

»Es ist spät. Geh nach Hause und schlaf dich aus. Vielleicht solltest du nicht ständig zum Hof fahren und dir ansehen was da passiert.« Lore rutschte vom Hocker, zog ihre hellblaue Popelinjacke über, nahm die abgegriffene schwarze Handtasche und huschte ohne ein weiteres Wort hinaus.

Sie hatten zusammen die Hauptschule im Ort besucht. Weil Lore das einzige Kind der streng katholischen Kösters war und den Hof mit ihrem zukünftigen Mann übernehmen sollte, besuchte sie anschließend die Hauswirtschaftsschule. Elisabeth machte in der Stadt eine Lehre als Verkäuferin in einem Schuhgeschäft.

Sie lebten für die Wochenenden, waren immer zu zweit unterwegs. Verbotene Diskobesuche, für die sie sich in einer Scheune am Ortsausgang heimlich umzogen. Bunte kurze Kleider oder enge Jeanshosen, mit denen die Eltern sie niemals auf die Straße gelassen hätten. Die ersten Flirts, das erste Mal zu viel Alkohol und die endlosen Gespräche über Jungen. Lore, mit ihrer hellen Haut und den großen dunklen Augen, war eine kleine Schönheit, und so mancher Junge interessierte sich für sie. Aber während Elisabeths Freunde wechselten, war es wohl Lores Hang zur Treue, mit der sie sich gleich an den Ersten band. Sie war gerade siebzehn und Franz Blohm einundzwanzig, gutaussehend und redegewandt. Als Autoverkäufer gehörte er zu den wenigen, die einen eigenen Wagen fuhren. Einen türkisfarbenen Ford Taunus mit weißem Dach. Einige Zeit waren sie zu dritt unterwegs, aber Elisabeth mochte Franz' großspurige Art nicht und auch nicht, wie Lore an seinen Lippen hing und – so schien es ihr damals – immerzu nickte. Vielleicht war sie auch einfach eifersüchtig gewesen, weil sie in Lores Leben nicht mehr an erster Stelle stand. Nicht, dass die Freundschaft zerbrach, aber sie gingen immer öfter getrennte Wege und entfernten sich voneinander.

Silvester 1973 feierte Elisabeth mit Kolleginnen aus dem Schuhgeschäft in der Disko Big Ben. Lore und Franz waren auch da. Um Mitternacht standen sie draußen, um dem Feuerwerk zuzusehen, als Lore sie beiseitezog und mit hochrotem Kopf erklärte, dass sie schwanger sei.

Elisabeth Gräser löschte das letzte Licht über der Theke, nahm ihren Mantel und schloss das Lokal ab. Die fünfhundert Meter bis zu ihrer Wohnung ging sie zu Fuß. Die Häuser lagen wie aufeinandergestapelt am Hang, Laternen malten die Schleifen der Straße nach, die den Berg hinaufführte. In einigen Fenstern brannte noch Licht. Vielleicht lag es an dieser nächtlichen Stille, vielleicht an der frischen Luft, aber plötzlich war sie in Sorge. Lore war merkwürdig gewesen!

Mit siebzehn ein uneheliches Kind. Das war in diesem streng katholischen Dorf ein Skandal, und es gab nur eine Lösung. Im Februar 1974 heiratete Lore Franz Blohm, und als im Juni die kleine Angelika zur Welt kam, hatte alles seine Ordnung. Im Ort war man zufrieden, und auch Lore schien in ihrer kleinen überschaubaren Welt Halt zu finden. Sie war mit Kind, Haus und Hof beschäftigt, und Elisabeth heiratete zwei Jahre später den Koch Georg Gräser und zog in die Stadt. Nur am Rande, wenn Elisabeth ihre Eltern besuchte, hörte sie noch von Lore. Dass sie wieder schwanger sei, dass sie die Zwillinge Michael und Markus bekommen habe, dass der alte Köster gestorben war, dass Franz kein Bauer sein wollte, weiterhin in der Stadt arbeitete und Lore zusammen mit ihrer Mutter den Hof bewirtschaftete.

Ganz normale Nachrichten, wie man sie über die Jahre von Menschen hört, mit denen man in der Vergangenheit zu tun hatte.

Elisabeth und ihr Mann Georg träumten zu der Zeit von einem eigenen Lokal, und als für den Mühlenbach ein neuer Pächter gesucht wurde, war Georg begeistert. Elisabeth wollte eigentlich nicht zurück ins Dorf, aber die günstige Pacht und der langfristige Vertrag mit Kaufoption waren überzeugend. Drei Monate renovierten sie und bauten um, und als sie im Juni 1979 Eröffnung feierten, waren auch Lore und Franz eingeladen. Franz kam alleine. Er setzte sich an die Theke und fiel in seiner modernen weißen Schlaghose, einem passenden Jackett mit breitem Revers und den halblangen Haaren auf. Bei den jungen Leuten stand er bald im Mittelpunkt und gab Anekdoten aus dem Leben eines Autoverkäufers zum Besten. Elisabeth freute sich, denn er spendierte eine Runde nach der anderen, war witzig und trug zur guten Stimmung bei.

Als die Gesellschaft sich nach und nach auflöste, fragte sie ihn nach Lore.

»Die hat zu tun. Die drei Kleinen, die Tiere versorgen, und um vier muss die raus zum Melken«, zählte er auf. »Da geht sie früh zu Bett. Aber ich soll schön grüßen.« Er war angetrunken, redselig und voller Selbstmitleid. »Weißt du, Elisabeth, mit der Lore ist nichts mehr los. Mit dem Hof ist doch kein Geld zu verdienen. Wenn es nach mir ginge, dann würde ich verkaufen, in die Stadt ziehen und ein Autohaus eröffnen. Aber Lore und ihre Mutter. Die reden beide den gleichen Mist. Seit zweihundert Jahren Familienbesitz, das gibt man nicht einfach auf, und dieser ganze Quatsch. Wenn bloß die Alte nicht wäre.«

Erst an dem Abend fiel ihr auf, dass sie Lore, seit ihrer

Rückkehr ins Dorf, nicht ein Mal begegnet war. Trotzdem vergingen noch einige Tage, ehe sie zum Kösterhof fuhr.

Elisabeth war schon früh wieder im Lokal und sprach mit Thomas und Christa die Mittagskarte durch, als die Nachricht eintraf.

»Polizei an der Baustelle«, hieß es, und mit jedem neuen Gast kamen neue Informationen in die Gaststube. Zuerst hörte sie, dass die Bauarbeiten eingestellt werden müssten, weil Genehmigungen fehlten. Dann war von einem Unfall auf dem Gelände die Rede und schließlich von einem Fund.

Einem Leichenfund.

Karl, der jeden Mittag sein Bier bei ihr trank, wusste zu erzählen, dass die Kriminalpolizei vor Ort war und ein Teil der Obstwiese mit einem rot-weißen Band abgesperrt sei.

Elisabeth stand hinter der Theke. Sie zapfte Biere, füllte Gläser mit Cola oder Mineralwasser und bediente die Kaffeemaschine. Nach außen wirkte sie ruhig, aber in ihrem Kopf überschlugen sich die Gedanken.

Karl und Erich saßen an der Theke, und Siegfried stand am Spielautomat und fütterte den Apparat mit Zweieuromünzen. Sie rätselten lautstark über den Leichenfund. Erich fragte sie, ob sie eine Idee habe. »Was weiß ich«, antwortete sie knapp, »vielleicht noch einer aus dem Krieg.«

Karl schüttelte den Kopf: »Hier doch nicht!«

Als zwei Fremde das Lokal betraten, beugte er sich vor und flüsterte: »Die hab ich da gesehen. Die sind von der Polizei!« Eine Frau Ende vierzig und ein junger Mann setzten sich an einen der Tische. Sie bestellten Wasser und das Tagesgericht, und immer wieder ging einer der beiden vor die Tür, um zu telefonieren.

Später kamen sie an die Theke. »In den achtziger Jahren«,

fragte die Frau, »gab es da etwas Besonderes hier im Ort? Wird seither vielleicht jemand vermisst?«

Karl, Erich und Siegfried wechselten Blicke, und Elisabeth sah ihn bei allen dreien. Diesen kurzen Moment, den es braucht, wenn alte Bilder sich neu sortieren. Diesen Augenblick, wenn eine neue Information alte Wahrheiten in ein anderes Licht taucht. Dann schüttelten sie fast gleichzeitig die Köpfe. »Nicht, dass ich wüsste«, sagte Siegfried, und dabei sah er Elisabeth an, die leichenblass war.

»Die Vorbesitzer«, fragte die Frau weiter, »können Sie mir sagen, wo ich die finde?«

»Lore wohnt im Nachbardorf bei ihrer Tochter«, antwortete Karl.

»Und der Bauer?«

»Der alte Köster? Der ist schon lange tot. Danach hat Lore den Hof mit ihrer Mutter bewirtschaftet und später alleine.«

Als die beiden gegangen waren, sprach zunächst niemand. Erich klopfte mit dem Fuß seines Glases auf den Bierdeckel und wandte sich an Siegfried, der wieder am Automaten stand, ganz damit beschäftigt, drehende Herzen, Kirschen und Erdbeeren in eine Reihe zu bringen.

»Die Wahrheit war das aber nicht. Da hast du doch jemanden vergessen, oder?«

Siegfried war ein großer, stämmiger Mann Ende fünfzig. Ihm gehörte die Tankstelle am Ortseingang. Er schlug gegen die Seitenwand des Automaten, als könne er damit die drehenden Räder beeinflussen.

»Was willst du, Erich?«

Er kam an die Theke, baute sich auf und sagte in einem Ton, der keinen Widerspruch duldete: »Die haben nach dem Bauern gefragt, oder? Und der letzte Bauer auf dem Kösterhof war der alte Köster, oder?« Erich rutschte auf seinem Hocker hin und her und nickte eingeschüchtert.

Dann hatte Elisabeth es eilig. Sie ging in die Küche und bat Christa, die Theke zu übernehmen. »Ich muss mal weg«, sagte sie knapp, nahm die Autoschlüssel vom Haken und eilte hinaus.

Als sie damals – mit einigen Tagen Verspätung – Lore besuchte, war sie erschrocken gewesen. Die Freundin war kaum wiederzuerkennen. Sie war dürr, die Hände schrundig von der Arbeit, das Haar strohig und lieblos mit einem Gummi zusammengebunden. Ihre Lippe war aufgeplatzt, und an den Armen zeigten sich blaue Flecken. Lore sagte kaum etwas, es war ihre Mutter, die erzählte. Franz lebte sein eignes Leben, kam nur zum Schlafen nach Hause, und wenn er getrunken hatte, schlug er Lore. »Er will, dass sie den Hof verkauft. Er braucht das Geld für ein Autohaus«, sagte die alte Köster, während Lore nur dasaß, den Blick auf den Boden gerichtet, als sei das alles ihre Schuld. Nur einmal hob sie den Kopf und sagte: »Es ist der Alkohol. Wenn er nüchtern ist, dann ist er nicht so.«

»Schmeiß ihn raus!«, sagte Elisabeth auf ihre pragmatische Art. »Wenn er sowieso nicht mit anpackt, wozu brauchst du ihn dann?« Aber davon wollte die alte Köster nichts hören, redete vom heiligen Bund der Ehe und dass sie das mit dem Pastor besprochen habe. »In guten und in schlechten Zeiten«, habe der gesagt, »und das hat Lore nicht nur Franz, sondern auch Gott versprochen.«

Zwei Tage danach war Franz in den Mühlenbach gekommen, ganz der galante Autoverkäufer. Sie hatte ihn nach draußen gebeten. Er war kleinlaut. »Elisabeth, du kennst mich doch. Eigentlich bin ich nicht so, aber die Lore … für mich ist das auch nicht einfach.« Zwei Stunden später, nach einigen Whisky-Cola, änderte sich sein Ton. »Die heilige Lore. Ist doch alles ihre Schuld! Sie behandelt mich wie einen Bittsteller, verbaut mir die Zukunft, weil sie auf dem verdammten Hof sitzt wie eine Henne auf ihren Eiern.«

Am Tag darauf hatte Lore ein blaues Auge und eine Platzwunde an der Stirn und fand hundert Entschuldigungen für ihren Mann. Elisabeth erteilte Franz im Mühlenbach Hausverbot. Er sollte sich nicht auch noch ausgerechnet in ihrem Lokal betrinken. Im Laufe der nächsten Wochen stellte sie fest, dass alle im Dorf seit Jahren Bescheid wussten. Von »Das ist deren Angelegenheit« über »Kommt in einer Ehe schon mal vor« bis zu »Vielleicht will die das ja so, könnte ihn doch vom Hof jagen!« bekam sie an ihrer Theke alles zu hören.

Lore, die ausharrte wie ein Tier in der Falle, die alte Köster, die das Sakrament der Ehe über das Wohl ihrer Tochter stellte, das alles brachte Elisabeth auf, und oft war sie auf Lore und die alte Köster mindestens so zornig wie auf Franz. Trotzdem besuchte sie die Freundin weiterhin. Manchmal ging es einige Zeit gut, und Lore war zuversichtlich, aber nie sehr lange.

Gebrochene Rippen, Gehirnerschütterungen, ein gebrochener Arm und Platzwunden im Gesicht. Dreimal brachte Elisabeth Lore zum Arzt, wo diese als Ursache Unfälle im Stall angab.

Erst als die alte Köster krank wurde und einige Wochen später starb, veränderten sich die Dinge. Bis zu diesem Zeitpunkt gehörte die Hälfte des Hofes Lores Mutter, aber jetzt war sie die Erbin. Hatte Franz bis dahin die Kinder nicht angefasst, schlug er kurz nach der Beerdigung zum ersten Mal die kleine Angelika.

Es war ein Dienstagabend, als im Lokal das Telefon klingelte und Lore am Apparat war. »Er hat gesagt, er bringt mich um. Wenn er zurückkommt und ich die Vollmacht für ihn nicht unterschrieben habe, bringt er mich um.«

Elisabeth war sofort hingefahren, packte Lore und die Kinder ins Auto und nahm sie mit in den Mühlenbach. Lore war schweigsam wie immer, aber ihr sonst so sanfter Blick hatte sich verändert. In den großen Augen fehlte das Staunen. »Ich werde morgen mit ihm reden. Er soll gehen«, sagte sie mit einer Entschiedenheit, die Elisabeth nicht von ihr kannte.

Am nächsten Tag hatten Elisabeth und auch Georg ihr morgens angeboten, sie zu begleiten. Lore lehnte ab. »Um diese Zeit ist er nüchtern. Da kann man mit ihm reden«, sagte sie. Eine Stunde später rief sie an. »Können die Kinder bis zum Abend bei euch bleiben? Franz packt, und ich würde es ihnen gerne später in Ruhe erklären.«

Elisabeth Gräser lenkte den Wagen die kurvenreiche Straße über den Berg ins Nachbardorf. Lores Tochter Angelika lebte mit ihrer Familie in einer Neubausiedlung, und Lore bewohnte die zum Haus gehörige Einliegerwohnung. Auf der Fahrt dachte sie darüber nach, was an jenem Mittwoch 1982 geschehen war. Als Elisabeth ihr die Kinder gebracht hatte, waren Franz' Auto, der Fernseher, die Stereoanlage, seine Plattensammlung und diverse andere Sachen verschwunden. Lore war mit ihr durchs Haus gegangen, hatte aufgezählt, was er mitgenommen hatte, und ihr den ausgeräumten Kleiderschrank gezeigt. »Soll mir recht sein«, hatte sie gesagt, »dann hat er keinen Grund, noch einmal zurückzukommen.«

Sie stellte das Auto vor der Garage ab. Der gepflegte Vorgarten lag in der Sonne, und Forsythienbüsche blühten an der

Grenze zum Nachbargrundstück. Elisabeth ging auf dem Plattenweg um das Haus herum, zum Eingang der Einliegerwohnung. Sie musste nicht klingeln, Lore erwartete sie bereits in der Tür.

Auf Begrüßungsrituale verzichtend, fragte Elisabeth: »War die Polizei schon hier?«

Lore schüttelte den Kopf.

»Nein. Haben sie ihn gefunden?«

»Ja.«

»Dann werden sie bald kommen.«

»Ja.«

Sie gingen ins Haus, und Lore bot Kaffee an. Elisabeth war schon oft hier gewesen. Eine kleine Wohnung, nicht aufwendig, aber liebevoll eingerichtet. In einer Ecke des Wohnzimmers hölzerne Rollkisten mit den Spielsachen der Enkel, darüber, in einem kleinen Regal, Bilderbücher. An der gegenüberliegenden Wand das alte Biedermeier-Sofa und diverse gerahmte Fotos. Lores Eltern, der Hof, Angelika mit Mann, die Zwillinge mit ihren Frauen und von jedem Enkelkind ein Porträt.

»Manchmal war ich drauf und dran, es dir zu sagen.« Lore stand mit der Kaffeekanne und zwei Tassen in dem Bogen, der die kleine Küche vom Wohnzimmer trennte. »Dass ich geschwiegen habe, war kein mangelndes Vertrauen, sondern … ich wollte dich da nicht mit hineinziehen.« Sie stellte die Tassen ab und setzte sich. »Aber du musst wissen, ich bereue es nicht.«

Elisabeth beugte sich vor: »Hör zu, Lore, du musst mir genau erzählen, was damals passiert ist.«

»Da gibt es nicht viel zu erzählen. Ich habe lange vorher darüber nachgedacht. Eine Scheidung war nicht möglich. Franz wäre nie einverstanden gewesen, und wenn nur ein

Ehepartner die Scheidung wollte, musste man damals drei Jahre Trennungszeit nachweisen. Ich hätte mit den Kindern den Hof verlassen müssen. Der Franz wäre doch nicht gegangen.«

Sie reichte Elisabeth den Zuckertopf mit den rosa Blümchen.

»Eigentlich war es sogar seine Idee. »Wenn du eines Tages spurlos verschwunden bist, wird niemand daran zweifeln, dass du mich verlassen hast.« Das hat er gesagt, und später habe ich gedacht, dass das umgekehrt wohl auch so wäre.«

Die Tür zum Balkon stand auf. Sie hörten das Tschilpen der Meisen im Garten, eine Mutter in einem der Nachbarhäuser rief ihr Kind herein.

Lore sprach weiter in diesem leisen, aber festen Tonfall. Ein Ton, der kein Bedauern erkennen ließ.

»Als du uns an jenem Abend abgeholt hast und wir die Kinder zu Bett gebracht haben, war ich so wütend. Wütend auf mich. Von da an ging alles wie automatisch. Franz saß am Küchentisch, das Papier, das ich unterschreiben sollte, lag vor ihm. Er hatte seinen Rausch ausgeschlafen, trank Kaffee und sagte: »Bist du endlich zur Vernunft gekommen?« Ich habe »Ja« gesagt. Die gusseiserne Pfanne stand noch vom Vorabend auf dem Herd. Ich habe den Stiel mit beiden Händen gegriffen und zugeschlagen.«

Lore stand auf, holte aus einer Schublade ein kleines weißes Kunststoffkästchen und stellte es geöffnet auf den Tisch. Die zwei Eheringe lagen auf blauem Samt.

»Ich weiß nicht, wie lange ich dagestanden habe, ohne zu wissen, wie es weitergehen soll. Aber dann habe ich ihm den Ehering vom Finger gezogen, und das war wie eine Befreiung. Ich war ganz ruhig und konnte wieder denken. Ich habe dich angerufen, gebeten, die Kinder bis zum Abend zu behalten, und anschließend alles, was ihm gehörte, in sein Auto gepackt. Eigentlich wollte ich auch Franz in den Wagen laden und im See, bei den stillgelegten Kiesgruben, versenken, aber das Auto war voll. Da fiel mir der abgerissene Brunnen auf der Obstwiese ein. Vater hatte ihn zwanzig Jahre zuvor stillgelegt, die oberen Mauern entfernt und ihn unter der Grasnarbe abgedeckt. Ich habe die Abdeckung freigelegt, Franz auf die Schubkarre geladen und die Rasensohlen wieder auf den Deckel gelegt. Das Auto habe ich in die Scheune gestellt. In der Nacht bin ich zum See gefahren, habe es versenkt und bin die achtzehn Kilometer zurückgelaufen.«

Lore schwieg und betrachtete – jetzt wieder mit diesem Staunen im Blick – die beiden Eheringe.

»Weißt du, Elisabeth, auch die Jahre danach waren nicht leicht, aber ich hatte mit meinen Kindern eine gute Zeit.«

Sie schwiegen lange. Dann sprach Elisabeth von dem Krebs, der ihr nur noch wenig Zeit lassen würde.

Im Garten lagen schon lange Schatten, als es an der Haustür klingelte. Die Frau und der junge Mann, die mittags im Mühlenbach gegessen hatten, standen vor der Tür.

Die beiden Frauen erzählten wahrheitsgetreu, was sich an jenem Mittwoch 1982 abgespielt hatte – mit nur einer kleinen Änderung. Elisabeth sagte: »Als ich frühmorgens auf dem Hof ankam, er am Küchentisch saß und so tat, als sei nichts geschehen, da hat mich eine unbändige Wut gepackt …«

über die Autorin

Mechtild Borrmann, Jahrgang 1960, verbrachte ihre Kindheit und Jugend am Niederrhein. Bevor sie sich dem Schreiben von Kriminalromanen widmete, war sie u. a. als Pädagogin und Gastronomin tätig. Nach einer Fortbildung zur Tanztheater-Pädagogin arbeitete sie für verschiedene Tanz- und Theaterprojekte als Regieassistentin und Choreographin.

Mit »Wer das Schweigen bricht« schrieb sie einen Bestseller, der mit dem Deutschen Krimi Preis 2012 ausgezeichnet wurde und wochenlang auf der KrimiZEIT-Bestenliste zu finden war. »Die andere Hälfte der Hoffnung« wurde für den Friedrich-Glauser-Preis 2015 in der Sparte »Roman« nominiert. Die Autorin arbeitet gerade an ihrem nächsten Roman »Trümmerkind«, der im Herbst 2016 bei Droemer Knaur erscheint.

Mechtild Borrmann lebt als freie Schriftstellerin in Bielefeld.

Mehr zur Autorin unter www.mechtild-borrmann.de

Lust auf weitere Hochspannung mit
Mechtild Borrmann?

Die andere Hälfte der Hoffnung
Kriminalroman

Als Matthias Lessmann das frierende Mädchen sieht, das plötzlich barfuß und nur leicht bekleidet auf seinem Hof steht, nimmt er die junge Frau vor ihren Verfolgern in Schutz und gerät mitten hinein in eine Geschichte, die von Korruption, Gewalt und Menschenhandel zeugt.

Verzweifelt wartet Walentyna auf die Rückkehr ihrer Tochter. Sie scheint spurlos verschwunden – wie viele andere Studentinnen auch, die nach Deutschland ausgewandert sind. Um dem trostlosen Warten und dem bitterkalten Winter zu trotzen, beginnt Walentyna ihre Lebensgeschichte aufzuschreiben.

Wer das Schweigen bricht
Roman

In den Wirren des Zweiten Weltkriegs verlieren sich sechs junge Menschen in einem Netz aus Freundschaft, inniger Liebe und tiefgreifendem Hass. Was aber hat das mit Robert Lubisch zu tun, der beinahe sechzig Jahre später im Nachlass seines Vaters den SS-Ausweis eines Unbekannten und das Foto einer schönen Frau findet?

Nina George

Das Spiel ihres Lebens

Wer zuerst die Idee hatte, das Mädchen lebendig zu begraben, bleibt für immer in der schwülen Nacht des Mangrovenwaldes verborgen. Nur dass sie es verdient, darüber sind sich die drei Männer einig, als sie die ohnmächtige Precious Lee hastig in der dampfenden Erde vergraben, kniend in einer leeren Ginkiste, den Deckel mit zornigen Schlägen vernagelt. Milchig klebt das Mondlicht über dem Nigerdelta und auf den schweißnassen Gesichtern der Männer, als sie die Grube mit bloßen Händen zuschaufeln.

Ihr Bruder hebt den Ball auf. Blutige Fingerabdrücke verschmieren das ehemals weiße Leder. Das Blut seiner kleinen Schwester. Sie hatte sich an dem Ball festgekrallt, als hinge ihr Leben an ihm. George Lee spuckt aus und wirft den Ball weit hinter die grünen Mauern des schwitzenden Dschungels. Dann machen sich die Männer auf den Rückweg nach Port Harcourt, zurück in den Slum von Bundu Ama. Jetzt würde alles wieder gut werden.

*

Die leere Coladose war Precious wie ein Geschenk zum 14. Geburtstag erschienen. Einer der Soldaten – einer von jenen, die am 12. Oktober 2009 nach Bundu Ama gekommen waren, um die Bulldozer zu beschützen, die die Wellblechhütten zwischen Njemanze Street und Bonny niederrissen, während die Slumbewohner über dem Mittagessen kauerten – hatte sie fallen lassen, bevor er einem Jungen in den Bauch schoss, der es nicht geschafft hatte, die Hände rechtzeitig aus den Taschen zu nehmen.

Precious hatte die Dose unter ihrer Hose verborgen und war fortgerannt, fort von den Gewehren und den Baggern, und in den ältesten Teil des Hafenslums, ihr Zuhause. Sie hatte ihren drei Brüdern das Essen gekocht, hatte Wasser geholt – zwei Stunden Fußmarsch, die Jungen gingen nie, Wasserholen war Frauensache –, hatte ihrer Mutter beim Verkauf von Yams geholfen und die Dose niemandem gezeigt. Zum Geburtstag hatte Precious ansonsten nichts außer der Ankündigung ihres Vaters bekommen, dass sie nicht mehr zur Schule gehen bräuchte; die Uniformen und das Schulgeld für die drei Söhne kosteten ihn genug.

Am nächsten Tag war sie durch die Müllhalden gewandert und hatte vier junge Mädchen eingesammelt, die nach dem Niederreißen der Hütten nicht wussten, wohin. Ohne einen Platz zum Schlafen, ohne einen Beschützer, der verhinderte, dass irgendein Aidskranker sie vergewaltigte, um sich mit dem Jungfrauenblut zu »heilen«, oder dass sie von den Area Gangs und religiösen Milizen als Kindersoldaten rekrutiert wurden.

Precious Lee zeigte den Yoruba-Töchtern und Ibo-Schwestern von Bundu Ama, wie sie gleichzeitig laufen und den »Ball« vor sich hertreten konnten. »Stell dir vor, es ist der Kopf deines Onkels, der dich mit seinen Zigaretten verbrannt hat«, flüsterte Precious, wenn ein Mädchen zu schüchtern war, oder: »Tritt so fest zu, wie du den Geist treten würdest, dem dein Vater Gin opfert, bevor er das Geld deiner Mutter stiehlt!« Jeden Tag spielten sie, nachdem sie die Hausarbeit, den Marktverkauf und das Wasserholen erledigt hatten. Barfuß im öligen Schlamm, zwischen Müll und Scherben, dürren

Ziegen und kokelnden Feuern – und unter den missbilligenden Blicken der Clanchiefs. Mädchen und Fußball: das gehörte sich nicht! »Fußball macht Frauen unfruchtbar, das weiß man doch«, sagte John Mmoba, der Yorubachief, zu Precious' Vater Tony. »Es macht sie dünn und hässlich, wie sollen sie da einen Mann finden?«, warnte Florence Otuwe, die Ibo-Heilerin, Precious' Mutter. Mr. Bones, der Juju-Sangoma, schwieg und verscheuchte die Fliegen mit seiner Ochsenschwanzknute, während seine sauren Augen Precious beobachteten.

Gut, es war ja nur eine rote Dose. Und außerdem waren es nur Mädchen. Sie würden bald zur Vernunft kommen und sich für Männer interessieren und im Petroleumhafen oder als Dienstboten arbeiten. Oder als Prostituierte. Die Frauen des Deltas waren berühmt für ihre Schönheit, viele von ihnen wurden von den Vätern nach Italien verkauft, um für schwitzende weiße Männer die Beine breitzumachen und ihren Familien Geld zu schicken, damit die Söhne im eigenen Mercedes spazieren fahren konnten. Sollten sie bis dahin mit Dosen spielen.

Irgendwann waren es elf Mädchen. Sie nähten aus Lumpen Bälle und füllten sie mit Plastikabfällen, und Precious Lee lehrte sie die Namen der Delta Queens, der Rivers Angels, und alle durften sich Spitznamen der Super Falcons aussuchen, der Frauennationalmannschaft Nigerias. Des besten Soccerteams Afrikas. Besser als alle Männerclubs zusammen! Natürlich wollten alle wie Stella Mbachu und Perpetua Nkwocha, die Stürmerinnen, heißen. Nur die kurzatmige Onome entschied sich für »Oliver Kahn«.

Die Jungs des Distrikts machten sich über die Lumpen-Krähen lustig, die von Precious so drollige Spielzüge lernten wie »der Skorpion« oder »der Moskito«. Die Mütter gaben ihren Töchtern noch mehr Pflichten, die Väter drohten, dass sie kein Schulgeld mehr bekamen – doch die Mädchen spielten jeden Tag, sie schlichen sich weg, denn Fußball mit Precious war das Einzige, was all das wert war, durchzuhalten.

Mr. Bones, der Jujupriester, schwieg immer noch und sah, seine Knute träge nach den Fliegen schwingend, zu, wie Precious Lee die Freiheit zu den Frauen brachte.

An einem Abend hatte George Lee seine jüngere Schwester verfolgt. Er kam nicht allein; sie waren zu fünft und traten den Mädchen den Lumpenball unter den Füßen weg, trieben ihn johlend zwischen sich hin und her. Immer, wenn eines der Mädchen nach dem Ball angelte, stießen es zwei Jungen grob zu Boden, traten ihr auf die Hand, in die Rippen. »Holt ihn euch, wenn ihr könnt!«, höhnte George zu seiner Schwester, die das Spiel mit zornigen Augen beobachtete. Spiel? Nein. Das war kein Spiel mehr.

Mit dem Kampfschrei »Yansà jecua jei!« stürzte sich Precious auf ihren Bruder, täuschte nach links – und holte sich den Ball. »Christie! Kahn! Nkwocha – Moskito!« rief sie, nun bewegten sich auch die anderen Mädchen, schirmten sie im Schwarm von den Jungs ab, und Christie nahm Precious' Pass auf, dribbelte rückwärts, flankte weit über Georges Kopf zu Precious zurück.

»Das war unfair!«, schrie George mit sich überschlagender Stimme. Und setzte Precious nach, riss an ihrem T-Shirt, kam wieder an den Ball. Die Mädchen und Jungen kämpften atemlos und verbissen. Mit den Füßen. Fäusten. Zähnen.

Zum Schluss kämpften nur noch George und Precious, wer als Erster den Lumpenball gegen den Karton schoss, den sie als »Tor« gegen einen Drahtzaun gelehnt hatten. Immer wieder riss George Precious an ihrem Shirt, umklammerte sie, kniff ihr grob in die Brüste – bis sie mit der Ferse den Ball erreichte und ihn ihrem Bruder durch die Beine tunnelte und ins Tor schoss.

»Goooooaaal!«, schrie sie, und dann: »Yansà jecua jei!« Die anderen Mädchen fielen ein in den Kampfschrei der Göttin des Sturms, der Wasserheiligen Oyà Yansà: »Yansà jecua jei! Yansà jecua jei!«

Schwer atmend stieß George Precious von sich, hielt sich die Seiten und ging keuchend auf die Knie. Precious' Brustwarzen glühten vor Schmerz. Trotzdem ging sie auf ihren Bruder zu und reichte ihm die Hand. »Wir können uns den Fußball teilen«, sagte sie. George spuckte aus. Seine Augen waren dumpf, hasserfüllt. »Das ist kein Fußball«, zischte er. »Das ist ein Stück Dreck. Genauso ein Stück Dreck wie du – Ogbanje!«

Ein paar Tage später übertrug Precious die Aufsicht der Mädchen an Christie, die stolz war, von Geburt an so zu heißen wie die Kapitänin der Super Falcons, Christie George, und stieg in ein Sammeltaxi. Als sie nach drei Tagen zurückkam, müde, verdreckt, aber glücklich, wölbte sich unter ihrem Shirt eine Kugel, rund und prall.

»Du siehst aus wie eine schwangere Prinzessin!«, jubelte Christie. »Ja, wie ein fettes Huhn von Mr. Bones dem Juju-Mann«, lachten die anderen, »oder wenn du gemästet wirst im Fattening-House für deinen künftigen Mann!«, schwärmten die Ibo-Mädchen.

Precious hatte bei diesen Worten abrupt aufgehört, mitzulachen.

»Ich will mehr vom Leben als nur einen Mann«, sagte sie rauh.

Die Mädchen schwiegen betreten.

Dann zog Precious den weißen, glänzenden Fußball unter

ihrem Shirt hervor. »Der hier, der wird euch mehr bieten, als ein Fattening-House und ein Mann es jemals tun können!«

Ehrfürchtig betrachteten die Mädchen den zuckerweißen Ball. »Woher hast du ihn?«, fragte die dicke Mabel. »Hast du ihn … gestohlen?«

Precious lachte. Sie war nach Lagos gefahren, zu »Search & Groom«, der regierungsunabhängigen Initiative für Street-soccer in Nigeria. Tausende Straßenkinder spielten dort, sie stellten Ligen auf, trainierten gemeinsam, fuhren zu Straßen-fußball-WMs, nach Deutschland, nach Schottland, sogar nach Südamerika! Und manche von ihnen wurden von den Talentsuchern der großen Fußballvereine Afrikas entdeckt. Und dann … stand ihnen die Welt offen. Sie könnten eines Tages für England spielen. Für Finnland. Oder für Deutsch-land, das beste Team des Universums! Gut, nach den Super Falcons, versteht sich.

»Aber … wir sind doch nur Mädchen«, sagte Melba, die bei einer Explosion der Shell-Pipelines ein Auge verloren hatte.

»Nur Mädchen?«, wiederholte Precious. »Was soll das heißen?«

Precious sah in den Augen der Kinder die Antwort. Sah die Prügel und die Vergewaltigungen. Sah die Essensreste, die sie aus den Schalen der satten Brüder herauskratzten, sah die Märsche zu den Brunnen und Feldern, sie sah die Angst, auf diesen Wegen verlorenzugehen, ohne dass es je-manden kümmerte. Sie sah die Furcht, gegen all das aufzu-begehren.

»Wer nur ein Mädchen bleibt, wird immer verlieren. Aber wisst ihr, wer nicht? Soccer! Solche wie Stella, wie Perpetua, wie Christie! Und wir sind Soccer, und wir werden spielen!« Precious hatte sie als Mannschaft bei Search & Groom gemeldet. Sogar Melba, und auch die kurzatmige Onome mit ihrem Erdgasasthma. Sie nannte sie Dock Princesses – Hafenprinzessinnen. Und in vier Wochen war das erste richtige Spiel, gegen andere Mädchen- und Streetteams aus dem ganzen Delta – direkt in Port Harcourts Liberation Stadium!

Daraufhin lachten die Mädchen, sie wollten das weiße Leder berühren, und Precious ließ sie alle ihre Hände auf den Ball legen.

»Lasst uns schwören«, rief sie.

»Auf die Göttin Yansà?«, fragte Christie, und die halbblinde dicke Melba wisperte: »Dürfen wir das denn ohne Mr. Bones?«

»Fußball braucht keine Götter und keinen Mr. Bones«, antwortete Precious nach einer Weile. »Denn Gott ist kein Spieler.« Sie dachte kurz nach. Dann:

»Mein Leben ist mein Spiel. Kein Gott und kein Mensch spielt es für mich. Mein Leben. Mein Spiel.«

»Mein Leben! Mein Spiel!«, wiederholten die Mädchen, erst zögernd, dann lauter, »My life, my game!«, sie stampften im Rhythmus der Wörter und klatschten im Takt, und so schworen elf Mädchen auf den Fußball und besiegelten den Pakt der Dock Princesses.

An diesem Abend wurde Precious das erste Mal überfallen. Die Schatten waren mit den Fledermäusen aus der Nacht gekommen, und sie schlugen der Hafenprinzessin mit einem Eisenrohr von hinten in die Kniekehlen. Dann begannen die gesichtslosen Schemen, auf die sich im Sand krümmende Precious einzutreten. Einer versuchte, den zuckerweißen Ball aus ihren Armen zu reißen. »Lass ihn los, dann kannst du gehen!«, zischte die sich überschlagende Stimme, Precious rollte ihren mageren Körper um das Leder, spannte alle Muskeln an. Sie traten ihr gegen den Kopf.

Und dann hörte sie Schreie, Schritte, ein Sausen und Sirren in der Luft – und da war es auf einmal vorbei.

Als Precious aufsah, kniete Mr. Bones der Jujuhexer mit einer Machete vor ihr. Die Schläger waren weg, verschluckt im Schweigen, doch Precious spürte, wie tausend Augen aus der Dunkelheit warteten, was als Nächstes geschah.

»Precious, die Kostbare ... ist dir dein Leben so wenig kostbar, dass du es für einen Fußball gelassen hättest?«

Sie schlug seine Hand weg, als der Witchdoctor ihr helfen wollte.

»Stolze Hafenprinzessin, mutige Schlammkönigin, der Ball soll also dein juju, dein Fetisch sein ...«, flüsterte der Voodoopriester. »Aber er wird dich nicht vor deinem Schicksal retten. Deine Träume sind zu groß für diese kleine Welt. Zu groß für diese kleinen Mädchen. Vergiss das Spiel im großen Stadion. Du macht es ihnen sonst nur schwerer.«

Precious starrte ihn an. Er war alles, was sie hasste. Die Regeln. Die Geister. Nichts ging in Afrika ohne Männer wie ihn, nichts. Sie flüsterte: »Es sind, verdammt noch mal, keine kleinen Mädchen!«

Auf dem Weg nach Hause vergrub sie den Ball in einem Kanal, unter Asche und Kot. Er würde morgen stinken wie die Rückseite eines Wasserbüffels, aber wenigstens spielten sie kein Handball.

Am nächsten Tag humpelte Precious durch den Slum, um mehr Mädchen zu rekrutieren, und sie trug den Dock Princesses auf, nicht allein durchs Township zu gehen. Sie verschärfte das Ausdauer- und Krafttraining, damit die jungen Frauen schnell und hart wurden, sie brachte ihnen bei, leise wie ein Schatten und wach wie ein Falke zu sein. Auf dem Platz. Und in den Nächten.

Es nützte nichts. In der folgenden Woche holten sie sich

Christie. Mit geschwollenen Augen und zerschlagenen Lippen quälte sich die Stürmerin zum Training. Und sie brachte mehr Mädchen mit. Bald waren sie 15, dann 19, und als die Sonne blutrot versank, waren sie 22; das jüngste acht, die älteste 15. Precious ließ sie alle auf den Ball schwören und dann gegeneinander spielen, wie echte Mannschaften. Sie würden den Jungs und der Welt schon zeigen, wo der Ball rund ist!

In der darauffolgenden Nacht wurden Onome und drei der Ibo-Mädchen in ein Fattening-House geschafft. In fünf Wochen würden sie verheiratet werden, und dann war Schluss mit diesem Unfug!

Jetzt wurde Precious wirklich wütend. Verdammt, sie hatten ihr ihre beste Torwartin und das halbe Mittelfeld genommen! Dahinter konnte nur Mr. Bones stecken! Hatten die Männer und Mütter denn so viel Angst vor einem Fußball? Dann musste es stimmen: Der weiße Ball hatte die Macht, die Welt zu verändern. Er musste einen mächtigen Geist besitzen. Es wurde Zeit, ihn anzurufen.

Die grauen Frauen, die das Masthaus führten, schrien auf, als ein weißer Dämon durchs Fenster schoss und einmal quer über den Esstisch raste, Geschirr und Speisen mit sich riss, die Öllampen umstieß, die augenblicklich die Bastmatten in Brand setzten.

Onome hielt ihn mit einem Sprung auf.

Die Dock Princesses kamen wie ein Sturm über das Fattening-House. Rasch und präzise, eine Viererkette deckte die Eingänge, die Verteidigung sicherte den Rückzug, die Stürmerinnen lösten die Fußringe der trägen Mädchen, die den Göttern schon reichlich Gin geopfert hatten, das Mittelfeld half ihnen hinaus. Kein Schiri weit und breit. Precious stand mit geballten Fäusten vor der brennenden Hütte. »Guter Schuss«, rief Onome Precious glücklich zu. »Gut gehalten, Löwenhand Kahn«, antwortete Precious. »Du gehörst ins Tor, Sister, wenn du sogar Geister halten kannst!«

Ihr Angriff auf das Masthaus und das Gerücht, sie hätten Juju-Magie und einen Ball benutzt, der sich in einen brennenden Kochtopf verwandelt hätte, verbreitete sich schneller, als der Regen fiel. Immer mehr Mädchen aus ganz Port Harcourt gesellten sich zu den Spielerinnen und wurden zu Soccer Sisters. Sie schauten beim Training zu, nähten Trikots in den neun Farben der Sturmgöttin Yansà, kochten Fufu, tanzten am Spielfeldrand, sie steckten einander an mit Stolz und Mut – und auf einmal waren es die Brüder, die zu den Wasserlöchern gehen mussten und auf den Markt, denn die Mädchen waren es leid, die Sklavinnen aller zu sein und niemals Herrin ihrer selbst. Doch nun mussten sie nicht mehr allein für sich kämpfen, jetzt waren sie ein Team!

Precious wurde so innig gehasst, wie sie bewundert wurde.

Eine Delegation holte Precious' Vater Tony und schleifte ihm zum Clanchief John Mmuba. »Du hast deine Tochter an die Wassergeister verloren, sagte mir dein tapferer Sohn«, hielt der ihm vor, »sie ist eine Ogbanje, sie wird den anderen Töchtern Unglück bringen, bald wird Schlamm in ihrem Blut sein!« Wenn Precious sich nicht bekenne, aus den bösen Wassern zu kommen, würde alles um sie herum unfruchtbar – die Frauen, die Tiere, das Land, sie würde Unglück über alle bringen. Doch man würde Precious' Vater nicht allein mit seiner Dämonentochter lassen. Ein Shango-Priester aus Abeokuta sei unterwegs, um sie zu heilen.

Fünf Tage vor dem Spiel führte ihr Vater die Männer zu Precious' Schlafstatt unter einer Plane. Sie nahmen sie mit. Und den verfluchten Ball. Ohne diese beiden würden die

Fußballprinzessinnen zu dem werden, was sie von Natur aus waren: nur Mädchen.

*

Rötlicher Sand klebt wie Blut an der Mauer. In der Mitte des Raums: ein Altar. Ausgeblutete Hühner, Ziegenhufe, das Fell einer Katze, Kästen und Tiegel. Männer tragen die sich windende Precious hinein, reißen ihr den Ball aus den blutverkrusteten Händen, fesseln sie mit Stricken an den Füßen, fixieren ihre Arme auf dem Boden. Der fremde Priester mit dem weißem Umhang pustet Precious ein nach Leichenwasser riechendes Pulver ins Gesicht, in die Augen, in den Mund. Sie wird ohnmächtig.

Wenn sie kurz erwacht, versteht niemand ihre Worte, denn ihre Zunge ist angeschwollen, füllt ihren Mund aus. Trommeln dröhnen, sie sieht Tanzende, sie schwitzen, singen, Blut tropft aus Tierköpfen auf sie herab. Precious' Haut brennt und juckt, der Priester raunt ihr zu: »Ich werde dich heilen.« Drei Nächte und Tage dauert das Ritual; wenn Precious zu sich kommt, kreist der Priester mit einer Kalebasse über ihr und zischt: »Du bist eine Ogbanje – eine Wassergöttin. Gestehe, gestehe, gestehe!« Sie sieht den weißen Ball zwischen ihre gespreizten Beinen, sie fragt sich, wie die Dock Princesses ohne ihn trainieren, sie fragt sich, von was sie geheilt werden soll, sie fragt sich, ob jemand kommen wird, um sie zu retten.

Niemand kommt.

Als sie das nächste Mal erwacht, kniet sie in einer zugenagelten, nach Gin stinkenden Kiste.

Sie ruft. Sie schreit. Sie stemmt ihren Rücken gegen den Deckel, sie drückt mit den Füßen, sie wirft sich hin und her,

133

nichts gibt nach. Sie kann faulige Erde riechen und ihren süßen Schweiß, ihren sauren Atem.

»Ich gestehe!«, ruft sie. Heiser.

Es ist so still, und sie ruft noch mal: »Ich gestehe, ich bin eine Ogbanje, lasst mich GEHEN!«, aber ihre Stimme hat kein Echo.

Precious weint. Sie wird niemals sehen, wie die Hafenprinzessinnen in neunfarbigen Trikots auf einen grünen Platz laufen. Sie wird nie mehr den weißen Ball in den Himmel schießen.

Precious atmet das letzte Mal ein.

In ihrem Todestraum sieht sie Mr. Bones, der sich über ihr hin und her wiegt, er singt ein altes Lied von Traum und Wind, und seine Hände suchen und finden ihren Hals, ihren Leib, er atmet in ihren Mund, er gießt Wasser über ihre aufgeplatzten Lippen – und dann erwacht sie in einen zweiten Traum hinein, als sie hustet und hustet und die schwere, feuchte Luft einsaugt und über ihr ein grauer Morgen heranzieht.

Der Jujuhexer mit den sauren Augen steht im Schatten der Mangroven und hält ihr den schmutzig weißen Ball hin.

»Precious, die Kostbare … du hast ein mächtiges Muti an deiner Seite.« Er wirft ihr den Ball hin, sie ist zu schwach, um ihn aufzufangen. »Dein Fetisch rief mich, er zeigte mir den Weg zu deinem Grab. Du warst tot, Kostbare.« Precious sieht die Grube neben sich. Die aufgestemmte Kiste. Sie sieht das Blut an Bones' Fingern trocknen, mit denen er sie aus dem Schlamm gewühlt hat.

»Aber dein Tod … war nicht umsonst. Es ist ein Sturm über der Stadt aufgezogen, Precious Schlammkönigin, und in allen Straßen rufen die Frauen und Mädchen deinen Namen.«

Precious greift nach dem Ball, umarmt ihn, und erst jetzt

spürt sie, wie Leben in ihren Körper zurückkehrt. Sie steht auf, schwankt, hält sich an dem Ball fest. Etwas pulsiert in ihm. Oder?

Der Jujuhexer fragt: »Darf ich … einmal?« Behutsam nimmt er Precious den Ball aus der Hand, legt ihn vor seine Füße, rafft sein Schamanengewand und fängt an, den Ball ungeschickt vor sich herzuschubsen. Dann lacht er und wirft ihn zu Precious.

»Gott ist kein Spieler … war es nicht das, was du den Mädchen sagtest? Spielen musst du selbst. Du hast recht, Kostbare. Und nun lauf. Spiel dein Spiel. Spiel um dein Leben. Die Hafenprinzessinnen brauchen ihre Kapitänin.«

Sie schaut an sich herab, auf ihren verdreckten Körper, rote und weiße Schlieren aus Blut und Knochenmehl ziehen sich über ihre Beine und Arme, ihr Haar ist schlammverkrustet und mit Laub verklebt, sie sieht aus wie eine wandelnde Leiche.

Und das ist es, was Bundu Ama sieht, als Precious Lee durch die Gassen läuft, den Ball unter dem Arm; sie sehen die tote Tochter Tonys und ihren Geisterball, die Wasserdämonin, die zurückgekehrt ist aus dem Schlamm.

Die Mädchen und Frauen hören auf, im Essen zu rühren und Wassereimer zu tragen, sie lassen die Kochlöffel zurück und laufen ihr nach. Erst eine, dann vier und dann immer mehr.

Precious läuft und lässt den Slum der Waterfront hinter sich, sie rennt durch die staubigen Straßen von Port Harcourt, sie läuft an Soldaten vorbei, die ihre Maschinenpistolen mit buntem Klebeband verziert haben, vorbei an Mädchen in blau-weiß karierten Schuluniformen, die auf sie zeigen und hüpfen und lachen, an den Märkten und den Bettlern, die beinlos auf Rollbrettern zwischen den Motorradtaxis und

Autos entlang auf Almosen warten; sie ignoriert das Blut, das aus ihrer Nase rinnt, und es sind noch drei Kilometer bis zum Liberation Stadium. Immer mehr Mädchen laufen ihr nach, manche tragen T-Shirts, auf die sie mit Fingerfarbe die Buchstaben gemalt haben: »My Life! My Game!«

Der Platz vor dem Stadion ist voller weißer Bullis und Kinder in Fußballtrikots, sie wiegen sich zu Musik, und auf der Ladefläche eines Pick-ups greift eine MC nach dem Mikrophon und rappt: »Tell me socca-sista, tell me what's your game. Tell me socca-sista, wanna live a life in blame? Or do you wanna be a Precious, kicking off de rules of all the specious …«

Precious läuft weiter, hinein in den dunklen Tunnel. Sie hört ein Rauschen, Singen und Klatschen, es klingt wie die Maschinengewehre am Fluss, wie die Gesänge des Shonga, wie die Hand ihres Vaters in ihrem Gesicht. Die Wände kommen näher und umschließen sie, es ist, als rissen tausend Fäuste an ihrem Shirt, als legten sich fremde Finger um ihre Kehle. Der Ball unter ihrem Arm wiegt so schwer wie ein toter Hund. Precious lässt ihn fallen, er rollt fort, immer weiter, auf das Licht zu. Sie bleibt stehen. Riecht ihren Schweiß. Faulige Erde. Sie liegt immer noch in der Kiste unter der Erde. Sie weiß, dass sie dem Ball nicht folgen darf. Dass sie sterben wird, wenn sie es tut.

Ein schlanker Schatten tritt vor das Licht am Ende des Tunnels und hält den kullernden Ball mit der Fußspitze auf.

»Come on«, sagt er. »Du hast dein Spiel noch vor dir.«

Die Falkin Perpetua Nkwocha sieht das verängstigte, dünne Mädchen an, das in der Finsternis verharrt und nicht weiß, ob es tot ist oder gerade erst geboren wird.

Und da hört Precious es. Sie rufen. Sie rufen ihren Namen. Dann tritt sie ans Licht.

Das Licht von Dahme

Das letzte Mal, als ich dich so nah vor mir sah, Marlen, war der Himmel rot. Dann wurde er purpurfarben, schließlich dunkelblau, und als der Horizont ins Meer tauchte, feuerten die Maschinengewehre.

Dein Haar sah unter dem roten Himmel aus wie dunkelbraune Algen, festgesaugt an deinem blassen, runden Kopf.

Unter deinen geschlossenen Lidern Schatten, dein Atem zitternd, du stöhntest, als ob du schliefst und nur träumtest, auf der Flucht zu sein. Ich höre noch heute deinen Atem, lauter als die Wellen der Ostsee um uns herum, lauter als die Stimmen der Männer, die uns kurz vor der Zwölfmeilenzone aus dem Wasser gezogen hatten.

Immer, wenn Raddeck deinen Arm fester fasste, wimmertest du gequält auf, ein Kind, gefangen in einem nassen, kalten Alptraum. Den ich dir gebracht hatte. Wärest du ohne mich aufgebrochen, in das Wasser gegangen, zu dem Licht, in den Westen?

Wie du da lagst, ohnmächtig geworden vor Angst, warst du die Beute der 6. Grenzbrigade, und du warst das, was ich von mir zurückließ, als Raddeck mich zurück in die See zwang. »Schwimm«, hatte er gesagt, »los, schwimm doch endlich in deine Freiheit.«

Ich war 20.

Du warst 16.

Die Kraniche flogen über das Land.

Und ich war geschwommen, unter dem purpurfarbenen

Himmel, durch die Lübecker Bucht, auf das Licht zu. Es war immer dieses Licht des Leuchtturms von Dahme gewesen, das mich angezogen hatte. Das war das Licht der Freiheit. Freiheit. Das Wort, das sich stets in dunklen Ecken versteckte und sich nur selten auf eine Zunge wagte; es fürchtete die Uniformen und den Verrat der Lächelnden.

Wir konnten das Licht von Dahme sehen, wenn wir von Boltenhagen und Redewisch aus hinüberschauten, vom westlichsten der noch erlaubten Strände und von den Klippen hinter Steinbeck. Immer wollte ich zu diesem Licht des Westens, der BRD, zu den Kapitalisten, wenn ich an der Steilküste des Großklützhöved stand.

Wie wir heute.

Siehst du es, siehst du dieses Licht, Marlen?

Wir haben diese Steilküste das Ende der Welt genannt, weil wir nicht weiter als bis zu den weißen Blockstein-Klippen gehen durften. Danach war Niemandsland bis Pötenitz und Priwall. Keine Surfer. Keine Badenden. Keine Boote. Keine Pilger. Nur riesige Wachtürme, Scheinwerfer auf dem Sand, Patrouillen und Beobachter, die aus den Sanddorn-Dickichten starrten. Mit dir wollte ich über das Ende der Welt hinaus, viel weiter.

Ich wusste genau, wann man es nicht versuchen durfte. Niemals am Wochenende. Niemals im Hochsommer. Niemals in der Nähe von Campingplätzen. Das Netz der Wächter war dicht; es gab ja genug Freiwillige, die der Grenzbrigade zuarbeiteten, die Trapo, die Spitzel, die genau aufpassten, wer mal mit einem Paddel über die Dorfstraße ging, und die die Post und fremder Leute Gepäck durchschnüffelten.

Auch nicht direkt aus der Wismarer Bucht, wie es viele versuchten, in der Morgendämmerung, um irgendwie in die

Fahrrinnen der Fähren zu gelangen, draußen vor der Zwölf-meilenzone. All das hatte mir Raddeck erklärt.

Ich glaubte ihm.

Wenn nicht ihm – wem dann?

Er wollte uns helfen zu fliehen.

Wir beide taten es an einem Mittwoch im Frühling 72, auf einem Floß, die Luft roch nach Seegras; und als sie uns nach drei Stunden entdeckten, sprangen wir und schwammen auf das Licht von Dahme zu.

Bis sie uns hatten.

Sie haben nicht geschossen. Raddeck hatte es ihnen verbo-ten. Ein verräterischer Volksmariner, der Skat mochte und Oldesloer Weizenkorn und der alle Farben des Meeres zu benennen wusste.

Nur mich gaben sie dem Meer zurück, dem königsblauen.

Als ich sprang, wurde der Morgenhimmel um das Licht herum erst purpur, dann blau, dann schlugen die Kugeln Schaum aus den Wellen. Ob sie danebenschossen, weil Rad-deck es befohlen hatte? Ob sie mich nicht mehr sahen, im Scheinwerferlicht des russischen Hubschraubers, der über dem Meer nach mir suchte, nach meinem Kopf, den sie mit einem Schuss platzen lassen konnten? Ob es ihnen Spaß machte, dich auf dem blanken Schiffsboden liegen zu sehen, in Fesseln?

Keiner weiß es, nur das Meer, und das kennt keine Zeugen.

Ich habe dich so geliebt. Ich liebe dich immer noch, Mar-len, es hat niemals aufgehört.

Ich habe es nicht bis zum Licht von Dahme geschafft, ein dänisches Feuerschiff hatte mich vorher aus dem Wasser ge-holt, gerade, als ich zurück zu dir wollte, Marlen. Ich wäre zurückgeschwommen. Sie mussten mich in den Heizerraum sperren, um mich aufzutauen, und um mich davon abzuhalten, zu dir zurückzukehren. Um mir dir alt zu werden in der Hölle des Gefängnisses. Aber in einem Land, im selben Knast, mit denselben Mauern um uns.

So habe ich dich alleingelassen. Wie ein Kind auf einer Türschwelle. Deine Familie wurde bestraft. Dein Bruder verlor das Ingenieursstudium in Magdeburg. Deiner Mutter wollte keiner mehr im Dorf das Haar schneiden. Dein Vater hat Sand gegessen und sich dann den Strick genommen. Fast hätte er es geschafft. Eure Verwandten bekamen eine Akte bei der Staatssicherheit.

Raddeck muss dir gesagt haben, dass ich tot wäre. Nicht wahr?

So war es ja auch besser, für alle.

Es war nicht wahr, Marlen.

Hast du gespürt, dass es eine Lüge war, oder fiel es dir leichter, es zu glauben, um zu vergessen, was nach dem Ende der Welt alles möglich gewesen wäre?

Wieso ich erst heute zu dir komme, Marlen, und nicht schon vor zwanzig Jahren, als es über Nacht kein Drüben und kein Hier mehr gab, als alles eins wurde und es keine Mauern und keine Todesstreifen mehr gab.

Ich war da, Marlen.

Ich habe dich gesehen. Und Raddeck. Eure Kinder, Marlen. Ich war mit euch an den Stränden, die nun von allen betreten werden durften. Ihr mochtet den Wohlenberger Wiek, solange die Kinder noch klein waren, so seicht und warm das Wasser dort. Du gingst nie weiter als bis zu den Knöcheln hinein.

Ihr wart oft Apfelblechkuchen essen, in dem Zeltcafé hinter Redewisch, am Rapsfeld kurz vor der Steilküste am Großklützhöved. Hast du dich erinnert, dass wir uns in unserem ersten Herbst auf dem Sandpfad zum Geröllstrand das

erste Mal geküsst haben? Es war der Tag, als wir zwei Bernsteine fanden, diese zu Stein gewordenen Tränen der Tochter
des Meeresgottes, die die ersten Stürme aus Nordost ans Ufer
geworfen hatten. Als du noch ein kleines Mädchen warst –
du warst fast zehn und ich war 13, da habe ich dir einen Kuss
angeboten, und du wolltest ihn nicht, »niemals«, hast du gesagt. Ich habe dir versprochen, dass du ihn eines Tages doch
bekommen würdest. Und kaum fünf Jahre später wolltest du
ihn.

Wir haben unsere Bernsteine geschluckt, bevor wir uns mit
dem Floß auf die Wasserwüste wagten. Ich habe meinen in
einer Toilettenschüssel in Lübeck wiedergefunden, in der
Untersuchungshaft.

Denn ich konnte unmöglich ich sein, im abgehörten Funk
der Grenzer hatte es geheißen, dass ich tot sei, erschossen in
der Dreimeilenzone, bei meinem Angriff auf die Seegrenze
der DDR. So nannten sie es, einen Angriff. Das Wort Flucht
war ihnen zu peinlich.

Von einer Frau sprach niemand, dich gab es offiziell nicht.
Raddeck hatte wer weiß was dafür getan, dass du nicht in den
offiziellen Papieren erschienst. Und du warst ihm, dem eh-
renwerten, verräterischen Volksmariner, dem guten Mann
von Redewisch, dafür ergebener, als er sich je erhofft hatte.

Musste er dich sehr zwingen?

Hast du deinen Bernstein noch?

Als ich in der Freiheit angekommen war, war ich tot, war
ich ein anderer geworden, mit neuen Papieren und neuem
Ich. Das, was noch von mir lebte, Marlen, warst du; das Licht
von Dahme warst du, aber du warst nun drüben, und ich war
gar nichts mehr.

Während ich auf das Licht zuschwamm, hat Raddeck dich
aus deiner Ohnmacht geweckt, und er hat dir gesagt, dass ich

dich im Stich gelassen hätte. Dass ich dein Leben für meins geopfert hätte.

»Schwimm«, hatte er zu mir gesagt, »los, schwimm doch endlich in deine Freiheit.«

Ich sagte nein.

»Schwimm. Sie bleibt.«

Dann hatte Raddeck dir seine Dienstpistole an die Schläfe gesetzt.

»Spring und schwimm, mein Kleiner. Sonst ist sie tot. Und wenn du zurückkommen solltest, dann …« Er hatte die Waffe fester an dich gedrückt, und deine Haut wurde noch weißer an der Stelle.

Hat mein Bruder dir das je gesagt, Marlen, dass er dich töten wollte, wenn ich dich nicht aufgebe?

Du schweigst, Marlen. Schweigen lügt nie.

Euren 20. Hochzeitstag habt ihr in Heiligendamm gefeiert, du trugst ein rotes Kleid, rot wie unser Himmel. Dir waren die Stühle im gerade eröffneten Kempinski zu weich; du sitzt gern härter, sagtest du zu Raddeck, du brauchst Widerstand, um dich zu spüren.

Alles ist eckig in Heiligendamm. Nur Geraden und Quadrate. Weiß, so weiß wie falsche Kreidefelsen. Du dagegen magst Kreise, immer schon, ohne Anfang, ohne Ende. Ohne oben, ohne unten.

So eine Welt hast du dir auch immer gewünscht, Marlen.

Keiner oben. Keiner unten. Kein Setzkasten-Leben.

Raddeck spielt gern Golf, in Hohen Wieschendorf, dort, wohin es das neue Geld nach dem Mauerfall zuerst zog. Zu dem Wind, der um diese Pfeilspitze der Küste tobt, zu dieser Aussicht, alles war neu und roch auch so; Glas, Stahl, geharkte Sandkuhlen, gestutzter Ginster.

Du mochtest eure Bauernkate am Dorfrand von Rede-wisch lieber. Die Rhododendren. Die Heckenrosen. Die krummen Straßen aus Pflastersteinen, die wie ausgewaschene Flussfjorde wirken, die gebeugten, dunklen Erlen, die dem Wind wie Diener zugeneigt sind. Der Park von Schloss Both-mer; ihr habt dort Picknicke gemacht, bis die Mädchen mein-ten, zu alt geworden zu sein, um im Gras auf einer karierten Decke zu sitzen und ihrem Vater beim Schnapstrinken zuzu-sehen.

Das gelbe Strahlen der Rapsfelder, dahinter das blaue Meer, das Gelb umarmt von hellgrünen Buchen, der Duft von Thy-mian und Wollgras; das war deine Welt. Hast du je davon geträumt, woanders als hier drüben im Klützer Winkel zu sein?

Wo du Kind warst, Geliebte, Gerettete, Mutter und Ehe-frau.

Kann es sein, dass eure Älteste meine Tochter ist?

Ist sie es, Marlen?

Sieh mir in die Augen.

Ich habe nachgerechnet. Es war die Nacht vor der Flucht.

Ja, ich hatte Frauen, und ich hatte die Erinnerung an dich.

Eine Erinnerung führt zur nächsten. Genauso wie eine Gelegenheit zur nächsten führt, ein Jahr zum nächsten, ein Tod zum nächsten.

Ich habe versucht, zurückzukommen, Marlen.

Sie ließen mich nicht.

Ich dachte daran, dich entführen zu lassen, um dich von ihm wegzuholen. Aber ich wollte deine Kinder nicht ihm überlassen. Du wärst gestorben ohne deine Kinder, wie ich, ohne dich.

Was ich all die Jahre dann getan habe?

Gewartet, Marlen.

Auf diesen Moment.

Dich in meinen Armen zu halten.

Dich zu lieben.

Wenn wir auf uns aufpassen, haben wir vielleicht zwanzig, dreißig Jahre; vielleicht vierzig, wir holen alles nach. Du musst ihm verzeihen, Marlen, ich habe Raddeck auch verziehen, auch wenn er mein Bruder war, und auch wenn er mich verraten hat und dich belogen und dich umbringen wollte.

Marlen. Geliebte.

Er war gut zu dir. Als du in seinen Armen auf dem Schiff zurückgekehrt bist aus dem Alptraum, den ich dir mit unserer Flucht bereitet habe; da begann Raddecks Traum.

Er hat Musik für dich gemacht, auf seinem Akkordeon. Er hat den Kindern das Schwimmen beigebracht; du wolltest nie wieder im Leben schwimmen, nie wieder. Nie wieder.

Schau, wie blau das Meer von hier oben ist. Wie ruhig es aussieht. Als ob es niemals eine Grenze gewesen wäre, die tödlichste. Das tiefste Grab. Wie nannte Raddeck dieses Blau? Ewigblau.

Es gibt diese Farbe nur hier, Marlen.

Vielleicht hätte er dich nicht erschossen, wenn ich geblieben wäre. Vielleicht hätte Raddeck dich doch noch mit mir schwimmen lassen. Vielleicht hätte er aber auch seinen Männern gesagt, dass der Schießbefehl nicht länger ausgesetzt sei, und dann hätten sie uns dem Meer geschenkt, und es hätte sich kaum rot gefärbt von unserem Blut; Blutblau ist fast wie Ewigblau.

Du hast recht, Marlen, es sind zu viele Vielleichts.

Nimm mir nichts übel.

Mein Bruder, Marlen, liebte dich schon, bevor ich dich liebte.

Ich kann ihm nicht übelnehmen, dich geliebt zu haben, welcher Mann von Verstand hätte dir nicht sein Herz geschenkt und alles, was er war?

Ja – er war.

Raddeck war einmal, Marlen.

Weine nicht. Du hattest ein gutes Leben mit ihm. Bevor die Mauer fiel, stand ich oft unter dem Leuchtturm von Dahme und habe zu den Steilküsten des Klützer Winkel gesehen. Ich habe in den Wind hinein deinen Namen geflüstert; er sollte meine Worte zu dir tragen.

Dass ich kommen werde, um dich zu holen, und dass Raddeck dafür bezahlen wird, dass er dich mir genommen hat. Er hat mir die Freiheit aufgezwungen, und du warst sein Pfand.

Er hat dafür bezahlt, Marlen, dass er uns auseinandergerissen hat.

Das Meer wird ihn nicht zurückgeben; die Ostsee gibt nichts zurück, was ihr gehört; und hatte Raddeck nicht immer mehr das ewigblaue Meer geliebt als alles andere?

Willst du nun mit mir kommen, Marlen, um zu sehen, was hinter dem Ende der Welt ist? Willst du? Es sind noch so viele Farben übrig, die du nicht kennst, mein Liebling. Ich werde sie dir alle zeigen.

Kommst du, Marlen?

Nein, Marlen.

Sag das nicht. Sag das nicht! Sprich nicht von ihm wie von deinem Geliebten!

Ist das seine Waffe? Die, die er dir an den Kopf gesetzt hat?

Du wusstest es? DU WUSSTEST ES?!

Ihr habt …?

Nein.

Du lügst.

Euer Plan?

Nein.

Euch geliebt?

Ich habe es doch für uns getan, Marlen!

Er hat sich nicht gewehrt, er sagte nur »verzeih«, ich gab ihm sein Verzeihen, und …

Euer Plan … ihr liebtet euch, mein Bruder und du?

Aber ich, was war denn ich für –

»Schwimm«, hat er gesagt, »los, schwimm doch endlich in deine Freiheit.«

Das war der Plan?

Ich bitte dich. Tue es nicht, sag, dass es nicht …

MARLEN!

… und jetzt, Marlen, ist der Himmel wieder so rot, wie er war, als ich dich das letzte Mal so nah gesehen habe.

Wenn man fällt, ist der Himmel unten und das Meer oben; alles ist verdreht …

Fallen

Himmel

Blut

Rot

Marlen?

Mar…

Über die Autorin

Die mehrfach ausgezeichnete Schriftstellerin Nina George, geboren 1973, schreibt Romane, Sachbücher, Thriller, Reportagen, Kurzgeschichten sowie Kolumnen.

Ihr Roman »Die Mondspielerin« erhielt 2011 die DeLiA, den Preis für den besten Liebesroman. Mit »Das Licht von Dahme« war die Autorin 2010 für den Friedrich-Glauser-Preis nominiert, die Geschichte erschien u.a. auch übersetzt in der US-Ausgabe der *World Literature Today.* »Das Spiel ihres Lebens« erhielt 2012 den Friedrich-Glauser-Preis in der Sparte Kurzkrimi.

Ihr Roman »Das Lavendelzimmer« stand weit über ein Jahr auf der SPIEGEL-Bestsellerliste, wurde in 32 Sprachen übersetzt und eroberte auch international die Bestsellerlisten, so die New-York-Times-Bestsellerliste in den USA, die Bestsellerlisten in England, Polen und Italien.

Mit ihrem Ehemann, dem Schriftsteller Jens »Jo« Kramer, schreibt Nina George unter dem Doppel-Pseudonym Jean Bagnol Provencethriller.

Nina George ist Beirätin des PEN-Präsidiums und Sprecherin der Initiative Fairer Buchmarkt. Sie lebt in Berlin und der Bretagne.

Mehr zur Autorin unter www.ninageorge.de

Lust auf weiteres Lesevergnügen mit
Nina George?

Das Traumbuch
Roman

Das Leben besteht aus der Summe stündlicher Entscheidungen. Doch welche sind richtig? Welche führen zu Glück, Liebe, Freundschaft – welche zu Verzweiflung und Einsamkeit?

Mit dieser existenziellen Frage ringen die Verlegerin Eddie, der Kriegsreporter Henri und der hochsensible Teenager Sam, der Klänge als Farben sehen kann.

Poetisch, klug und bewegend: Nina George erzählt in ihrem neuen Roman von den unbekannten Welten zwischen Leben und Tod, Realität und Traum – und von den kleinen Momenten, in denen sich Türen zu neuen Lebenswegen öffnen.

Nina George schreibt mit ihrem Ehemann Jens Kramer unter dem Pseudonym Jean Bagnol.

Die Jean-Bagnol-Reihe:
Commissaire Mazan und die Erben des Marquis
Commissaire Mazan und der blinde Engel

Tatjana Kruse

Die Schnüffelschwestern

Das A – Z des ausgezeichneten Mordens

Wäre Heidelinde nicht bei ihrer Geburt gestorben, hätten Hannelore und Hildegard den Hammermörder vermutlich niemals in einen lebenden Grillteller verwandelt.

Aber von Anfang an …

A – Ein bisschen Schwund ist immer

Wir fangen natürlich nicht ganz von vorn an, nicht bei der Geburt der Drillinge Heidelinde, Hannelore und Hildegard, bei der die Lokalzeitung titelte WUNDER WIRD ZUR KATASTROPHE, weil nämlich bei der spektakulären Drillingsgeburt Heidelinde von ihrer Nabelschnur erwürgt wurde, oder vielleicht wurde sie auch von Hannelore und Hildegard gemeinschaftlich mit deren Nabelschnüren erwürgt, versehentlich oder absichtlich, das blieb immer irgendwie im Dunkeln.

»Ach Gott, in jeder Familie gibt es doch etwas, worüber man nicht spricht«, pflegte die Mutter der verbliebenen Mädchen zu sagen, wenn die beiden investigativ Genaueres wissen wollten. Nichtsdestotrotz hieß es von da an immer, wenn eine oder gar beide zusammen etwas anstellten: »Heidelinde hätte das nicht getan!«

Keine wirklich geeignete pädagogische Maßnahme, um Zuneigung zur verstorbenen Schwester zu wecken, aber bestens geeignet, um potenzielle Schuldgefühle der Überlebenden im Keim zu ersticken. Hannelore und Hildegard vermissten Heidelinde jedenfalls nicht. Und taten erst recht, was die tote Schwester nie getan hätte.

Aber obwohl sie quasi mit einer Leiche im Schlepptau das Licht der Welt erblickt hatten, mussten sie erst 69 Jahre alt werden, bis sie auf ihre erste richtige Leiche trafen. Die sehr viel unappetitlicher aussah als seinerzeit Klein-Heidelinde, die nur leicht hellblau angelaufen war. Der von den Medien sogenannte Hammermörder hatte der Leiche nämlich den Kopf eingeschlagen.

Zu Matsch geklopft, um genau zu sein.

8 – Männertränen, heiß und fettig

Die Idee war Rainer gekommen, als er beim müßigen Scrollen durch seine eBay-App die beiden Polizeiuniformen entdeckte. Täuschend echt. Auf den ersten Blick nur, aber immerhin.

Später würde die Presse mutmaßen, er habe als ehemaliger Angestellter des Gelddepots monatelang akribisch den Überfall vorbereitet, habe mit einer Minikamera am Gürtel Aufnahmen des Depots geschossen und zusammen mit seinem Komplizen minutiös ausgewertet.

Die Wahrheit war aber, wie immer im Leben, sehr viel profaner. Er fläzte sich während der gefühlt dreimillionsten Wiederholung einer x-beliebigen *Tatort*-Folge in einem der dritten Programme auf dem Sofa, kratzte sich mit der Rechten abwechselnd im Schritt oder schob sich Paprika-Chips in den Mund, während er sich mit der Linken durch eBay scrollte und dort die Uniformen sah und auf einen Schlag wusste, wie man das Gelddepot um seinen kostbaren Inhalt erleichtern könnte.

Hönsch, sein alter Kumpel aus Kindergartentagen, erklärte sich noch am selben Abend bereit, bei der Aktion mitzumachen. Sie hatten beide nichts zu verlieren. Hönsch wohnte noch bei seiner Mutter, und Rainer selbst war gerade mal wieder frisch arbeitslos und frisch getrennt.

Zehn Tage später trafen die Uniformen punktgenau ein, und tags darauf – es war ein regnerischer Freitag – hielten Hönsch (der aus seiner Uniform an den merkwürdigsten Stellen herausquoll und eigentlich mindestens eine Größe größer gebraucht hätte, aber egal) und Rainer den Direktor des Gelddepots auf der Landstraße zu dessen Wochenendvilla an, zu der er seit Menschengedenken jeden Freitagnachmittag fuhr, fast immer auch zur selben Zeit, was eigentlich grob fahrlässig war und vor Gericht, sollten sie geschnappt werden, als mildernder Umstand geltend gemacht werden müsste. Jedenfalls traten sie hinter einer unübersichtlichen Rechtskurve plötzlich auf die Straße. Hönsch hob ein Stopp-Zeichen, das er auf dem Verkehrsübungsplatz neben der Reihenhaussiedlung seiner Mutter geklaut hatte, und damit brachten sie den Direktor in seinem fetten Audi zum Stehen. Vorgeblich wegen Geschwindigkeitsübertretung veranlassten sie den Mann zum Aussteigen und schubsten ihn gleich darauf in ihren bereitgestellten Kleinlaster, wo sie ihn mit Paketklebeband von Kopf bis Fuß – fast mumiengleich – fesselten. Anschließend fuhren sie schnurstracks zum Gelddepot, wo sie gar nicht groß Gewalt anwenden mussten, weil die lebende Direktorenmumie sofort mit dem Code für das Ausschalten der Alarmanlage herausrückte. Danach schoben Hönsch und Rainer palettenweise Geldboxen zu ihrem gemieteten Kleinlaster und wähnten sich im Glück – bis …

»Hallo? Hallo, jemand da?« Eine Frauenstimme.

Wer glaubt, die Menschheit hätte eine Zukunft, hat noch nie mit Hönsch ein Gelddepot ausgeraubt. »O Gott, wir sind aufgeflogen!«, keuchte dieser, ging in die Knie und faltete die Hände hinter dem Kopf, weil er das in amerikanischen Fernsehserien immer so gesehen hatte.

»Mann, reiß dich zusammen!« Rainer trat ihm wuchtig in den Hintern. Da Hönsch die Hände nicht rechtzeitig entfaltet bekam, konnte er sich nicht abstützen und knallte voll aufs Gesicht. Es gab ein knirschendes Geräusch.

»Aua.«

»Hallo-o?«, wiederholte die Frauenstimme, die keineswegs so klang, als gehöre sie der blutrünstigen Einsatzleiterin einer schnellen Eingreiftruppe für Einbruchsdelikte.

Rainer und Hönsch waren natürlich nicht bewaffnet. Sie waren keine Berufskriminellen und hatten keine Ahnung, wo sich in Deutschland der Schwarzmarkt für Handfeuerwaffen tummelte. Darum befand sich die Frau des Direktors, die ihrem Mann hinterherspionieren wollte, weil sie nun schon geraume Zeit vermutete, er würde nach Dienstschluss im Büro noch rasch seine Sekretärin vögeln, zu keinem Zeitpunkt in Gefahr. Rainer hatte nur eine Spielzeugwasserpistole von seinem Neffen Yannick (5) dabei. Mit dieser im Anschlag stürmte er brüllend um die Ecke und hatte sie schon überwältigt, noch bevor sie einen Pieps von sich geben konnte. Gottseidank hatte Rainer – als Plan B, falls das Paketband versagte – im Sexshop ein Fessel-Set aus dunkelrotem Plüsch gekauft und mitgebracht (eigentlich hatte er es ja mit dem Supermodel ausprobieren wollen, das er sich von den geraubten Millionen am Strand von Rio de Janeiro angeln würde, aber sei's drum, in Brasilien gab es sicher auch Sexshops).

»Okay, weiter im Konzept«, befahl Rainer, nachdem er die Direktorengattin mit den Plüschhandschellen an eine Säule gefesselt hatte.

»Ich glaube, du hast mir die Nase gebrochen«, jammerte Hönsch nasal.

»Geht's noch? Dann heul halt! Wir haben gerade andere Prioritäten. Ab morgen kannst du dir von den besten Schönheitschirurgen der Welt eine neue Nase schnitzen lassen!«, bellte Rainer.

Er hatte der Frau des Direktors seine dunkelblaue Strickkrawatte als Knebel in den Mund geschoben. Das hätte er mal besser bleibenlassen sollen, dann hätte sie ihm womöglich aus lauter Angst erzählt, dass die oberste Priorität der beiden nicht in Hönschs Aussehen, sondern in der Flucht bestehen sollte, weil Madame natürlich nicht allein aufgekreuzt war, um ihren Mann beim Fremdgehen zu überraschen. Ihren bullig gebauten Chauffeur hatte sie vor der Eingangstür zum Depot zurückgelassen. Jeden Moment würde der Chauffeur sich wundern, wo sie blieb, und aufkreuzen und wahlweise die Polizei rufen oder Hönsch und Rainer zu Brei klopfen. Oder beides.

Hönsch und Rainer trugen eine weitere Geldbox in den Innenhof des Depots und hievten sie in den Kleinlaster. Es war eine Box zu viel. Man hörte ein metallisch ächzendes Geräusch, dann brach die Achse.

»Scheiße!«, rief Rainer und stampfte mit dem Fuß auf. Er war eher cholerisch veranlagt. Wenn er gekonnt hätte, hätte er sich wie Rumpelstilzchen in den Boden gerammt. Oder wäre wahlweise wie das HB-Männchen in die Luft gegangen.

In diesem Moment hörten sie ein Räuspern.

Es kam von dem Chauffeur der Direktorengattin. Der rein äußerlich sehr an Godzilla erinnerte. Ein übelgelaunter Godzilla.

Rainer und Hönsch schluckten schwer.

C – Bio-Knäcke von glücklichen, freilaufenden Knäcke-Bäumen

»Das Frühstück ist hoffentlich vegan?«

Männlich, Mitte/Ende dreißig, im beigen Tweedanzug mit Fliege und nur einer ausgebeulten Louis-Vuitton-Reisetasche als Gepäck.

Hildegard zwang sich zu einem Lächeln. »Selbstverständlich!«, log sie. Bis morgen früh würde sie sich schon etwas einfallen lassen. Hauptsache, er nahm das große Zimmer zur Südseite. Er war seit fast vier Wochen ihr erster Gast.

Der Tweedmann schaute skeptisch. »Bitte verstehen Sie mich nicht miss, aber … äh … in Ihrer Generation erfasst man oft nicht die innere Unkorrumpierbarkeit der Menschen, die sich für eine vegane Lebensweise entschieden haben.«

Doch, Hildegard verstand sehr gut, dass er ihr gerade unterstellte, eine senile Alte zu sein, die *vegan* nicht von *omnivor* unterscheiden konnte und ihm zum Frühstück einen Teller mit Aufschnitt hinstellte und, wenn er protestierte, mit unbewegter Miene raten würde, einfach nur die Petersilien-Deko zu essen und den Rest stehenzulassen. Das sagte sie aber nicht. Sie brauchten sein Geld.

»Bitte seien Sie unbesorgt, wir beherbergen oft Gäste mit speziellen Ernährungswünschen. Unser Frühstück wird speziell auf Ihre Bedürfnisse zugeschnitten.«

Die Skepsis in seinem Blick wich nicht. »Ich wäre gar nicht hier, wenn das Landhotel wegen einer Hochzeit nicht vollkommen ausgebucht wäre.« Es klang wie ein Vorwurf. Als habe sie, Hildegard, wildfremde Menschen zwangsverheiratet, nur um ihn in ihre Bed-&-Breakfast-Pension zu locken. Und man sah ihm deutlich an, dass er – tobte draußen nicht gerade ein Sturm von biblischen Ausmaßen – sofort weiterfahren würde, aber er hatte Angst, dass ihm auf der bewaldeten Straße ein herumfliegender Ast den Lack seines Peugeot 403 Oldtimers zerkratzen könnte. »Aber es ist wirklich sehr … äh … nett bei Ihnen. Und so … äh …

puristisch. Das gefällt mir – aufs Wesentliche beschränkt.«
Er sah sich um.

Die Pension von Hildegard und Hannelore lag dort, wo
sich Fuchs und Hase gute Nacht sagten. Von außen ähnelte
das Haus der Villa in *Psycho*. Und dass es so minimalistisch
möbliert war, lag nicht an einer innenausstatterischen Grund-
satzentscheidung der Schwestern, sondern daran, dass sie aus
Geldnot so gut wie alles hatten verkaufen müssen.

»Wenn Sie mir bitte folgen wollen. Ich habe Ihnen unser
bestes Zimmer gegeben. Südseite, mit Balkon.« Hildegard
stieg die Stufen hoch. Sie war mit Fug und Recht drall zu
nennen, was sie nicht davon abhielt – im Gegenteil, eher noch
dazu anspornte –, hauteng Jerseykleider in Leopardenprint-
optik zu tragen. Eine für ihr Alter gewagte Wahl, könnte man
meinen. Aber Hildegard war die personifizierte Lebenslust,
und das zeigte sich eben auch in ihrer Kleiderwahl.

Der Tweedmann nahm seine Reisetasche und folgte ihr.

Jedes der Zimmer in der Pension verkörperte ein anderes
Thema. Die Suite im West-Turm hieß *Ali Baba* und war ori-
entalisch dekoriert, das Südzimmer hatten die Schwestern
Jane Austen genannt – zur zartrosa Rosentapete gab es ein
Himmelbett und eine freistehende Wanne mit Löwentatzen.

Der Tweedmann zögerte. »Etwas sehr feminin, kann ich
nicht dieses Zimmer dort bekommen?« Er zeigte mit dem
Kopf in Richtung der offen stehenden Tür zum *Titanic*-Zim-
mer direkt gegenüber. Man sah die extra angefertigten Bull-
augen, die nach Norden gingen, sowie das marineblaue Was-
serbett.

»Tut mir leid, das Zimmer ist vergeben.« Hildegard zuckte
mit den Schultern.

»Sagten Sie nicht, dass ich Ihr einziger Gast bin?« Der
Tweedmann hob eine Augenbraue. Er witterte Verrat.

»Sie sind ja auch der einzige Gast. Im *Titanic*-Zimmer wohnt der Kommodore, der Mann meiner Schwester.« Hildegard schloss rasch die Tür. »Wenn Ihnen das *Jane Austen*-Zimmer nicht zusagt, hätten wir im Ost-Turm noch unseren *Palast der Glückseligkeit* im chinesischen Stil – allerdings auf zwei Etagen, darum auch doppelt so teuer.«

»Äh … nein, es geht schon.« Der Tweedmann trat ein. »Es ist ja nur eine Nacht.« Berühmte letzte Worte.

»Dann wünsche ich einen schönen Aufenthalt.« Hildegard nickte ihm zu und schloss die Tür.

Fatzke, dachte sie.

D – Erstens kommt es anders, zweitens als man denkt

Die blaue Stunde. *L'heure bleue.* Sie saßen zu dritt vor dem flackernden Kamin im Salon. Draußen prasselte der Regen an die Scheiben.

Hildegard löste ein Kreuzworträtsel, Hannelore nippte an ihrem heißen Kakao. Der Tweedmann tat so, als würde er im *Spiegel* vom März 1983 blättern, der zusammen mit anderen antik anmutenden Zeitschriften auf dem Couchtisch ausgelegen hatte, musterte aber in Wirklichkeit verstohlen die Schwestern.

Sie sahen sich kein bisschen ähnlich. Pummelchen Hildegard trug immer noch ihre zweite Haut in Leopardenoptik. Hannelore war hager und trug ein schwarzes Twinset mit Perlenkette zu schwarzen Flanellhosen. Unterschiedlicher konnten zwei Schwestern gar nicht sein.

Hildegard hatte dem Tweedmann und sich je einen Martini gemixt. Er fand ihn stark, aber sie trank, als wäre es Fruchtsaft.

Plötzlich sah sie auf. »Es tut mir leid, dass der Sturm unsere Satellitenschüssel vom Dach gefegt hat. Gleich morgen früh rufe ich den Fernsehtechniker.« Das nützte ihm natürlich nichts, nach dem Frühstück wollte er ja schon weiter, aber sie fand, das sie das als gute Gastgeberin in den Raum stellen musste.

»Wenn Ihnen langweilig ist, können Sie ein gutes Buch lesen«, meldete sich plötzlich – zum ersten Mal an diesem Abend – Hannelore zu Wort. Mit einem dürren Finger zeigte sie auf die Teakholzregalwand neben dem Kamin. »Der Kommodore hat unsere Bibliothek mit zahlreichen Büchern aufgestockt, die auch und gerade männliche Leser ansprechen. Interessieren Sie sich für Nautik?«

Der Tweedmann schüttelte den Kopf. »Nein. Ich lese nicht.«

»Ach so, nun ja, solche wie Sie muss es wohl auch geben.« Hannelore richtete den Blick wieder auf die prasselnden Holzscheite und nippte an ihrem Kakao.

»Möchte sich der Kommodore nicht zu uns gesellen?«, fragte der Tweedmann, sichtlich erpicht auf etwas männliche Gesellschaft.

»Der Kommodore verlässt sein Zimmer *niemals*«, rief Hannelore bebend.

Weil in diesem Moment der Wind einen Ast gegen die Fensterscheibe schlug, klang das ungeheuer melodramatisch.

Der Tweedmann runzelte die Stirn.

»Wie ältere Männer eben so sind«, beschwichtigte Hildegard, ohne von ihrem Kreuzworträtsel aufzuschauen.

»Mein Mann hat seine festen Gewohnheiten. Tagsüber schreibt er an seinen maritimen Memoiren, und abends trinkt er seinen Whisky und reminisziert und möchte dabei nicht gestört werden«, erklärte Hannelore mit nun normaler Stimme, in der jedoch ein Tadel lag, als hätte der Tweedmann etwas Unsittliches von ihrem Gatten verlangt.

Aha, dachte der Tweedmann, *die beiden Omas verstecken den Alkoholiker vor ihren Gästen.*

In diesem Moment tat es einen neuerlichen Schlag. Wuchtig ausgeführt, jedoch nicht vom Wind, dem himmlischen Kind, sondern von einer Männerfaust.

Der Tweedmann schrak zusammen und konnte gerade noch ein mädchenhaftes Aufquietschen im Keim ersticken, bevor es sich seiner Kehle entrang. Hildegard und Hannelore sahen zum Fenster. Mehr oder weniger ungerührt, als ob des Öfteren Gäste gegen die Scheibe des Salons schlugen, anstatt an der Haustür zu klingeln.

Ein bulliger Umriss füllte fast das gesamte Fenster aus. Mit tiefer Stimme rief der Fremde etwas, aber das ging im pfeifenden Sturmwind unter.

Hildegard legte seufzend das Kreuzworträtsel beiseite, stand auf und bedeutete dem Fremden mit Handzeichen, er solle zur Haustür kommen.

»Sie wissen schon, dass wir auch eine Klingel haben?«, sagte sie zu Hönsch, hinter dessen breitem Rücken Rainer auftauchte. Wiewohl sie in diesem Moment natürlich noch nicht wusste, dass es sich um Hönsch und Rainer handelte – sie sah nur zwei ihr fremde, klatschnasse Männer. In Polizeiuniform.

»Wir mussten kilometerweit durch den Regen laufen!«, beschwerte sich Rainer heftig keuchend bei ihr, obwohl sie ja nichts dafür konnte.

»Kommen Sie doch herein. Hier werden Sie wieder trocken«, bot Hildegard gastfreundlich an.

Die beiden wuchteten stumm vier schwere Plastikkisten in den Hausflur, um die herum sich sofort ansehnliche Pfützen auf den Boden bildeten.

»Ach herrje, ich hole etwas zum Aufwischen«, sagte Hil-

degard und wollte in die Küche gehen, da brummte Rainer:
»Sie bleiben hier. Von jetzt an habe ich hier das Sagen!«

Als Hildegard sich zu ihm drehte, sah sie die Waffe in seiner Hand. Ihre Augenbrauen schossen nach oben.

Hinter ihr quietschte der Tweedmann kleinmädchenhaft auf.

E – Zur selben Zeit fällt in einer Opiumhöhle in Hongkong beim Pokerspiel dreier Triaden-Killer ein Sack Reis um

Was das mit unserer Geschichte zu tun hat?

Gar nichts.

F – Es ist definitiv einfacher, an Einhörner und Meerjungfrauen zu glauben als an das Gute im Menschen

Rainer trank die Tasse auf ex, aber seine Müdigkeit reichte an Stellen, da kam Kaffee einfach nicht hin.

»Sie sind doch keine echten Polizisten«, hatte die Hagere noch genölt, als er und Hönsch die drei Hausbewohner in die Küche trieben.

Mittlerweile hatten Hönsch und er die beiden alten Tanten und die schwule Tweedfliege mit den Resten des Paketklebebandes an die Küchenstühle gefesselt. Die Frauen hielten wenigstens die Klappe, dem Typen hatte er ein Küchenhandtuch als Knebel in den Mund stopfen müssen. Dieses ewige Gekreische ging ihm auf dem Sack. Sein Leben war so schon schwer genug.

Rainer seufzte.

Vorhin im Gelddepot hatte er Godzilla eine volle Ladung aus seiner Wasserpistole in die Augen gespritzt. Nun muss man wissen, dass sich in der Wasserpistole mitnichten nur Wasser befand, weil Rainers Kater Moritz sich für einen Hund hielt und alles ausgiebig markierte, was neu in die Wohnung kam. Offenbar wirkte Katzenurin auf Männeraugen in etwa so wie Pfefferspray, denn der Godzilla hatte angefangen, herumzubrüllen und sich die Augen zu reiben, und diese Chance hatten Hönsch und Rainer genutzt und sich aus dem Staub gemacht. Bei ihrer zügig eingeleiteten Flucht konnten sie allerdings nur vier Geldboxen aus dem Kleinlaster mitnehmen, drei trug Hönsch, eine er. In der Nähe des Gelddepots gelang es ihnen, den nicht abgeschlossenen VW Golf eines Pizza-Auslieferers zu klauen und davonzubrausen.

Aber hier, mitten in der Pampa, hatte ihnen der Sturm einen Strich durch die Rechnung gemacht. Ihnen war ein Baum auf die Kühlerhaube gekracht. Hönsch war immer noch totenbleich vor Schreck und brachte keinen Schluck hinunter, so zugeschnürt war seine Kehle.

Die Küchenuhr tickte.

»Ich kann Ihnen auch einen Martini mixen«, meldete sich Hildegard zu Wort. »Sie sehen so aus, als könnten Sie einen gebrauchen.«

Rainer sah sie durchdringend an. Was hatte er von einer alten Frau, die aussah wie eine Knackwurst in Leopardenpelle, schon zu befürchten? Doch höchstens, dass sie sich im Vorübergehen ›versehentlich‹ an ihm rubbelte. »Aber keine Dummheiten, verstanden?«, bellte er und nickte Hönsch zu.

Der nickte zurück.

»Binde sie los, Idiot!«, fauchte Rainer.

Hönsch nestelte grobmotorisch an Hildegards Paketbandfesseln.

Rainer rollte die Augen. »Du brauchst was Scharfes. Ein Messer, eine Schere!«

Hönsch sah sich in der Küche um. Sehr sauber, sehr aufgeräumt und nirgends ein Schild mit der Aufschrift in Neonfarbe: *Hier entlang zu den Messern.*

»Großer Gott, muss man denn alles selber machen?!« Rainer trank die zweite Tasse Kaffee leer, ging zu der Arbeitstheke und zog alle Schubladen auf. Gleich darauf wurde er fündig.

Er kniete sich vor Hildegard und setzte das Messer an das Paketband an. »Aber ja ...«, fing er an.

»... keine Dummheiten. Schon klar.« Hildegard nickte.

Er schnitt die Fesseln auf. Hinter dem Küchenhandtuchknebel des Tweedmanns ertönten quietschende Geräusche.

»Klappe!«, blaffte Rainer und folgte Hildegard in den Salon zu dem aufgeklappten Globus, in dessen Innerem sich einige ausgewählte Alkoholika befanden.

Hildegard schenkte gerade großzügig Gin in sein Glas, als es an der Haustür klingelte.

G – Wo geht es hier zum Panama-Kanal?

Hildegard und Rainer sahen sich aus großen Augen an.

»Wer ist das?«, rief Rainer und fuchtelte mit der Spielzeugpistole.

»Ich habe nicht die leiseste Ahnung. Wir erwarten niemand.« Hildegard wirkte ehrlich verblüfft.

Hönsch kam aus der Küche gelaufen. »Das sind die Bullen! Die echten!«, heulte er. »Ich will nicht in den Knast. Da kann mich meine Mama doch gar nicht mehr bekochen. Rainer, mach was!«

Rainer überlegte fieberhaft.

»Das Licht brennt im ganzen Haus. Wenn wir nicht öffnen, wirkt das verdächtig«, warf Hildegard ein.

Rainer musste ihr recht geben. »Aber kein falsches Wort, sonst sind Sie und Ihre Schwester tot, verstanden!«

Rainer wusste nicht, ob man alte Menschen wirklich damit in Schach halten konnte, wenn man ihnen mit dem Tod drohte. Der Sensenmann wartete ja ohnehin schon um die Ecke. Aber er wollte es zur Sicherheit gesagt haben.

Es klingelte erneut. Ungeduldig. Rainer gab Hildegard ein Handzeichen.

»Ich komme ja schon«, flötete sie.

Rainer und Hönsch lugten durch die Salontür in den Flur. Sie sahen, wie Hildegard die Haustür öffnete und ein uniformierter Streifenbeamter eintrat.

»Wir haben gar kein Auto gehört«, sagte sie, quasi als Entschuldigung.

»Ich bin auch mit dem Fahrrad da. Knorr, mein Name. Polizeiobermeister Knorr«, stellte sich der Beamte vor.

»Was kann ich für Sie tun?«, fragte Hildegard, ohne auch nur mit der Wimper zu zucken.

»Ogottogottogott«, wimmerte Hönsch.

»Klappe!«, flüsterte Rainer.

»Ich wollte mich nur vergewissern, ob bei Ihnen alles in Ordnung ist.« Der Beamte entdeckte im Garderobenspiegel, der direkt gegenüber von der Tür zum Salon hing, Hönsch und Rainer. »Ach, es sind ja schon Kollegen vor Ort?«

Hönsch lief davon. Vermutlich in Richtung Toilette. Wenn er Angst hatte, bekam er immer Durchfall.

Rainer nahm all seinen Mut zusammen und trat in den Flur.

Gleich würde der Polizist erkennen, dass es sich bei ihren Uniformen nur um Fakes handelte, und sie wären aufgeflogen. Aber in diesem Moment …

… flackerte das Flurlicht und ging gleich darauf aus. Im ganzen Haus erloschen die Lichter. Stromausfall.

»Hier muss irgendwo eine Kerze sein«, rief Hildegard.

»Ich leuchte Ihnen«, sagte Knorr und schaltete seine Taschenlampe ein. Hildegard ging zur Anrichte.

»Äh … guten Abend, Kollege … wir wurden unterwegs vom Sturm überrascht … äh … Müllerschön, mein Name. Kollege … äh … Hönsch hat Durchfall. Deswegen …«

Knorr nickte zackig. »Soll ja gerade so ein Magen-Darm-Virus umgehen.«

In Rainer jubilierte alles. Im Licht der Taschenlampe wirkte er wie ein echter Bulle. Und bevor der Strom wiederkam, würden er und Hönsch die Geldboxen in den klapprigen Peugeot vor der Tür getragen haben und davongefahren sein.

»Das Festnetz ist tot«, sagte Hannelore mit einem schwarzen Bakelit-Hörer in der Hand, der zum Telefon auf der Anrichte gehörte.

Rainer zog sein Handy aus der Hosentasche. Kein Netz. Na toll. Rasch schob er das Handy wieder in die Hosentasche.

»Dann sind Sie nicht offiziell hier?«, fragte Knorr.

»Nein.« Rainer fand, je weniger er sagte, desto weniger konnte schiefgehen. »Aber Sie?«

»Ja! Es besteht der Verdacht, dass der Hammermörder hier in der Gegend Unterschlupf gesucht haben könnte.«

Hildegard wirbelte herum. »Der Hammermörder?«

Rainer stutzte. Bislang schien sie die Ereignisse des Abends mit heiterer Gelassenheit hingenommen zu haben, mit einer Seelenruhe, wie sie drallen Menschen ja oft zu eigen ist. Aber nun wirkte sie … Rainer suchte nach dem passenden Adjektiv und fand es nicht … Ängstlich? Verstört? Neugierig? Erregt?

»Über den habe ich im Radio gehört«, warf Rainer ein. »Der hämmert gnadenlos alles weg, was ihm in den Weg kommt: Männer, Frauen, Kinder, Hunde …« Während er an den Fingern die Liste der Opfer aufzählte, wurde ihm unwohl zumute. Wenn dieser Geistesgestörte hier sein Unwesen trieb, war keiner sicher. Auch er nicht.

»Keine Sorge, gute Frau, mit drei Beamten im Haus kann Ihnen nichts zustoßen«, beruhigte Knorr Hildegard, die sich die Hand auf den Busen presste. »Sie sind absolut sicher.«

»O bitte, ich bin nicht besorgt. Das ist doch wunderbar aufregend! Der Hammermörder! Meine Schwester und ich haben die Berichterstattung über ihn höchst interessiert verfolgt. Man weiß bis heute nicht, wie er aussieht. Er ist der Mörder der tausend Verkleidungen.«

Sie musterte Polizeiobermeister Knorr. In ihrem Blick lag eindeutig der Verdacht, es könne sich auch bei ihm um einen falschen Polizisten handeln.

Knorr wollte das gerade richtigstellen, doch in diesem Augenblick ertönte eine Trompeten-Fanfare – geschätzte drei Mal lauter als die Trompeten von Jericho –, und tonnenschwere Schritte donnerten inmitten eines unheimlichen Leuchtens die ausladende Treppe des alten Hauses hinunter.

Knorr ließ erschrocken die Taschenlampe fallen.

Rainer mochte nicht ausschließen, dass er sich vor Schreck ein wenig einnässte.

»Vorsicht an der vierten Stufe von oben!«, rief Hildegard fröhlich.

H – Achtung: Ein Karton!

»Was ist das?«, schrie Rainer.

Es klang, als ob eine wild gewordene Horde afrikanischer Büffel auf sie zugestürmt kam. Mit ein oder zwei Rhinozerossen dazwischen.

Knorr und Rainer wurden plötzlich von einem gleißenden Licht geblendet.

»Keine Bewegung«, rief Knorr und nestelte seine Waffe vom Gürtel.

Rainer suchte hinter ihm Deckung.

»Vetter Franz!«, rief Hildegard streng.

Auf einen Schlag wurde es still. Man hörte nur noch ein heftiges Atmen.

»Vetter Franz, nimm die Stirnlampe ab!«, befahl Hildegard.

Knorr hob die Taschenlampe auf und leuchtete in Richtung Treppe.

Man sah einen Hünen von einem Mann, der in der Linken eine Trompete umklammert hielt und sich mit der Rechten verlegen eine hochwertige Trekking-Stirnlampe vom Kopf zog.

Nicht noch so ein Godzilla!, dachte Rainer.

Dieser Godzilla trug einen braunen Cordsamtanzug mit Ellbogenschützern, darunter eine hellgrüne Weste und ein kariertes Hemd. Er wirkte leutselig.

»Franz stellt keine Bedrohung dar«, versicherte Hildegard. »Er ist unser Cousin mütterlicherseits.« Sie stockte kurz, beugte sich zu Knorr und flüsterte: »Er ist nicht ganz richtig im Kopf, aber – glauben Sie mir – er ist harmlos.«

Knorr ließ die Waffe sinken. Widerstrebend, wie es schien. Rainer fand das voreilig. Was, wenn die riesigen Pranken dieses Cousins nicht nur eine Trompete, sondern auch einen Hammer zu halten wussten?

Der Hüne rief: »Hildegard, es ist acht Uhr!«

»Was passiert um acht Uhr?«, fragte Rainer besorgt hinter Knorrs Rücken.

»Abendessen!«, donnerte der Hüne. »Um acht Uhr gibt es Abendessen!«

»Ach so, Abendessen. Wir könnten heute doch im Salon zu Abend essen, was halten Sie davon? Das Kaminfeuer wird unser Nachtmahl romantisch beleuchten«, schlug Rainer hektisch vor und stupste Hildegard, damit sie ihm recht gab. Was sie nicht tat.

Rainer musste den Bullen unbedingt davon abhalten, in die Küche zu gehen. Zwei mit Paketband gefesselte Menschen als Gesellschaftsspiel wegzuerklären, schien ihm doch etwas zu verwegen.

»Im Salon?«, wiederholte Hüne Franz empört. Der Lichtstrahl der Stirnlampe in seiner Hand tanzte über den Parkettboden. »Unerhört! Das Abendessen nehmen wir stets in der Küche ein!«

»Nun, dann eben in der Küche. Tja, Herr Kollege …« Rainer schlug Knorr auf die Schulter. »Sie sehen ja, hier ist alles in Ordnung. Ich bleibe auch noch eine Weile da und sorge dafür, dass den Damen keine Gefahr droht.«

Knorr schien das für eine gute Idee zu halten und sich schon zum Gehen zu wenden, aber da …

… hörte man plötzlich ein unheimliches Jammern, wie das Klagegeheul eines Gespenstes. Es fehlte nur das Kettenrasseln.

Franz, Rainer und Knorr wirbelten herum.

»Was ist das?«, verlangte Knorr zu wissen.

Rainer hatte keine Ahnung und auch keine Lust, es herauszufinden. Er ging hinter Hildegard in Deckung.

»Das kommt aus dem Keller«, sagte Hildegard und lief geradeaus in den dunklen Flur.

»Mir nach!«, brüllte Hüne Franz, setzte die Trompete an die fleischigen Lippen und stürmte – zum Halali trötend – voran. Nach links.

Knorr preschte hinterher. Nach rechts.

Rainer blieb im Dunkeln allein zurück.

J – Der Mann, der eine Damenbinde trug

Der Hammermörder ging seine Optionen durch. Es gab derer nicht allzu viele.

Noch machte er sich aber keine Sorgen. Er war schon aus ganz anderen Situationen heil herausgekommen.

Das Wichtigste war, immer die Ruhe zu bewahren. Und einen Hammer zu finden!

Momentan war er in Sicherheit. Er tastete sich im Dunkeln an der Wand entlang. Da … eine Tür! Er öffnete sie, und lawinenartig ergossen sich diverse Gegenstände über ihn, glücklicherweise mehrheitlich kleine und leichte Dinge. Die gut dufteten. Es musste eine Schranktür gewesen sein. Die Tür zu einem Schrank, in dem offenbar wildes Chaos herrschte. Sehen konnte er das nicht, aber fühlen. Unordnung machte ihn wütend. Wenn er wütend wurde, juckte es ihn in der Hand, wieder zum Hammer zu greifen. Aber an seinen Reise-Hammer kam er nicht, ohne dass ihn die anderen gesehen hätten. Er tastete im Schrank herum. Vielleicht bewahrten die hier ja einen Hammer auf. Oder wenigstens eine Schaufel. Er ertastete aber – neben einigen Wäschestücken, wie es schien – nur schmale, längliche, weiche, ihm haptisch unbekannte Teile.

Der Hammermörder wusste es nicht, aber auf seiner Schulter war eine Damenbinde gelandet. Mit der Klebeseite nach unten. Er trug sie wie eine Epaulette.

»Ah«, rief er, »heureka!« Schwer lag der Hammer in seiner Hand.

K – Abrakadabra – und weg bist du!

Allein.

Schlimmer noch, allein in völliger Dunkelheit.

Rainer schluckte schwer.

Aber man ist ja niemals wirklich allein. So leben beispielsweise mikroskopisch kleine Milben auf jedem menschlichen Gesicht, schlemmen sich an Hautschuppen am Kinn satt oder haben Sex in den Lachfältchen rund um die Augen. Aber das ist ein anderes Thema.

Rainer konnte sich in der pechschwarzen Dunkelheit nicht orientieren. Wo ging es gleich noch mal zur Küche?

Plötzlich leuchtete eine Flamme auf, und es roch nach Schwefel.

Hildegard hatte in der Flurkommode Streichhölzer und Teelichter gefunden und kam damit in den Salon. Sie entzündete ein Teelicht und reichte es ihm.

Sofort lief Rainer in die Küche, die Hand dabei schützend über die kleine, flackernde Flamme haltend. Er musste die Geiseln losbinden und irgendwo wegsperren, wo der echte Bulle sie nicht fand.

Aber kaum stand er in der Küche, stockte ihm der Atem.

Die Küche war nämlich leer. Also, nicht leer geräumt, nur menschenleer. Herd, Kühlschrank, Spüle und der Rest waren noch da. An einem der Küchenstühle konnte man noch Reste von Paketband ausmachen, aber ansonsten wies nichts darauf hin, dass hier bis gerade eben noch zwei Menschen bewegungsunfähig festgezurrt gewesen waren.

»Was zum …?!«, fing Rainer an.

»Sind Sie auch Vegetarier? Oder kann ich Ihnen mit meinem Kartoffelauflauf mit Hack eine Freude machen?«, fragte Hildegard und schob sich an ihm vorbei in Richtung Gasherd.

Rainer stutzte.

Wieso war sie so furchtlos? Sorgte sie sich gar nicht um ihre Schwester?

»Haben Sie denn gar keine Angst, dass ich der Hammermörder sein könnte?«, wollte er wissen.

»Aber nein.« Sie lachte, zog eine vorbereitete Auflaufschale aus dem Kühlschrank und schob sie in den Backofen. »Ich glaube, Ihr Partner hat das Messer auf den Tisch gelegt. Wenn ich das sagen darf – bitte nehmen Sie das jetzt nicht persönlich –, aber es war ein Fehler, die Hände *vor* dem Körper zu fesseln. Ich vermute, so konnten die beiden sich befreien.«

Rainer leuchtete das ein. »Und wo sind sie jetzt?«

»Meine Schwester schaut bestimmt nach dem Kommodore.«

»Nach wem?« Rainer legte die Stirn in Falten. Gab es noch einen Hausbewohner, der womöglich schon längst die Exekutive verständigt hatte? Da Festnetz und Funk nicht funktionierten, vielleicht mit einer Brieftaube vom Dach?

Hildegard sah ihn treuherzig an. »Der Kommodore. Hannelores Mann.«

»Scheiße!« Rainer wollte sich das Messer vom Küchentisch schnappen, aber da legte sich plötzlich von hinten eine Hand schwer auf seine Schulter.

Er schrie auf.

L – #Schockschwerenotaberauch

»Du Idiot!«, gellte Rainer, als er im Schein des Teelichts sah, dass die Hand zu Hönsch gehörte.

Draußen fegte der Wind um das Haus. Man hörte immer noch das Jaulen aus dem Keller.

»Was ist das?«, fragte Hönsch beklommen. »Ich hab's auf dem Klo gehört. Das ist gruselig!«

Hildegard wischte die Tischplatte sauber und deckte ein. »Keine Angst, das sind die Rohre im Haus. Wenn es stürmt, pfeift der Wind durch sie hindurch und lässt sie pfeifen. Das hätte ich Herrn Knorr natürlich gleich sagen können, aber so macht es doch viel mehr Spaß, finden Sie nicht auch?«

»Das hätte Ihr Vetter aber doch wissen müssen«, hielt Rainer dagegen.

Hildegard schmunzelte nur. »Sagte ich nicht, dass er sehr schlicht gestrickt ist? Quasi nur rechte Maschen.«

»Wie auch immer«, befand Rainer, »ich knöpfe mir jetzt den Kommodore vor!«

Da hörte man von oben einen Schrei.

Den Schrei einer Frau!

M – Wenn Blaubarts tote Frauen spuken

Als Rainer, Hönsch und Hildegard die Treppe hochgelaufen kamen – nun ja, weniger gelaufen, mehr geschlichen, weil die Teelichter ausgingen, wenn man sich zu schnell bewegte, und weil Hildegard warnend rief »Vorsicht an der vierten Stufe von oben!« –, sahen sie Hannelore, die in das Zimmer des Tweedmannes zeigefingerte. In der anderen Hand hielt sie einen Kerzenleuchter, dessen Lichtschein durch den Flur flackerte.

Es flackerte unheimlich. Hönsch und Rainer ließen sich zurückfallen, Hildegard ging unerschrocken weiter.

»Was ist, meine Liebe?«, rief sie ihrer Schwester auf den letzten Metern zu.

Hannelore blieb stumm und hielt nur die Hand weiter ausgestreckt.

Hildegard sah in das Zimmer und schreckte zurück.

Rainer und Hönsch drängten sich enger aneinander. Was war darin zu sehen? Hatte der Hammermörder zugeschlagen? Lagen dort drin die zermatschten Überreste von Knorr, Franz und dem Tweedgast?

Eng an eng näherten sie sich zeitlupenartig den beiden Frauen. Vorsichtig lugten sie um die Ecke und sahen … nichts.

Also, sie sahen natürlich schon etwas, aber keine Matschleichen. Nur ein ganz normales Pensionszimmer, das allerdings aussah, als hätte ein Tornado darin gewütet. Was mehrheitlich daran lag, dass die Balkontür offen stand und tatsächlich der Sturm durch das Zimmer fegte. Sämtliche Kissen lagen wild verstreut, ebenso wie der Wäscheinhalt der Reisetasche des Tweedmannes, Bilder hingen schräg an den Wänden, eine Vase war vom Schreibtisch gefallen und lag in tausend Scherben zerborsten auf dem Boden.

Dann blies der Wind die Kerzen aus. Es wurde duster. Zappenduster.

N – Schon zween Tage trieb er und zwo entsetzliche Nächte und ahnete stets sein Verderben … (Homer)

»Juhu, wo sind denn alle?« Vetter Franz kam mit seiner Stirnlampe die Treppe hoch.

»Leuchte mir mal, du Guter«, bat Hildegard und schritt im Schein der Stirnlampe quer durch das *Austen*-Zimmer, um die Balkontüren zu schließen.

Hannelore entzündete erneut die Kerzen in ihrem Leuchter.

Der Tweedmann blieb verschwunden.

»Wo haben Sie denn den Bu… den Polizisten gelassen?«, wollte Rainer vom Vetter wissen.

»Wen?« Franz schaute verwundert.

Weil Rainer beschäftigt war, bekam er nicht mit, wie Hildegard mit dem Fuß die Reisetasche des Tweedmannes beiseiteschob und sich umsah, ob sich womöglich etwas in dem

Chaos befand, das sich im Pfandhaus zu Geld machen ließ – eine Schweizer Uhr, ein Siegelring, Goldmünzen …

»Der nette Herr in Uniform, dem du den Keller gezeigt hast, mein Lieber«, sagte Hannelore und stellte sich so vor die *Jane Austen*-Tür, dass man Hildegard nicht beim Schnüffeln sehen konnte. »Wo hast du den gelassen?«

»Im Kabuff mit dem Eingemachten.« Franz rieb sich den Bauch. »Gibt es jetzt Essen?«

»Moment mal!« Rainer hob die Hand. »Ist dieser Spacko hier der irre Hammermörder, und der Bulle buddelt unten gerade die Leichen aus? Oder wurde gar selbst zur Leiche?«

»Was erlauben Sie sich!«, empörte sich Hannelore spitzlippig.

»Das hat er nicht so gemeint«, sagte Hildegard, die mit einer Hand auf dem Rücken aus dem *Austen*-Zimmer kam. Sie tätschelte Franzens Oberarm. »Geh doch am besten in dein Zimmer, mein Guter«, sagte Hannelore, »ich bringe dir gleich dein Abendessen hoch. Mit extra Milch. Und Keksen!«

Franz strahlte, rief: »Das volle Verwöhnprogramm, obwohl ich doch gar nicht krank bin!«, setzte die Trompete an den Mund und schritt fanfarenblasend den Flur entlang zur Hintertreppe, die zu den Privaträumen führte.

»Das war nicht nett!«, schalt Hildegard. »Dem armen Fränzchen einen Mord zu unterstellen!« Sie funkelte Rainer böse an.

Der zuckte nur mit den Schultern. In Rainer dachte es. Wenn die Dumpfbacke es nicht war und er und Hönsch natürlich auch nicht und die schwule Tweedfliege schon gar nicht, dann blieb nur noch ein einziger Hausbewohner übrig. Der Kommodore!

Rainer drehte sich um und ging auf das *Titanic*-Zimmer zu, an dessen Tür ein Anker prangte.

»Was machen Sie denn da?«, kreischte Hannelore, als Rainer die Hand auf den Türknauf legte.

»Es geht hier auch um meinen Kopf«, brummte Rainer. »Ich will mich nur vergewissern, dass der Kommodore nicht der Hammermörder ist.«

Rainer riss die Tür auf.

Das beleuchtete Aquarium, in dem ein Oktopus saß, warf ein blaues Licht in das Zimmer, das sehr gut eine Kapitänskajüte hätte sein können. Das Bett war aufgeschlagen, auf dem Schreibtisch stand ein randvolles Whiskyglas neben einer altertümlichen Schreibmaschine, in die ein Blatt Papier eingespannt war.

»Das ist ein völlig inakzeptabler Eingriff in die Privatsphäre meines Mannes«, zeterte Hannelore, ging an Rainer vorbei zum Bett und schüttelte das Kissen aus.

»Und wo ist Ihr Mann?« Rainer sah sich um. Abgesehen vom Oktopus befand sich keine lebende Seele im Raum.

Hönsch schlich zum Schreibtisch und tat so, als wolle er lesen, was der Kommodore geschrieben hatte, aber in Wirklichkeit griff er verstohlen nach dem Whiskyglas, das er gleich darauf in einem Zug leerte.

Keiner achtete weiter auf ihn.

»Mein Mann braucht seine Ruhe!«, erklärte Hannelore dezidiert.

Hildegard zog Rainer am Ellbogen wieder hinaus in den Flur. »Der Kommodore ist tot«, flüsterte sie.

»WAS?«, kreischte Rainer. »Der Hammermörder hat ihn erwischt?«

»Pst!«, zischte Hildegard. »Schreien Sie doch nicht so. Und nein, es war nicht der Hammermörder, es war ein Herzinfarkt. Vor zwanzig Jahren. Seitdem trägt Hannelore Trauer. Und pflegt sein Andenken.«

»Hä?« Rainer sah wieder in das *Titanic*-Zimmer.

Hönsch stand vor dem Aquarium und klopfte an die Scheibe, was den Oktopus dazu brachte, neugierig einen seiner Arme aus dem Wasser zu strecken.

Hannelore glättete zärtlich die Bettdecke. »Wir überlassen dich gleich wieder deinen Erinnerungen, Liebster. Lass dich von der Unruhe im Haus nicht stören. Ich schaue nachher noch einmal nach dir«, gurrte sie.

»Mit wem redet sie da?«, fragte Rainer.

»Mit dem Kommodore natürlich.«

»Der ist doch tot!«

»Für sie nicht.«

Rainer atmete lang gezogen aus. In diesem Haus waren alle verrückt. Alle!

»Hönsch, komm jetzt, wir machen uns vom Acker!«

O – Die Leiche sei ihm untergeschoben worden, sagt er

»Vorsicht vor der vierten Stufe von oben!«, warnte Hildegard, als Hönsch, Rainer und sie wieder nach unten gingen. Als sie an den Fuß der Treppe kamen, ertönte schon wieder ein Schrei.

Es war ein geisterhafter, qualvoller Schrei, und er kam aus dem Keller.

Der mittlerweile einsetzende Gewohnheitseffekt sorgte dafür, dass sich keiner der drei erschrak. Hannelore tauchte mit dem Kerzenleuchter am Treppenkopf auf. »Was ist jetzt wieder? Sagte ich nicht bereits mehrmals, dass der Kommodore seine Ruhe braucht!«

Rainer rollte mit den Augen.

»Dem Herrn Knorr wird doch hoffentlich nichts passiert sein?« Hildegard zog die Augenbrauen zum gefärbten Haaransatz hoch.

Zu viert stiegen sie in den Keller. Hannelore mit dem Kerzenleuchter voraus, dann Hildegard, dahinter Hönsch. Rainer bildete das Schlusslicht. Sollte der Hammermörder hier unten wüten, müsste er sich den Weg zu Rainer erst freiknüppeln. Reichlich Zeit zur Flucht.

Vorbei an der Waschküche und dem Schrein für Franzens *Märklin*-Eisenbahn und einem Raum, in dem ein riesiger Biedermeierschrank weit offen stand, aus dem sich diverser Frauenkram ergossen hatte und in dem mittig eine Damenbinde lag, gelangten sie zu dem Raum mit den Regalen voller Einmachgläser.

Zwischen den Mirabellen und den Bohnen stand der Tweedmann, sein Gesicht zu einer Maske des Entsetzens verzerrt, der Mund weit offen wie beim *Schrei* von Edvard Munch.

Zu seinen Füßen lag etwas, das – als es noch lebte – Polizeiobermeister Knorr gewesen sein musste. Man erkannte die Uniform, nicht aber das Gesicht. Das war gründlich zermatscht worden. Anzunehmenderweise mit einem Hammer.

Hildchen und Hannelörchen wurden bleich, Hönsch übergab sich.

»Der lag schon so da, als ich kam«, wimmerte der Tweedmann.

Rainer suchte sein Heil in der Flucht.

P – Der eine wünscht sich einen Bonsai-Schrebergarten, der andere ein Rudel Kampfkröten, aber das Leben ist nun mal kein Wunschkonzert

»Bei dem Sturm kommen Sie nicht weit«, mahnte Hildegard. »Es ist nicht sicher auf den Straßen.«

»Draußen ist es aber definitiv sicherer als hier drin«, erklärte Rainer. »Wir nehmen Ihren Wagen. Schlüssel her.«

»Wir haben keinen Wagen«, erklärte Hildegard. »Wir haben nicht einmal einen Führerschein.«

Rainer schaute fassungslos. »Wie geht das denn? Sie wohnen doch am A… völlig abgelegen. Wie tätigen Sie Ihre Einkäufe?«

»Der Tante-Emma-Laden im Ort liefert aus. Und werktags gibt es an der Kreuzung unten einen Rufbus.«

Hannelore führte gerade den totenblassen Tweedmann die Treppe hinauf, Hönsch leuchtete ihnen mit den Kerzen.

»Sie da«, rief Rainer. »ich will Ihre Autoschlüssel!«

Der Tweedmann sah ihn aus weit aufgerissenen Augen blicklos an.

»Ich glaube, Sie brauchen einen Schluck Cognac«, diagnostizierte Hildegard. Die kleine Prozession begab sich in den Salon zur Globus-Bar.

Hildegard schenkte allen großzügig ein. Hönsch, der nichts vertrug und mit dem Whisky von vorhin schon zu viel intus hatte, trank auf ex und guckte gleich darauf glasig.

Hannelore entzündete nach und nach die Duftkerzen, die es im Salon haufenweise gab. Sie positionierte auch eine ganze Batterie davon zu beiden Seiten der Treppe im Flur. Gleich darauf war es wieder relativ hell, es roch aber so blumig wie auf einer Beerdigung. Irgendwie passend.

Der Tweedmann hielt sein Glas zitternd mit beiden Händen. »Der Mörder ist mitten unter uns«, hauchte er und sah reihum die beiden Frauen, Rainer und Hönsch an.

Rainer wischte sich den Angstschweiß von der Stirn.

Hönsch grinste. Er war schon breit.

Q – Lockende Ferne

»Oh, mir ist überhaupt nicht gut! Ich glaube, ich muss mich übergeben!«, stöhnte plötzlich der Tweedmann, schnappte sich dann blitzschnell eine der Duftkerzen und lief im Eiltempo in Richtung Toilette.

»Sie sollten ein Streichholz entzünden«, lallte Hönsch seinem Rücken nach. »Ich meine ja nur ...«, ergänzte er kleinlaut. »Hicks.«

Rainer wich rückwärts zur Tür. »Das ist doch verrückt«, murmelte er. »Ich will hier nicht sterben!«

»Jetzt überdramatisieren Sie aber«, befand Hildegard.

»Ich überdramatisiere? In Ihrem Keller liegt ein toter Bulle!« Rainer schüttelte den Kopf. »Ich will SOFORT hier weg.«

»Ich habe den Autoschlüssel unseres Hausgastes auf seinem Nachttisch liegen sehen«, warf Hannelore hilfreich ein. Sie tauschte mit ihrer Schwester einen bedeutungsschwangeren Blick, den Rainer nicht entschlüsseln konnte, das war ihm aber auch egal. »Das war's dann für mich. Hönsch, komm.«

»Sofort, nur noch ein Schlückchen.« Hönsch trank jetzt ohne Umweg über ein Glas direkt aus der Flasche – erst aus der Cognacflasche, dann aus der Quittenschnapsflasche und zu guter Letzt noch den Rest Kirschlikör.

Rainer lief die Treppe hoch.

»Vorsicht an der vierten Stufe von oben!«, rief Hildegard ihm hinterher. Man hörte ein Stolpern, dann ein Fluchen, dann sich weiter entfernende Schritte – und aus der Küche einen *Pling*-Ton.

»Ach, wie schön, mein Auflauf ist fertig.« Hildegard strahlte.

R – *Allüberall. Wie Fliegendreck.*
Hannelore trug das Tablett mit der üppigen Auflaufportion, dem Keksteller, einem großen Glas Milch und einer Kerze die Treppe hinauf zu Franz. Im ersten Stock kam sie am Zim-

mer des Tweedmannes vorbei. Sie schaute hinein, seufzte und ging weiter.

Anschließend ging sie wieder nach unten. Hönsch lag, im Suffkoma schnarchend, auf der Chaiselongue im Salon. Hildegard faltete in der Küche Servietten. Der Tweedmann übergab sich wohl noch auf der Toilette.

»Wir brauchen nur drei Teller«, sagte Hannelore zu Hildegard. »Der kleine Bankräuber ist tot, und der große Bankräuber schläft im Salon seinen Rausch aus.«

»Sagtest du tot, meine Liebe?« Hildegard sah auf.

Hannelore nickte und setzte sich. »Kartoffelauflauf mit Hackfleisch, die Lieblingsspeise des Kommodore.« Sie lächelte reminiszierend in sich hinein. Vermutlich sah sie vor ihrem inneren Auge all die vielen Male, die sie mit ihrem verblichenen Gatten einen Auflauf geteilt hatte.

Hildegard schaute skeptisch. »Schwesterherz, denkst du, was ich denke?«

In der Pension der Schwestern wurde beim Abendessen normalerweise nicht gedacht. Man hörte allenfalls klassische Musik aus dem Radio. Aber das war ja kein normaler Abend.

Apropos hören … in diesem Moment hörte man ein eklig schmatzendes Geräusch aus dem Salon.

S-Y – Warum aus einem Hammer kein Bumerang werden kann

Hildegard tupfte sich mit der Serviette den Mund ab, stand auf und ging in den Salon. Hönsch lag noch auf der Chaiselongue. Aber er schnarchte nicht länger. »Ach, herrje …«, seufzte sie.

Die Chaiselongue war natürlich hinüber, die konnte man allenfalls noch als Brennholz verwenden. Das ganz Blut ließ sich unmöglich aus dem Polster waschen.

Wenigstens hatte Hönsch nicht leiden müssen. Auch wenn

er jetzt ein kopfloser Toter war. Der noch leicht nach Quittenkirschcognac roch.

»Um Himmels willen«, rief Hannelore, die hinter Hildegard in der Tür auftauchte. »Die Chaiselongue. Die hat der Kommodore aus Singapur mitgebracht. Sie wurde entweiht!« Wütend reckte sie die Faust und rief laut: »Das war nicht nett vom Hammermörder, gar nicht nett!«

»Oh, ich war nicht nett?«, höhnte es da aus Richtung der Treppe. Der Sturm hatte sich beruhigt, und die Akustik im Haus bot wieder mehr als nur das Jaulen der Rohre und das Pfeifen des Windes.

Hannelore und Hildegard traten ins Treppenhaus. Oben, am Kopfende der Treppe, stand der Tweedmann alias – Tusch! – der Hammermörder. Den blutigen Hammer in der Hand haltend und mit einem irren Grinsen im Gesicht.

»Sie haben sich doch hoffentlich nicht an Franz vergriffen?«, fragte Hildegard streng.

»Den hebe ich mir bis zum Schluss auf«, versprach der Hammertweedmörder lächelnd. »Aber jetzt …« Er schaute vorfreudig auf die beiden alten Damen, die er gleich plattmachen würde, und stieg die erste Stufe hinunter.

Hildegard öffnete den Mund.

»Ich weiß, ich weiß … Vorsicht an der vierten Stufe von oben.« Er grinste. Das Grinsen verging ihm erst, als er – die vierte Stufe bravourös gemeistert habend, ohne den Blick von den Schwestern zu nehmen – an der fünften Stufe von oben den Halt verlor und von der Schwerkraft des Hammers einen Tick zu schnell nach unten gezogen wurde. Er prallte gegen das Geländer, wollte aber den Hammer nicht loslassen, fand deshalb keinen Halt und wurde von der einsetzenden Eigendynamik seines Körpers nach vorn katapultiert, wo er bedauerlicherweise mit dem Kopf zuerst auf die Treppenkante prallte. Man hörte ein unschön knackendes Geräusch. Wie ein Genick eben so knackt, wenn es bricht. Der nun leblose Körper kullerte die verbliebenen Stufen nach unten und landete in den dort aufgestellten Duftkerzen.

»Du verzählst dich jedes Mal, meine Liebe«, sagte Hannelore.

»Ich weiß, ich weiß, schrecklich«, gab Hildegard ihr recht.

Das linke Knie des Hammermörders zuckte noch ein letztes Mal auf.

Dann roch es auch schon nach Grillteller.

Hildegard ging, um den Feuerlöscher zu holen …

Z – Abspann: Ente gut, alles gut!

Franz fand es herrlich, den Garten umzugraben. »Ich wusste nicht, dass man für Kartoffeln die Scholle so tief ausheben muss«, rief er und wischte sich den Schweiß von der Stirn.

»Doch, doch.« Hildegard nickte. »Ich weiß, es ist viel Arbeit. Aber denke nur an all die herrlichen Kartoffelaufläufe mit Hack, die es von nun an geben wird!«

Franz buddelte schneller.

Hannelore und Hildegard wuchteten die Männerleichen sowie das Polizeifahrrad um Mitternacht – Franz schlummerte schon selig in seinem Bett – in die ausgehobenen Gräber und schaufelten sie zu. Sie würden natürlich keine Kartoffeln darüber pflanzen, das gehörte sich nicht. Irgendetwas Buntes, Blühendes, Lebensbejahendes.

Das Leben war ja auch schön! Vorbei die Zeit, in der sie ihren spärlichen Gästen die Pretiosen abnehmen mussten, um sich über Wasser halten zu können. Bis an den Rest ihrer Tage würden sie sich keine Sorgen mehr ums finanzielle Überleben machen müssen. Das Geld in den vier Geldboxen reichte bei zurückhaltender Haushaltsführung locker die nächsten dreißig Jahre. Und sollte Hannelore und ihr etwas zustoßen, wäre für Franz und den Oktopus gesorgt.

»Ja«, dachte Hildegard und lächelte in sich hinein, »das Leben ist schön.« Dann klopfte sie mit der Schaufel das Erdreich über dem Hammermörder platt.

über die Autorin

Tatjana Kruse, Jahrgang 1960, ist überzeugte Krimiautorin. Sie wurde bereits mit dem Marlowe der Raymond-Chandler-Gesellschaft ausgezeichnet und mehrmals für den Agatha-Christie-Preis nominiert.

Neben ihrer vielbeachteten Reihe um den stickenden Ex-Kommissar Siggi Seifferheld aus dem beschaulichen Schwäbisch Hall, in der mittlerweile sechs Bände erschienen sind, schreibt sie auch immer wieder mit Begeisterung Kurzkrimis. Tatjana Kruse ist Mitglied bei den *Sisters in Crime* und im *Syndikat*, einer Vereinigung deutschsprachiger Krimiautoren.

Nach einigen Jahren in Stuttgart lebt sie heute wieder in ihrer Heimatstadt Schwäbisch Hall.

Mehr zur Autorin unter www.tatjanakruse.de

Lust auf weitere Hochspannung mit
Tatjana Kruse?

Kommissar Seifferheld ermittelt:
Kreuzstich, Bienenstich, Herzstich
Nadel, Faden, Hackebeil
Finger, Hut und Teufelsbrut
Gestickt, gestopft, gemeuchelt
Sticken, stricken, strangulieren
Der Tod stickt mit

Judith Merchant

Annette schreibt eine Ballade

Editorische Notiz

Hochverehrter Leser!
Der Herausgeber bat mich, einige Zeilen über den Fund
des hier erstmals gedruckt vorliegenden geheimen Tage-
buchs der Annette von Droste-Hülshoff zu schreiben, und
dieser Bitte will ich gerne nachkommen.
Im Jahre 1861 fiel mir durch eine Verkettung seltsamer
familiärer Wendungen ein Erbteil in Form von Möbel-
stücken zu, das ich dankend annahm. Dazu gehörte ein
Sekretär, der umso mehr Freude erregte, da Annette von
Droste-Hülshoff darauf zu ihrer Zeit auf Burg Hülshoff
einige ihrer frühen Werke verfasst hat. Ich rief einen orts-
bekannten Schreiner, der ihn für den Verkauf reparieren
und aufpolieren sollte. Um ihm behülflich zu sein und dar-
über hinaus seinen erheblichen Stundenlohn zu reduzieren,
half ich dabei mit, die vielen Fächer auszuräumen. Als ich
die oberste Schublade entfernte, fiel mit ein schmales, in be-
reits verbleichende Seide gebundenes Büchlein entgegen,
das ich geistesgegenwärtig vor den Augen des Schreiners
verbarg. Das Büchlein besitze ich noch und habe jahrelang
allein über seinen eigenartigen Inhalt nachgedacht. Nun
aber bin ich alt und werde wohl den Winter nicht mehr
überleben, und so will ich seine Geschichte nicht länger für
mich behalten, sondern sie hiermit erstmalig der Öffent-
lichkeit preisgeben. Dünkt sie auch unwahrscheinlich, ja,
gar phantastisch, so liefert sie doch erstmalig eine Erklä-
rung für das Verschwinden des jungen Dienstmädchens

Margret, das damals mit dem Fräulein Annette ins Venner
Moor reiste und fortan nicht mehr gesehen wurde. Aller-
dings wird die Urheberschaft manch wichtiger Elemente
unserer deutschen Dichtkunst ... Doch urteilen Sie selbst!

gezeichnet Conrad Hesterkamp

Münster, Westfalen im November 1899

Burg Hülshoff, 18. September 1820

Liebes Tagebuch,

»nur eine halbe Stunde«, habe ich mir geschworen. 30 Minuten, 1800 Sekunden, die muss man doch irgendwie durch-
halten können! In dieser Zeit kann man in Zeitlupe durch
unseren schönen Burgpark schlendern, der Stallknecht kann
etwa vier Boxen ausmisten, in dieser Zeit wird doch Anna
Elisabeth Franzisca Adolphina Wilhelmina Ludovica Freiin
von Droste zu Hülshoff wohl ein paar mickrige Zeilen aufs
Papier bringen können, und seien sie noch so schlecht! Drei
wenigstens! Drei! Zur Not eben zwei! Ich schaffe nicht einmal eine einzige, die nicht krumm und schief ist. Eine Ballade
soll es werden.

Oh! dunstig schaudert der Burgpark im Morgenlicht ...
Weiter komme ich nicht. Ich bleibe immer stecken.

Mein Plan ist gut: Ich will eine erfolgreiche Schriftstellerin
werden. Nur scheint mir leider das Schreiben ein schwieriges
und anstrengendes Geschäft zu sein. Ich hoffe, ich lerne es.
Die Mama hat versprochen, sich drum zu kümmern. Professor Spricker, dem ich meine bisherige Bildung verdanke, kann
leider keine Balladen, und unser Klavierfräulein erst recht
nicht, aber Mama wird jemanden finden, versprach sie mir ...

Oh, da ruft jemand. Ich eile!
Bis zum nächsten Mal, liebes Tagebuch.

So, da bin ich wieder.

Es war bloß die Frau Mama. Sie hat aufregende Neuigkeiten: Es hat sich hoher Besuch angekündigt. Übermorgen kommt, jetzt halt dich mal fest, liebes Tagebuch, es kommt der Herr Geheimrat Johann Wolfgang von Goethe höchstpersönlich. Mama hat doch tatsächlich an Adele Schopenhauer geschrieben, dass ich Dichterin werden will, und die hat uns jetzt den Herrn Geheimrat vorbeigeschickt. Er war der Adele wohl noch einen Gefallen schuldig. Gute Beziehungen sind alles! Er wird sich meine Gedichte anschauen und mit mir daran arbeiten, hat die Adele der Mama geschrieben. Dabei will ich ja BALLADEN schreiben, aber egal, die Gute hat wahrscheinlich Gedichte und Balladen verwechselt, das tun ja leider viele.

Mama flattert jetzt aufgeregt durchs Haus und ärgert sich, dass sie nicht doch neue Gardinen hat nähen lassen. Und Margret schimpft, weil sie so viel Silber putzen muss. Ich werde jetzt meine allerbesten Versuche mit Schönschrift abschreiben, hoffentlich kleckst die Feder nicht. Ich will sie doch dem Herrn Geheimrat zeigen, die Balladen natürlich, nicht die Feder. Und dann soll er mir das mit dem Schreiben beibringen. Er versteht ja viel davon, sagt man.

Nur noch zweimal schlafen, liebes Tagebuch, dann kommt er!

Burg Hülshoff, 20. September 1820
Liebes Tagebuch,
er ist da, er ist da!
Groß ist der Herr Geheimrat und stattlich, wenn er auch

freilich nicht mehr der Jüngste ist, aber eine wundervolle Perücke trägt er mit herrlichen Locken. Die pudert ihm, glaub ich, morgens sein Kammerdiener. Der ist ständig um uns herum, und Margret fängt schon an, ihm schöne Augen zu machen, sie träumt wahrscheinlich davon, dass sie in diesem Leben auch noch einen abbekommt, aber ob das ausgerechnet der Kammerdiener vom Goethe sein wird? Abwarten …

Mal ganz unter uns, liebes Tagebuch, der Goethe sieht nicht ganz so gut aus wie auf seinen Porträts. Ich hab ihn abends erst mal heimlich gezeichnet, in Kohle. War nicht ganz leicht, weil meine Augen ja bekanntermaßen nicht die besten sind und alle immer ganz gemessenen Abstand zum Goethe halten müssen, das scheint eine Marotte von ihm zu sein.

Morgen ist die erste Unterrichtsstunde. Ich bin gespannt, was der Herr Geheimrat zu meiner Ballade sagt!

Burg Hülshoff, 21. September 1820

Liebes Tagebuch,

es gibt viel zu berichten!

Heute gab es einen furchtbaren Streit, und jetzt kann ich nicht schlafen, weil Margret so laut weint, nebenan, in ihrer Dienstbotenkammer, darum bin ich noch einmal aufgestanden und schreibe noch ein wenig Tagebuch.

Margret hatte nämlich beim Silberputzen mindestens ein Dutzend Kerzen verbraucht, und Mama hat gesagt, das sei eine gotteslästerliche Verschwendung und dass sie Margret vor die Tür setzen wird. Margret ist sofort in Tränen ausgebrochen und hat geweint, sie brauche nun mal mehr Licht bei der Arbeit und dass sie bleiben will, weil doch niemand anders sie in Stellung nehmen wird. Darauf hat Mama gesagt, das geschehe ihr recht. Durch unseren hohen Besuch herrscht ziemlich Chaos im Haus. Der Herr Geheimrat verbraucht morgens ganz viel Wasser, Margret schimpft, weil sie immerfort rennen muss, der Kammerdiener steht bloß faul daneben, aber ich glaube, Margret mag ihn trotzdem. Er hat ihr erzählt, dass der Goethe sich so wegen seines fehlenden Schneidezahns geniert und deswegen alle Abstand halten sollen.

Aber erst mal zu meiner ersten Unterrichtsstunde.

Ich las dem Herrn Geheimrat den Anfang meiner Ballade vor, und als ich fertig war, guckte er ganz komisch. Er sagte dann ganz oft »hm, hm«, und dann sagte er, nun ja, dass der Burgpark sich vor dem Morgenlicht fürchtet, leuchtet ihm persönlich nicht so ein, so ganz grundsätzlich müsse ich wissen, dass bei der Ballade etwas wirklich Unheimliches im Zentrum stehen muss. Um mir das zu erklären, deklamierte er mir dann eine von seinen Balladen, die fand ich aber gar kein bisschen unheimlich, es ging um einen Mann, der baden will, und die Wanne läuft ihm über, und er hat zu viele Besen, also bitte. Bei dem, was er nachher so alles vorlas, hörte ich gar nicht mehr richtig zu, ich dachte mir nur, wenn man erst mal Goethe heißt und Geheimrat und geadelt ist und überdies den »Werther« geschrieben hat, dann kann man wahrscheinlich schreiben, was man will, dann drucken die Leute alles von einem, und gekauft wird es auch. Gemein ist das. Auf jeden Fall bedankte ich mich dann artig, als der Herr Geheimrat eine Pause machte, und er sagte, bis morgen solle ich mir etwas wirklich Grausiges überlegen.

Ich hab überlegt, so richtig grausig ist's ja hier im linden Münsterland nicht, ich werde wohl eine andere Landschaft zu Hilfe nehmen müssen, und dann muss etwas Schreckliches passieren, ein Mord vielleicht. Morde find ich gut.

Ach, und dann ist mir heute noch etwas Seltsames aufgefallen, was ich mir nicht erklären kann. Der Herr Geheimrat hat vor irgendetwas Angst, große Angst. Er zuckt zusammen, wenn im Hof ein Pferd wiehert, und manchmal reißt er unvermittelt voller Schreck die Augen auf. Vielleicht wird er verfolgt, doch von wem? Ich wüsste gern, vor wem ein Mann wie Johann Wolfgang von Goethe Angst hat.

Oh, es klopft ... Wer mag das wohl sein, mitten in der Nacht?

Da bin ich wieder, liebes Tagebuch. Das war die Margret. Sie hat endlich zu Ende geheult wegen der Mama und wollte mir nur noch sagen, dass der Kammerdiener vom Goethe sie zu einem Spaziergang eingeladen hat, erst hatte sie abgesagt von wegen Anstand, aber jetzt, wo die Mama so gemein zu ihr war, pfeift sie auf Anstand und geht doch hin. Soll sie.

So, liebes Tagebuch, der Morgen rötet sich schon, ich fange noch eben mit der Überarbeitung meiner Ballade an, ehe ich aufstehen muss.

Auf bald!

Burg Hülshoff, 22. September 1820

Liebes Tagebuch,

also, bei Margret und dem Kammerdiener geht es jetzt, glaube ich, zur Sache. Ich sah Margret eben mit aufgelöstem Mieder in die Küche huschen, eine Rose hatte sie auch, die hielt sie selig ans Gesicht gepresst. Nichts gegen romantische Gesten, aber der Kammerdiener muss sie in unserem Garten gebrochen haben, das finde ich nicht schön von ihm.

Doch jetzt zur zweiten Unterrichtsstunde. Ich habe eine wunderbare Ballade geschrieben, sehr unheimlich und mit einem herrlichen Mord, aber der Herr Geheimrat war dann doch nicht zufrieden. Er sagte wieder sehr oft »hm, hm«.

Er komme jetzt zum nächsten wichtigen Punkt. Wahre

Dichtung müsse nämlich historisch sein. Das heißt, der Dichter muss das erlebt haben, nicht ganz genau so, aber eben historisch. Das sei der Ursprung. Und mir merke man leider an, dass ich das nicht echt und historisch erlebt hab, was ja auch kein Wunder sei bei einem Freifräulein, das habe natürlich einen eingeschränkten Blickwinkel auf die Welt, darum können ja Frauen auch nicht schreiben, höchstens über Blumen.

Und dann dieser Mord, der sei ganz schlecht, sagte Goethe. Geschichten mit Morden, das fände kein Publikum, das sei keine Literatur, und das Publikum möge das auch nicht, das wolle er mir gleich zu Anfang sagen. So richtig gute wertvolle Literatur könne eben unheimlich sein, ohne dass es zu Morden kommt, ein Mord sei ein eher billiges Mittel, um Spannung zu erzeugen, und er verwies wieder auf seine langweilige Ballade mit dem Mann, der baden will.

Der Goethe sah aber nachdenklich aus, als er das sagte, und dann nahm er mir meine Notizen weg und sagte, ich solle jetzt mal was anderes schreiben, eine kreative Hausaufgabe, etwas über eine Blume. Und es solle Versform haben, nicht Kraut und Rübchen wie bei meiner Ballade, sondern Assonanz, Alliteration, was man mir halt so beigebracht habe. Vielleicht ein paar schöne bildliche Vergleiche, so etwas sei nicht schlecht.

Nun gut, liebes Tagebuch, ich schreibe also heute Nacht ein Blumengedicht. Vielleicht eins über eine Rose.

Noch etwas gibt es zu berichten: Ich weiß jetzt, wovor der Herr Geheimrat sich fürchtet. Heute wieherte wieder ein Pferd, und er wurde ganz fahl, da wollte ich ihn beruhigen und sagte, das sei nur die Post, da befiel den Herrn Geheimrat ein Zittern und ein Klappern wie bei einem losen Fensterladen im Sturm (schöner bildlicher Vergleich, oder, liebes Tagebuch?). Margret brachte ihm dann einen Brief, er erhob sich hastig und floh. Von wem mag der Brief wohl sein? Wer hat eine solche Macht über einen großen Dichter wie Johann Wolfgang von Goethe?

So, liebes Tagebuch, jetzt fange ich mit dem Gedicht an. Ich nenne es »Die Rose von Hülshoff«, und ich habe schon eine Idee …

L   bs T
Es w
Meiner Ver   mit dem Geh-
fast   g   d k

Ich weine, liebes Tagebuch. Meine Tränen netzen diese Seiten und schwemmen die ganze schöne Tinte weg.

Der Herr Geheimrat war streng und ungerecht. Mein Rosengedicht sei sehr damenhaft, es zeige, dass ich Sinn fürs Schöne, aber keinen Sinn für die Kunst besäße, und in der Wahl meiner Stilmittel sei ich naiv, völlig naiv, dieses »Röslein, Röslein« in der ständigen Wiederholung, das gehe dem Leser auf den Wecker, und diese Verkleinerungsformen, das sei was für Teekränzchen, dort sei mein Platz und jetzt sei gut, er habe es versucht, ich habe kein Talent, mehr könne die Adele Schopenhauer nicht von ihm verlangen. Ich wollte widersprechen, aber er sagte, ich hätte jetzt unter seiner tätigen Mithilfe immerhin ein nettes Gedichtchen geschrieben, das könne ich in Kreuzstich auf ein Tüchlein sticheln oder was Damen sonst so machen, ihm reiche es, er habe jetzt wieder zu arbeiten.

Ich widersprach erneut und sagte, er solle mir ja eben beibringen, wie man echte, unheimliche, historische Balladen schreibt, und da verlor er die Geduld und schrie, wenn er es der Adele nicht versprochen hätte, würde er niemals seine kostbare Zeit mit einem derart unbegabten Frauenzimmer wie mir vergeuden, und dann hieß er seinen Kammerdiener zusammenpacken und brüllte, er werde noch vor Morgengrauen das Haus verlassen, er habe Besseres zu tun, immerhin erwarte die Welt eine neue große Ballade von ihm.

Ich weinte und flehte, er möge den Unterricht fortführen, immerhin hätte ich wirklich Fortschritte gemacht, aber er schickte sich an, das Zimmer zu verlassen, und als ich ihm hinterherlaufen wollte, nahm er die Zierteller von der Wand und warf sie nach mir.

Jetzt ist er weg, und ich bin verzweifelt, denn wie soll ich jetzt meine Ballade schreiben, so ganz ohne Hilfe?

Burg Hülshoff, 1. Oktober 1820
Liebes Tagebuch,

eine Woche ist seit der Abreise des Herrn Geheimrats schon vergangen. Mama war ein wenig erbost wegen seines plötzlichen Aufbruchs und wegen der zerdepperten Zierteller. Und heute, stell dir vor, da wiehert das Pferd im Hof, und wie die Post kommt, ist ein Brief an den Herrn Geheimrat dabei, mir schien, es war dasselbe Siegel wie das, das damals solchen Schrecken verbreitet hat. Ich war sehr neugierig. Margret hat ja strikte Anweisung erhalten, sie solle alle seine Post nachschicken an ein Gasthaus im Venner Moor, aber Margret war nicht da, vermutlich saß sie wieder in ihrer Dienstbotenkammer und heulte sich die Augen aus wegen dem Kammerdiener.

Entschlossen erbrach ich das Siegel und las. Der Brief war sehr interessant. Der Absender war ein gewisser Johann Friedrich Cotta, der anscheinend der Verleger vom Herrn Geheimrat ist.

Er, also der Verleger, freue sich sehr, dass der Aufenthalt auf dem Lande sich so inspirierend auf ihn, also den Goethe, auswirke, besonders nach dieser unverzeihlich langen Schaffenspause. Das Gedicht mit der Rose gehöre zu dem Besten, was der Her Geheimrat seit seinem »Werther« fabriziert habe, dieses »eindringliche Röslein, Röslein, Röslein rot« in dieser unvergleichlich frischen Naivität, ganz wie von einem jungen Mädchen ... Diese Originalität! Das Publikum werde es lieben, und er habe es bereits in Druck gegeben. Nur den Titel habe er geändert, »Rose von Hülshoff«, das gehe gar nicht, dieser westfälische Mief, den das arme Röslein damit verströme, lasse sich schlecht vermarkten, er schlägt »Heideröslein« vor. Einverständnis des Herrn Geheimrats habe er einfach mal vorausgesetzt, immerhin sei der Lokalfaktor beim Verkauf ja ganz entscheidend. Ansonsten freue er sich, dass der Herr Geheimrat ja offenbar wieder gut dabei sei, das sei ein guter Zeitpunkt, um ihm noch einmal die Fortsetzung vom Wilhelm Meister in Erinnerung zu rufen, das Publikum verlange danach, man könne als Titel etwas mit hohem Wiedererkennungswert nehmen, er schlüge »Wilhelm Meisters Wanderjahre« vor. Und wegen der zugegebenermaßen nachlassenden Spritzigkeit seiner erzählenden Prosa möge der Herr Geheimrat sich keine Gedanken machen, das Publikum sei tolerant und es liebe ihn, vor allem aber liebe es nun mal Serien, und die Lektoren seien ja auch noch da und würden das Kind schon schaukeln. Er verbleibe mit besten Grüßen, und nebenbei, was denn die angekündigte Ballade mache, er sei schon ganz gespannt.

Ich faltete den Brief einigermaßen überrascht zusammen und überlegte. Das war also der Mann, der so viel Angst und Schrecken verbreitete. Cotta, der Verleger. Daran, dass die »Rose von Hülshoff« jetzt unter einem anderen Titel und vor allem unter Goethes Namen erschien, konnte ich ja offenbar nichts mehr ändern. Aber … Ich konnte es mir bezahlen lassen. Ich würde den Herrn Geheimrat im Venner Moor aufsuchen und ihn zwingen, mit dem Balladenunterricht fortzufahren. Jetzt war er in meiner Hand. Laut brüllte ich nach Margret.

Also, liebes Tagebuch, gleich geht es los, Margret packt eben die Koffer, was wir der Frau Mama erzählen, weiß ich noch nicht so recht, aber schnell muss es gehen, im Hof scharren schon die Pferde mit den Hufen.

Auf Wiedersehen im Venner Moor, liebes Tagebuch!

Venner Moor, 4. Oktober 1820

Liebes Tagebuch,

herrlich ist's hier im Moor und auch ein wenig schaurig.

Das Gasthaus haben wir schnell gefunden. Ich zeigte dem Wirt meine Kohlezeichnung vom Goethe, und der wiegte den Kopf und meinte, ganz sicher sei er nicht, weil der Herr immer Wert auf gemessenen Abstand zu allen Leuten legte, außer zu seinem Diener. Da wusste ich: Jetzt hab ich ihn. Während die Margret unsere Koffer ins Zimmer brachte, erzählte ich dem Wirt noch schnell das mit dem Schneidezahn.

Die Margret traf inzwischen oben bei den Zimmern den Kammerdiener und kam dann mit einiger Verspätung und mit hochroten Wangen wieder und berichtete, der Herr Geheimrat sei im Moor, wegen der Inspiration für seine neue Ballade. Wir rannten los. War echt nicht schlecht, so übers Moor zu gehn, ja, sogar schaurig. Es war auch viel zu sehen, Heiderauche, Röhricht, Riesenhalme, ja, gar eine gespenstige Melodei hab ich gehört, und nach Torf roch es, wirklich sehr interessant alles, aber nicht gerade das, was wir suchten, wir suchten ja den Herrn Geheimrat. Und wir fanden ihn.

Er saß auf einem Baumstamm und studierte ernst seine Notizen. Er war ganz schön überrascht, uns zu sehen, mich und Margret. Ich schrie dann gleich los.

Über das mit dem Röslein zuckte der Herr Geheimrat nur die Achseln, Schiller habe, als er noch lebte, auch wahnsinnig viel von ihm geklaut, beinahe alles eigentlich, so sei halt das Schriftstellerleben. Ich sagte, für jemanden, der jungen Freifräulein Gedichte klaut, schlage der Herr Geheimrat einen ganz schön frechen Ton an, ob das sein Verleger schon wüsste, die Adresse hätte ich ja jetzt. Da weinte der Herr Geheimrat und sagte, ich hätte ja keine Ahnung, immer sitze ihm der Verleger im Nacken wegen der Fortsetzung, was er denn machen solle, der Herr Cotta wolle, dass er einfach immer weiterschreibe, und niemand frage ihn, wie es ihm, also dem Herrn Geheimrat, dabei gehe, und das Publikum, das wolle keine Kunst, das Publikum wolle Serien, am besten noch mit Lokalfaktor, wegen der Vermarktbarkeit.

Ich sagte, das sei mir doch ganz egal, alles, was ich wolle, sei, dass wir weiter Balladenunterricht machen, ob wir damit beginnen könnten, hier und jetzt. Da lachte der Herr Geheimrat ganz gehässig auf und sagte, ich habe es wohl nicht verstanden, wahre Dichtung müsse historisch sein, und ich als Frauenzimmer habe da nun mal schlechte Karten, ich erlebte ja nun mal leider nichts von Belang. Ich fragte, ob es denn nicht viel eher um Originalität gehe, und ich dachte dabei an den Brief über das Röslein.

Da grinste der Her Geheimrat bloß und schwang sich aufs Pferd, Originalität gebe es ohnehin nicht, sagte er, nur Echtheit, und er schickte sich an, davonzureiten, dann aber sagte er gar nichts mehr, weil ich ihn mit dem Spazierstock traf, mitten zwischen die Augen, er riss sie auf und sah mich an, dann fiel er vom Pferd wie ein Sack und versank im Moor.

Ich stocherte noch ein wenig nach, um seine schöne Perücke zu retten, zum Glück gelang es mir. Ich gab sie Margret und die bugsierte sie vorsichtig in ihren Muff, sie war nur ein wenig schmutzig geworden. Gerade wollten wir los, zurück zum Gasthaus, da hörten wir hinter uns ein grauses Schmatzen im Moor, als der Herr Geheimrat noch einmal auftauchte und den Mund öffnete für seine letzten Worte. Sie lauteten … Ach, liebes Tagebuch, es will mir nicht aufs Papier. Und außerdem, ein bisschen was muss ich ja auch für mich behalten, auch wenn ich Dir sonst alles anvertraue.

Das Komische ist, dass niemand mich verdächtigen wird, weil der Geheimrat ja gar nicht fehlt.

Margret hat mich nämlich am nächsten Tag gerettet, und das kam so: Eigentlich wollte sie nur in das Zimmer des Geheimrats und seine Perücke zurückbringen, damit man die nicht bei mir findet. Dabei hat sie aber der Kammerdiener erwischt, doch das war nicht weiter schlimm, denn der fand ohnehin sie, also Margret, besser als den Herrn Geheimrat, und so kam sie erst auf die Idee … Er hat ihr dann auch geholfen, die Sache zu regeln. Es ist erstaunlich einfach, Margret hat nur die Perücke vom Herrn Geheimrat aufgesetzt, seine Kleider an und ordentlich Schminke ins Gesicht. Und weil ja ohnehin niemand nah an ihn herantreten soll, wegen seines fehlenden Vorderzahns, hat keiner den Unterschied gesehen, selbst ich nicht, wenn ich es nicht gewusst hätte.

Die Margret hat sich doppelt gefreut. Einmal natürlich, weil sie endlich wen abgekriegt hat, den Kammerdiener nämlich, und dann auch, weil sie jetzt alle mit »Herr Geheimrat« ansprechen, und dann jeden Morgen ein heißes Bad und das viele gute Essen, ganz so, wie der Herr Geheimrat es immer gehalten hat. Und Kerzenlicht hat sie natürlich in Hülle und Fülle, zum Schreiben natürlich, und dazu muss sie kein Silber mehr putzen, das macht jetzt der Kammerdiener.

Der Kammerdiener, den hat sie sicher. Er wird dichthalten, denn wenn die in Weimar erst mitbekommen, dass da jetzt Margret unter all den Locken und dem Puder steckt, dann ist er seine Stellung los.

Burg Hülshoff, 13. Oktober 1820

Allerliebstes Tagebuch!

Bei mir klappt es jetzt wunderbar mit dem Schreiben. Seine Notizen hatte der Herr Geheimrat auf dem Baumstamm liegen lassen, die hab ich mir noch angeschaut, und siehe: Es waren meine eigenen, versehen mit ein paar mehr Assonanzen und Alliterationen. Die hab ich aber nicht übernommen, ich finde, Klauen gehört sich nicht unter Schriftstellern. Ich hab einfach eine neue geschrieben, das ging ganz leicht, jetzt, mit der neu gewonnenen historischen Erfahrung.

Ich nenne meine Ballade »Der Knabe im Moor«. Ein bisschen lasse ich sie aber noch in meiner Schublade ruhen; solange sie im Moor nach der verschwundenen Margret stochern, wäre eine Veröffentlichung nicht ganz so passend.

Ach, die Margret … Ein bisschen Oberwasser hat sie jetzt ja schon. Nach dem vielen Lob für das »Heideröslein« hat sie die Schubladen vom Herrn Geheimrat durchsucht und will aus den Resten noch eine Fortsetzung vom »Wilhelm Meister« stricken. Der Verleger freut sich schon, er hat ihr auch einen schönen Vorschuss gezahlt.

Manchmal allerdings wache ich nachts auf und höre wieder dieses grause Schmatzen, als ob der Herr Geheimrat hinter mir auftaucht. Dann liege ich lange wach und bange, was wohl mit mir geschehen ist, da im Moor. Und dann denke ich manchmal, dass ich meine arme Seele dort verloren habe und Margret ihre auch …

Aber dann trinke ich ein Glas warme Milch und denke an Margrets Vorschuss auf den Wilhelm Meister und an meine herrliche Ballade, die irgendwann erscheinen und meine großartige Dichterinnenkarriere einleiten wird. Schon geht's mir wieder gut.

Ich finde, eine Seele ist ein geringer Preis für eine echte historische Erfahrung.

Ach, eins noch: Den Mord hab ich in der Ballade natürlich weggelassen. Denn mal ehrlich: Geschichten mit Mord – dafür gibt's doch kein Publikum!

über die Autorin

Judith Merchant wurde in Bonn geboren und studierte dort
und in Münster Literaturwissenschaft. In einer Schreibkrise
ihrer Doktorarbeit entstanden erste Kurzgeschichten, gleich
die erste erhielt 2009 den begehrten Friedrich-Glauser-Preis.
2011 erhielt sie diesen erneut für »Annette schreibt eine Ballade«. Mit »Nibelungenmord« und »Loreley singt nicht mehr«
startete sehr erfolgreich ihre Krimireihe um Jan Seidel, die mit
»Rapunzelgrab« fortgesetzt wurde. Außerdem erschien mit
»Die Lügen jener Nacht« ihr erster psychologischer Span-
nungsroman. Sie ist Mitglied des Syndikats, einer Vereinigung
deutschsprachiger Krimiautoren. Judith Merchant lebt mit
ihrer Familie in Bonn am Rhein.

Mehr zur Autorin unter www.droemer-knaur.de

Lust auf weitere Hochspannung mit
Judith Merchant?

Die Lügen jener Nacht
Roman

Als sie zur Hochzeit ihrer Studienfreundin geladen wird, ist Mimi zunächst skeptisch – hat sie doch den Kontakt lange sträflich vernachlässigt. Doch unerwartet herzlich wird sie im alten Freundinnenkreis aufgenommen, und spätestens nach der Junggesellinnenparty im nächtlichen Schwimmbad ist es, als sei sie nie fort gewesen. Am nächsten Morgen aber bringt ein entsetzlicher Vorfall alles ins Wanken, und Mimi beschleicht ein furchtbarer Verdacht: Hat man sie nur zur Hochzeit eingeladen, um ihr den Mord in die Schuhe zu schieben?

Rapunzelgrab
Kriminalroman

Ein Märchenmord! Das ist Kriminalhauptkommissar Jan Seidels erster Gedanke, als er zum Tatort nach Rheinbach gerufen wird. Am Fuße des verwunschenen Hexenturms liegt eine Frauenleiche mit langen blonden Zöpfen. Bald stellt sich heraus, dass das Opfer an einer rätselhaften Krankheit litt: dem Rapunzelsyndrom. Die Ermittlungen führen zu einem Zirkel von Schriftstellern, die einiges zu verbergen haben. Und zu einem Roman, der besser nie geschrieben worden wäre.

Wolfram Fleischhauer

Torso

1

Martin Zollangers Handy klingelte um 4:37 Uhr. Er war bereits wach. Er schlief schon seit vielen Jahren schlecht, wachte nachts fast jede Stunde auf, den Blick auf das rot leuchtende Display seines Weckers gerichtet, der stets derartige Zeiten anzeigte. Aus dem nächtlichen Tiergarten drang kein Laut, und die einzigen Geräusche, die in der Dunkelheit zu vernehmen gewesen waren, bevor das Handy zu summen begann, waren das leise Rauschen der Zentralheizung und das leichte Pfeifen seines Atems.

Das Pfeifen war nicht immer da. Manchmal blieb es wochenlang aus. Dann plagte es ihn plötzlich über mehrere Tage und Nächte. Er hätte längst zum Arzt gehen sollen. Aber er schob es hinaus. Mit einundsechzig ging man nicht mehr so gern zum Arzt.

»Martin?«

Zollanger hatte Udo Brenners Stimme sofort erkannt. Der Grund, warum Udo ihn um diese Zeit anrief, war nicht erklärungsbedürftig. Daher fragte er nur:

»Wo?«

»Lichtenberg«, lautete die Antwort.

»Mann? Frau?«

»Offenbar schwer zu sagen. Wir sollen gleich kommen.«

Zollanger saß bereits aufrecht im Bett.

»Thomas und Sina sind schon hier«, erklärte Udo Brenner. »Harald und Günther sind auf dem Weg. Nur Roland habe ich noch nicht erreicht. Aber seine Frau sagt ihm Bescheid.«

Seine Frau, dachte Zollanger. War Roland Draeger nicht geschieden? Offenbar hatte er die neueste Entwicklung im Leben seines jüngsten Mitarbeiters nicht mitbekommen.

Fünf Minuten später war er angezogen und auf dem Weg in die Tiefgarage. Die Fahrbahn war nass, aber es regnete nicht, als er die Auffahrt zur Bartningallee hinauffuhr und dann auf die Altonaer Allee einbog. Acht Minuten später parkte er im Innenhof des Dienstgebäudes in der Keith-straße.

Als er die Büroräume der siebten Mordkommission erreicht hatte, traf er auf Sina Haas und Thomas Krawczik. Sie hatten ihre Dienstwaffen geholt und waren einsatzbereit. Harald Findeisen und Günther Brodt, die beiden Tatortleute, hatten den Mordbus genommen und waren bereits losgefahren. Udo Brenner war mit ihnen aufgebrochen. Als Zollanger seine Waffe geholt hatte, kam endlich auch Roland Draeger an. Damit waren sie komplett. Es wurde nicht viel gesprochen. Draeger und Krawczik nahmen einen Dienstwagen. Sina fuhr bei Zollanger in dessen privatem Pkw mit. Zollanger fuhr zügig, ließ das Blaulicht jedoch ausgeschaltet. Die Straßen waren noch so gut wie leer. Der Berufsverkehr würde erst in einer Stunde beginnen.

»Weißt du Genaueres?«, fragte Sina.

»Nur, dass das Opfer offenbar schlimm zugerichtet ist. Udo hat gesagt, sie wüssten nicht einmal, ob es ein Mann oder eine Frau ist.«

»Mittlerweile wissen sie's.«

»Und?«

»Frau«, sagte Sina. »Beziehungsweise Reste davon.«

»Wer ist dort?«

»Kripo Lichtenberg.«

»Kennen wir die Kollegen?«

»Ich nicht. Karlow und Teschner.«

Zollanger zuckte mit den Schultern. »Nie gehört.«

Sina gähnte und schaute aus dem Fenster. Der Nachtclub gegenüber dem Bundesratsgebäude entließ ein Grüppchen Clubgäste. Die hell erleuchteten Schaufenster der Friedrichstraße trieben vorüber. Dann meldete sich Udo Brenner über Funk.

»Wir sind vor Ort, Chef. Soll ich kurz berichten?«

Zollanger überlegte kurz. »Ist die Sache eilig?«

»Sieht nicht so aus«, meinte Brenner. »Seltsam. Aber nicht eilig.«

»Gut. Dann warte, bis ich da bin.«

Sina schaute zu Zollanger hinüber. Der schaltete den Funk ab.

»Feind hört sicher mit«, sagte er. »Die Presse rückt uns schon noch früh genug auf den Leib.«

Zwölf Minuten später trafen sie vor Ort ein. Brodt und Findeisen hatten den Mordbus halb auf dem Gehsteig hinter den zwei Streifenwagen vor dem Gebäude geparkt. Der Wagen der Kripo stand in zweiter Reihe daneben, der von Roland und Thomas auf der anderen Straßenseite. Zollanger lenkte seinen Wagen auf die freie Stelle daneben.

Karlow und Teschner erwarteten Zollanger am Mordbus. Die anderen standen dabei und stellten ihre leise Unterhaltung ein, als Zollanger und Sina zu ihnen traten.

»Sie sollten sich das lieber selbst ansehen, bevor wir es Ihnen zu schildern versuchen«, sagte Karlow.

»Wo ist die Leiche?«, fragte Zollanger.

Karlow deutete auf das Gebäude. »Dort oben. Achter Stock.«

»Waren Sie beide da?«

»Nein, nur ich«, erwiderte Teschner.

Harald Findeisen verteilte Gummihandschuhe und weiße Einwegüberschuhe. Günther Brodt hantierte an seiner Kamera herum und schaltete den Blitz ein. Ein leises Fiepen ertönte. Zollanger öffnete eine Klappe an der Innenseite des Busses und holte eine Taschenlampe heraus.

»Ich gehe jetzt erst einmal mit Harald und Günther alleine hoch«, sagte er. »Kollege Teschner, zeigen Sie uns bitte den Weg.«

Er wollte sich erst ein Bild von der Sache machen. Ein Bild! Hätte dieser Teschner ihn nicht warnen können. Sie gingen im Gänsemarsch den Trampelpfad entlang. Immerhin hatten die beiden Kripoleute gut reagiert und einen Weg auf Asphalt gewählt, auf dem keine Spuren zu erwarten waren. Sie näherten sich dem Haupteingang von der Seite. Die Fläche vor dem Gebäude war teilweise aufgerissen. Mit etwas Glück könnte man dort später Fußspuren im aufgeweichten Untergrund finden.

Bevor sie das Treppenhaus betraten, flimmerte plötzlich etwas vor Zollangers Augen. Er blieb stehen und richtete den Strahl der Taschenlampe nach vorn. Lautlos schwebten vereinzelte Schneeflocken zu Boden.

»Es gibt zwei Treppenhäuser«, sagte Karlow. »Wir müssen das östliche nehmen. Hier entlang.«

2

Elin wartete bereits seit einer Stunde. Die Holzbank begann allmählich unbequem zu werden, aber sie blieb sitzen. Behörden, dachte sie. Immer das Gleiche. Sozialamt. Arbeitsamt. Ausländerbehörde. Immer hatte man dort alle Zeit der Welt. Klar. Schließlich war die Zeit derer, die hier aufkreuzten, völlig wertlos. Null. Bei den Bullen war es offenbar ebenso.

Ihr Termin war um zehn Uhr gewesen. Jetzt war es fünf vor elf, und noch immer war keine Frau Wilkes erschienen, um sie abzuholen. Frau Wilkes. Was interessierte sie Frau Wilkes. Sie hatte einen Termin mit einem gewissen Zollanger. Hauptkommissar. Der hatte die Antworten auf ihre Fragen. Keine Frau Wilkes.

Elin stand auf und vertrat sich ein wenig die Beine. Der Aufpasser in seinem Glaskasten neben der Treppe schaute kurz zu ihr auf, widmete sich jedoch dann wieder seiner Zeitung. Ein grünes Lämpchen im Querbalken des Metalldetektors blinkte sinnlos vor sich hin. Elin setzte sich wieder.

Zum hundertsten Mal überlegte sie, wie sie beginnen würde. Mit Erics letztem Besuch bei ihr in Hamburg? Mit seiner merkwürdigen Verfassung? Nein. Das wussten die ja. Und es passte zu ihrer Selbstmordtheorie. Eric sei depressiv gewesen. Und hoch verschuldet. Ergo.

Sie biss die Zähne aufeinander und versuchte, nicht an dieses letzte Treffen zu denken. Aber es gelang ihr nicht. Als sei es gestern gewesen, sah sie ihn auf der Matratze ihres Zimmers in der Hafenstraße sitzen, hager, mit Dreitagebart, aufgekratzt wie immer und dennoch irgendwie völlig verändert. Seine blauen Augen strahlten, wenn er von seinen Projekten erzählte. Seine drei Handys steckten in Ledertaschen an seinem Gürtel. Sein ewiger Begleiter, ein Ledermäppchen mit winzigen Schraubenziehern, mit denen man jeden PC aufbekam, lag neben seinem schwarzen Rucksack. Das war Eric. Drei Handys und ein paar Uhrmacherschraubenzieher. Und seine immergleichen Fragen, warum sie in so einem Slum wohnte, noch immer für die soziale Revolution kämpfen wollte, anstatt in die technische mit einzusteigen. Die wahre Subversion finde heute nicht auf der Ebene von Betriebsräten, sondern auf der Ebene von Betriebssystemen statt. Die

Waffe gegen das System sei nicht mehr die Faust, sondern der Quellcode. Und so weiter.

Das hatte er schon immer erzählt. Aber bei diesem letzten Besuch vor vier Monaten hatte es nur noch wie eine Tonspur geklungen, eine Ansammlung von Phrasen über einem tiefen Schweigen. Aber sie hatte ihn nicht darauf angesprochen. Eric war Eric. Ihr großer Bruder. Der einzige Mensch, der ihr wirklich etwas bedeutete. Der Neunjährige, der neben ihr gestanden hatte am Grab ihrer Mutter, der ihre Hand hielt, ihr zuflüsterte, dass er sie niemals verlassen würde. Der Zwölfjährige, der ihr erklärte, dass Papa nichts dafür konnte. Dass Papa ein verzweifelter Mensch sei und sie Mama zuliebe Geduld mit ihm haben müssten. Der Fünfzehnjährige, der sie nicht verriet, als sie weglief. Und der Achtzehnjährige, der ihr das Leben gerettet hatte.

Eric war ihre einzige Verbindung zu dieser anderen Welt gewesen. Der Welt der Fleischfresser und Geldbenutzer. Der Macker und Tussis. Der Soistesnunmals und Kannmannichtsmachens. Auch wenn er dazugehörte. Auch wenn er im Grunde genauso wie Papa war mit seinen Frauengeschichten, seiner Oberflächlichkeit. Eric, das waren ein Paar Designerjeans und ein Laptop. Papa ein Designerhemd und ein Fotoapparat. Ihr Papa, Edmund Hilger, Platzhirsch unter den Hamburger Modefotografen. Mit dreiundzwanzig bei der Vogue. Mit vierundzwanzig hatte er die schwedische Vizeschönheitskönigin Marie Svensson erst fotografiert, dann geschwängert, geheiratet und schließlich erfolgreich zu Tode betrogen. Oder woher bekam eine zuvor kerngesunde, bildschöne Frau mit dreiunddreißig Jahren plötzlich Krebs, wenn nicht von Edmund Hilgers verlogenem Ego. Ja, davon hatte Eric durchaus auch etwas gehabt. Aber es war eben auch etwas von Marie Svensson in ihm gewesen, etwas

214

Menschliches, ein Herz vielleicht oder eine Seele, irgendetwas in dieser Art, das Edmund Hilger nicht einmal vorgab zu besitzen.

Aber sollte sie das diesem Herrn Hauptkommissar erzählen? Ihre und Erics Familiengeschichte. Früher Tod der Mutter. Verhältnis zum Vater zerrüttet. Tochter jahrelang Straßenkind und heute in der Hamburger Attac-Szene. Hausbesetzerin. Militante Vegetarierin. Sohn in der Computerbranche, gescheiterter Existenzgründer. Ergo: Selbstmord.

»Frau Hilger?«

Sie hatte die Frau gar nicht kommen sehen. Elin erhob sich. Die Frau trat unwillkürlich einen Schritt zurück. Elin schaute auf sie herab. Sie spürte, wie der Blick der Beamtin sie scannte. Das kleine Bindi zwischen ihren Brauen! Die kurzen blonden Haare. Die Lederjacke.

»Wilkes«, sagte die Frau jetzt. »Es tut mir leid, aber Herr Zollanger kann Sie heute nicht empfangen. Er ist bei einem Einsatz. Ich muss Sie bitten, ein anderes Mal wiederzukommen.«

»Wann?«

»Sie müssten einen neuen Termin ausmachen. Vielleicht am Montag per Telefon.«

»Ich habe zehn Tage auf diesen Termin gewartet.«

»Ja. Und wir können es uns nicht aussuchen, wann in Berlin Straftaten begangen werden. Worum geht es denn überhaupt?«

Elin versuchte, sich zu beherrschen, aber es fiel ihr schwer. Montag. Drei Tage. Sie hatte Pläne gehabt für das Wochenende. Pläne, über die sie mit diesem Bullen hatte sprechen wollen.

»Es geht um meinen Bruder. Eric Hilger. Hier ist das Aktenzeichen.«

Sie gab der Frau einen Zettel. Die schaute das Papier verständnislos an.

»Ich begreife gar nicht, wieso er Sie überhaupt hat herkommen lassen. Über Ermittlungssachen kann er gar nicht mit Ihnen sprechen.«

»Er hat den Tod meines Bruders untersucht. Warum sollte er nicht mit mir sprechen?«

»Weil er es nicht darf. Sie müssen sich an die Staatsanwaltschaft wenden, beziehungsweise Ihr Anwalt.«

Elin atmete einmal tief durch, bevor sie weitersprach.

»War die Staatsanwaltschaft vielleicht im Tegeler Forst?«, fragte sie.

»Frau Hilger, das kann ich Ihnen nicht sagen. Ich weiß nur …«

»Aber ich kann es Ihnen sagen: Es war kein Staatsanwalt vor Ort, als mein Bruder gefunden wurde. Auch kein Gerichtsmediziner. Weil die Polizei von Anfang an von einem Selbstmord ausgegangen ist. Zwei Streifenpolizisten haben ihn einfach abgeschnitten und ins Leichenhaus gebracht. Es wurde überhaupt nichts richtig untersucht.«

Frau Wilkes schüttelte den Kopf.

»Da müssen Sie sich schon an die Staatsanwaltschaft wenden, liebes Mädchen. Hauptkommissar Zollanger wird Sie nicht empfangen, das kann ich Ihnen garantieren. Guten Tag.«

Elin schaute der Frau hinterher. Ihr Herz klopfte. Nach einer Weile bemerkte sie, dass sie den Umschlag in ihrer Hand fast zerdrückt hatte. Sie strich ihn glatt, schob ihn in ihren Rucksack, schulterte ihn mit einer wütenden Bewegung und verließ das Gebäude.

Das Schneetreiben hatte an Stärke zugenommen. Die Straßen waren weiß. Die Autos fuhren vorsichtig. Auf Elins Fahrrad türmten sich kleine Schneehauben. Sie strich den Sattel frei, öffnete das Schloss und fuhr Richtung Kanal davon.

Tanja Wilkes beobachtete sie aus ihrem Büro. Fahrrad, dachte sie. Bei diesem Wetter. Dann verfasste sie eine Notiz für den ersten Hauptkommissar und vergaß den Vorfall.

Re: Ihr Termin heute 10:00 Uhr mit Elin Hilger, Schwester des Verstorbenen Eric Hilger (Selbsttötung/Aktenzeichen 1 Kap Js 3412/01). Bez. Hilger um 11:08 Uhr in Ihrer Abwesenheit empfangen und an Staatsanwaltschaft verwiesen. Wird vermutlich nicht erneut vorstellig werden. Gez. Wilkes.

3

Zollanger hatte sich für seine Zigarettenpause in die siebte Etage zurückgezogen. Aber selbst hier verfolgte ihn dieses Ding. Er sah es vor sich, ganz gleich, wohin er schaute, wie es dort oben auf dem Boden lag, gut ausgeleuchtet, wie ein verdammtes Kunstwerk. Er konnte seine Kollegen im oberen Stock gut hören, wenn sie sich etwas zuriefen oder Material bewegten. Findeisen war dabei, letzte Fotos zu schießen. Draeger ordnete sichergestellte Spuren.

Zollanger hatte seinen weißen Schutzanzug geöffnet und die Handschuhe ausgezogen. Schade, dachte er, dass die Anzüge nicht über die Augen reichten. Auch nach nun fast vier Stunden verstörte ihn der Anblick immer noch. Ja, es schien ihm sogar durch die Betondecken hindurch hinterherzustarren.

Er blickte in das Schneetreiben hinaus und rauchte. Berlin-Lichtenberg lag sieben Stockwerke unter ihm, aber durch das Schneegestöber war die Sicht schlecht. Die Dächer der Türme am Frankfurter Tor waren schemenhaft zu erkennen. Der Alex war verschwunden. Wenn es früher zu schneien begonnen hätte, wäre das von Vorteil gewesen. Wer immer das Ding hier deponiert hatte, hätte wenigstens Fußspuren hinterlassen. So war der Schnee nur ein Störfaktor.

Er spürte, dass jemand neben ihn getreten war. Es war Udo Brenner.

»Willst du auch eine?«, fragte Zollanger, griff in seine Manteltasche und nestelte ein Päckchen Club-Zigaretten hervor.

»Frühstück wär mir so langsam lieber.«

»Unten gibt's Kaffee.«

»Ohne Fahrstuhl. Nee danke.«

Du mit deinen dreiundfünfzig wirst das ja wohl noch schaffen, dachte Zollanger, sagte aber nichts.

»Warum wohl ausgerechnet acht?«, fragte er stattdessen.

»Das wundert dich?«, gab Udo Brenner zurück. »Sonst nichts?«

Zollanger ließ seine Zigarette auf den rauhen Betonboden fallen, trat sie aus und steckte fröstelnd die Hände in seine Manteltaschen. Brenner hatte recht. Vor dem Frühstück schmeckten die Dinger nicht besonders. Nicht mal seine geliebten alten Ostzigaretten.

»Ich frage mich nur: Warum schleppen die Typen das Ding ausgerechnet ins achte Stockwerk? Warum nicht ins zehnte oder dritte? Es sieht doch überall gleich aus. Alle Wände weg. Alle Fenster. Rohbau sozusagen. Hätte es der dritte Stock nicht auch getan?«

Brenner zuckte mit den Schultern. »Du meinst also, es waren mehrere Männer?«

Knipste Findeisen da oben immer noch herum? Digitaltechnik, dachte Zollanger. Er war in einer anderen Welt groß geworden. Der Welt des Mangels. Da überlegte man, bevor man Bilder schoss, und knipste nicht einfach besinnungslos drauflos. Was nützten ihm Hunderte von Fotos von einem Torso?

»Frauen waren es sicher nicht«, sagte er.

»Warum?«

»So eine Scheiße macht keine Frau. Und das Ding wiegt gut und gerne vierzig Kilo.«

»Rollkoffer«, entgegnete Brenner. »Kein Problem heutzutage.«

»Ja. Da hast du auch wieder recht. Kein Problem.«

»Du traust Frauen zu wenig zu.«

Zollanger erwiderte nichts. Ein dunkelgrüner Kleinbus kam auf einmal unten auf der Straße herangekrochen. Die weiße Aufschrift auf der Seite war aus der Entfernung nicht zu lesen, aber Zollanger wusste auch so, was darauf stand: Landesinstitut für gerichtliche und soziale Medizin Berlin. Der Wagen schlich die Siegfriedstraße entlang, ein gut sichtbarer dunkelgrüner Kasten im bereits wieder schwächer werdenden Schneetreiben. Er kam neben den zwei Streifenwagen zum Stehen. Trotz des schlechten Wetters hatte sich eine kleine Traube von Schaulustigen gebildet, die immer wieder neugierig zu ihnen heraufschauten.

»Kriegen noch Genickstarre da unten«, brummte Brenner ungehalten. »Worauf warten die bloß? Leuchtreklame, oder was?«

Zollangers Handy klingelte.

»Ja?«

»Frieser hier. Wie sieht's aus?«

»Wir sind bald fertig, haben aber nicht viel«, sagte Zollanger. »Der Notruf kam aus einer Telefonzelle Siegfried-/Ecke Bornitzstraße. Männliche Stimme.«

»Anonymer Anruf also.«

»Ja. Das Gebäude wird demnächst abgerissen. Angeblich treiben sich oft Obdachlose darin herum, die manchmal auch hier übernachten. Wir haben jede Menge Müll gefunden, der vielleicht etwas hergibt. So, wie das Ding zurechtgemacht ist, sollte es wohl auch gefunden werden.«

»Haben Sie die Telefonzelle untersucht?«

»Auf dem Hörer sind die Fingerabdrücke von halb Lichtenberg. Ein Kondom lag auch in der Kabine. Gebraucht. Haben wir sichergestellt.«

»Na prima«, bemerkte Frieser. »Wir sollten in dieser Stadt dazu übergehen, es als sonderbar zu vermerken, wenn keine gebrauchten Kondome herumliegen. Sonst irgendwelche Auffälligkeiten?«

»Nein. Abgesehen von einem weiblichen Torso, in den jemand einen Gewindestab hineingerammt hat, um einen Ziegenkopf darauf aufzuspießen, ist hier nichts auffällig.«

Der Staatsanwalt verstummte für einen Augenblick. »Ich frage ja nur«, sagte er dann. »Hat Weyrich sich schon geäußert? Irgendwelche ersten Erkenntnisse, die uns helfen können?«

»Er vermutet, dass das Opfer in gefrorenem Zustand zerlegt wurde. Genaueres will er aber erst sagen, wenn er die Leiche im Institut untersucht hat. Der Wagen vom Institut ist gerade gekommen. Weyrich sitzt unten im Mordbus und trinkt Kaffee. Wollen Sie mit ihm sprechen, bevor er in die Invalidenstraße fährt?«

»Nein. Wir sehen uns ja nachher sowieso alle dort. Wann fahren Sie los?«

»Innerhalb der nächsten halben Stunde, hoffe ich. Ein paar Leute sind noch unterwegs und befragen die Anwohner, ob irgendjemand etwas gesehen hat. Sobald der Torso weg ist, brechen wir auf.«

»Also noch keinerlei Anhaltspunkt für eine Ermittlungsrichtung?«

»Wie ich schon sagte. Außer einem weiblichen Rumpf mit einem Ziegenkopf haben wir nicht viel.«

Brenner drehte die Augen zum Himmel, verbiss sich aber einen Kommentar. Staatsanwälte.

»Was sagen wir der Presse, falls jemand nachfragt?«, fragte Zollanger und lauschte in sein Handy nach einer Antwort. Es dauerte einige Sekunden, bis Frieser sich äußerte.

»Erst einmal gar nichts. Wir warten auf Weyrichs Bericht. Bisher wissen wir überhaupt nicht, womit wir es zu tun haben. Bis später.«

»Wo er recht hat, hat er recht«, sagte Zollanger.

Sie kehrten in den achten Stock zurück. Hinter sich hörten sie bereits die Schritte der Leute aus der Gerichtsmedizin. Das Ding lag noch immer an der gleichen Stelle. Zollanger ging langsam darauf zu.

Als sie den Rumpf heute Morgen gefunden hatten, lehnte er an einem der Betonpfeiler des Plattenbaus. Jetzt lag er auf einer hellen Plastikplane. Die Schnittstellen, wo die Oberschenkel abgetrennt worden waren, konnte man gut erkennen. Ebenso, dass es sich um den Rumpf einer Frau handelte. Abgesehen von den entsetzlichen Wunden, wo die Gliedmaßen entfernt worden waren, wies der Rumpf keine sichtbaren Verletzungen auf. Weder am Geschlecht noch an den Brüsten waren Spuren von Gewaltanwendung zu sehen. Ein Umstand, den Zollanger mit Erleichterung zur Kenntnis nahm. Immerhin nicht das. Keine zerschnittenen Geschlechtsteile. Keine Anzeichen von Folter oder so etwas. Oder vielleicht doch? Oder noch etwas Schlimmeres?

Wie alt mochte die Frau gewesen sein? Zwischen fünfundzwanzig und fünfunddreißig, hatte Weyrich spontan geschätzt. Und Weyrich hatte viel Erfahrung. Aber half ihm das? Zollangers Blick wanderte über den Torso hinauf bis zu der Stelle, wo alle Logik und Erfahrung abrupt endeten. Weyrich hatte den Ziegenkopf, der anstelle des menschlichen

Hauptes auf dem Hals saß, ein wenig nach oben geschoben, um die Befestigung sichtbar zu machen. Zollanger ging in die Hocke und blickte von unten in den Schädel des getöteten Tieres hinein. Er sah Wirbelknochen, einen Teil der Luftröhre, das Zungenbein und dazwischen eine grau schimmernde Gewindestange, die aus dem Schädel nach unten herauswuchs und tief in den Torso hineingerammt worden war. Eine banale Gewindestange, wie man sie in jedem Baumarkt kaufen konnte. Die Stoffbahnen, mit denen der Rumpf drapiert gewesen war, befanden sich bereits in Plastikbeuteln. Zollanger musterte die Beutel, die dunkelblaue Farbe des einen Tuches und die mattgoldene des anderen.

Zwei Männer mit einer Blechwanne erschienen auf dem Treppenabsatz. Zollanger erhob sich wieder und trat zur Seite. Von geräuschvollem Rascheln begleitet, wurde die Plastikplane über dem Ding zusammengefaltet. Die Männer wuchteten das Paket in die Blechwanne hinein.

Zollanger warf Brenner einen kurzen Blick zu. Der nickte nur. Er dachte wohl das Gleiche.

Rollkoffer?

Zollanger und Brenner folgten den Männern mit etwas Abstand nach unten. Als sie das Erdgeschoss erreichten, kam Sina Haas auf sie zu und reichte ihnen einen Becher dampfenden Kaffee.

»Danke, Sina. Nett von dir.«

»Keine Ursache, Chef. Ihr solltet schnell trinken, sonst gibt's nur Schneewasser.«

Sina war der angenehmste Neuzugang des letzten Jahres, dachte Zollanger. Eine Frau so ganz nach seinem Geschmack. Charmant ohne jede Koketterie. Sie stammte aus Dresden, hatte ein paar Semester Psychologie studiert, das Studium jedoch aus Geldnot abgebrochen. Sie war ehrgeizig und dank

ihrer psychologischen Kenntnisse äußerst kreativ bei der Fall-
analyse. Sie hatte im Grunde nur zwei Fehler: Sie war etwa
dreißig Jahre zu jung für ihn und außerdem fest liiert mit einem sympathischen und gutaussehenden Kinderpsychologen.

Zollangers Handy klingelte erneut.

»Ja.«

»Hier ist noch mal Frieser.«

»Was gibt's?«

»Sind Sie noch in Lichtenberg?«

»Ja. Aber schon so gut wie weg. Wir sind auf dem Weg ins
Büro.«

»Fahren Sie bitte sofort nach Tempelhof. Borsigzeile 44.«

»Herr Frieser. Wir haben vier Stunden Auswertungsan-
griff hinter uns.«

»Ja. Deshalb müssen Sie sofort hin. Es ist gerade noch so
ein Ding gefunden worden.«

»Was?«

»Ja, es klingt jedenfalls so ähnlich. Ich wiederhole: Borsigzeile 44. Es ist ein Nachtclub namens Trieb-Werk.«

Udo Brenner und Sina Haas schauten Zollanger neugierig
an.

»Was ist los?«, fragte Sina.

»Frieser. Wir haben noch so etwas. In Tempelhof.« Zollanger öffnete die Wagentür. »Udo. Sag Weyrich Bescheid. Er
und seine Leute sollen gleich mitkommen.«

4

Durch das Schneetreiben brauchte sie fast eine Dreiviertel-
stunde bis in den Wedding. Das Wetter zähmte den Autover-
kehr. Elin fuhr trotzdem nach Möglichkeit auf den Gehwe-
gen. Körperlich machte ihr das Wetter nichts aus. Sie trug

Thermounterwäsche. Ihre Drillichhosen ließen keinen Wind durch, ihre Lederjacke ebenso wenig. Sie war es gewohnt, bei Wind und Wetter Fahrrad zu fahren. Sie benutzte aus Prinzip kein anderes Verkehrsmittel.

Das Schering-Gebäude ragte vor ihr auf. Sie hielt vorsichtig an, zog einen Stadtplan aus ihrer Fahrradtasche und orientierte sich. Sie war erst seit zwei Wochen in Berlin. Im Vergleich zu Leuten, die sich mit der U-Bahn bewegten, hatte sie zwar bereits einen ganz guten Überblick über die Hauptachsen der Stadt. Doch die Namen der zahllosen Nebenstraßen waren ihr natürlich fremd. Und die, die sie jetzt suchte, konnte sie nicht einmal richtig aussprechen, geschweige denn im Gedächtnis behalten, obwohl sie schon zweimal hier gewesen war: Malplaquetstraße.

Das Internetcafé, das sie kurz darauf betrat, lag im dritten Stock eines Hinterhauses. Es war nicht das übliche Internetcafé. Die Leute, die hierherkamen, surften nicht nur im Netz, sondern knüpften kreativ und leidenschaftlich daran herum. In einem Nebenraum wurden Programmierkurse angeboten. An einer Pinnwand hingen Zettel mit Fragen und Aufrufen, die meisten in Computerchinesisch und fast alle mehr oder minder bedenklichen Inhalts. Hacking ist Kunst, stand auf einem Aufkleber. Kunst ist Menschenrecht. Daneben erfuhr man, dass die DRM-Knacker sich freitags um sieben bei Kalli trafen. Nur für Fortgeschrittene.

Elin war nicht fortgeschritten. Sie hatte gerade mal genug Ahnung von Computern, um mit E-Mails umzugehen oder sich in diverse Foren einzuloggen, in denen sie regelmäßig unterwegs war. Deshalb war sie hier. Um ihre Post zu erledigen. Um sich um ihre Leute zu kümmern. Und um jemanden zu treffen, der fortgeschritten genug war, um ihr bei ihrem eigentlichen Problem helfen zu können.

Es war nicht viel Betrieb, als sie den Raum betrat. Der Mann an der Kasse erkannte sie von ihren letzten beiden Besuchen wieder und buchte ihr einen Terminal.

»Du zahlst mit Promessen?«, fragte er nur.

Einer der Gründe, warum sie hierherkam.

»Ja.«

Sie verbrachte die ersten zehn Minuten damit, ihr Zeitkonto zu überprüfen. Elin boykottierte vieles, aber an erster Stelle auf ihrer Tabuliste stand Geld. Wann immer sie konnte, versuchte sie, ihre ohnehin sehr geringen Bedürfnisse durch Tauschen oder direkte Dienstleistungen zu befriedigen. Berlin bot dafür glücklicherweise eine ähnlich gut entwickelte geldlose Gemeinde an wie Hamburg. Sie loggte sich auf ein Tauschringkonto ein und buchte rasch einen kleinen Job, um die geforderten Währungseinheiten zu verdienen, die hier Promessen hießen. Eine alte Dame in der Birkenstraße suchte jemanden, der ihr heute ein paar Einkäufe erledigte. Elin akzeptierte das Angebot, überwies die Promessen für das Internetcafé, loggte sich wieder aus und überprüfte ihre E-Mails. Es waren dreiundzwanzig. Sie überflog die Absenderadressen, öffnete jedoch lediglich die Nachricht einer gewissen Alexandra.

Elin. Ich werde am Montag in Berlin sein. Wenn du willst, können wir uns treffen. Schwarzes Café? Zehn Uhr? Ich habe um zwölf einen Termin.
Gruß
Alexandra

Elin antwortete:
O. k. Danke.
Elin

Sie verschickte die Nachricht und schloss ihre E-Mail-Anwendung. Dann loggte sie sich bei den Nachtelfen ein. Bevor sie den Chatroom aufsuchte, lenkte sie ein Diskussions-Thread ab, den der Administrator irgendwo abgefischt und für alle als Warnung deutlich sichtbar eingestellt hatte. Elin las die Diskussion.

X-Ray schrieb:

Ich wollte mir selbst mal ein Bild von der Sache machen und habe mich in einem Pro Ana Forum angemeldet, was gar nicht so leicht war. Nun muss ich entsetzt feststellen wie eine tödliche Krankheit verherrlicht wird. Ich möchte mein Entsetzen gerne mit anderen teilen.

Ich habe ein account von einem Pro Ana Forum zu verleihen. Ich erwarte, dass die Personen denen ich mein account ausleihe sich unauffällig verhalten und so tun als ob die ein krankes Mitglied wären.

Violate schrieb:

Ich find das scheiße sich in so ein Forum einzuschleichen indem man irgendwelche Lügen über sich erzählt. Klar ist das schlimm wenn da Magersucht verherrlicht wird, aber die haben nicht umsonst solche Aufnahmeregelungen. Das was sie da schreiben soll eben nicht einfach jeder lesen können und die Mädels da verlassen sich wohl drauf dass das was sie den anderen mitteilen auch unter ihnen bleibt.

Elin scrollte weiter und wollte sich schon wegklicken, als ein Foto sie zusammenzucken ließ. Shewolf1313 hatte es unter folgendem Text eingefügt:

Mh, ich halte mich aus der Sache dort raus, aber es wäre keine schlechte Idee ... Ich selbst möchte nicht in das Board rein, sonst muss ich eventuell Threads lesen mit der Überschrift »Findet ihr mich fett?«, und dann taucht höchstwahrscheinlich so ein Bild auf:

Das Mädchen war nur Haut und Knochen. Es trug ein Tutu. Ein schmaler Gazestreifen war um die Brüste gebunden, die auf die Größe von Mandarinen geschrumpft waren. Die Gelenkknochen zeichneten sich gut sichtbar unter der angespannten Haut ab. Eine orangefarbene Schleife steckte im Haar des Mädchens, das ebenso gut dreizehn wie dreiundzwanzig Jahre alt hätte sein können. Sein Kopf war kokett zur Seite geneigt, als flirte es mit dem Fotografen.

Elin spürte Würgereiz. Es war Toblerone, die kleine Schweizerin, mit der sie vor vier Jahren durch halb Deutschland getrampt war. Bis vor kurzem hatte sie das Mädchen in Hamburg immer mal wieder gesehen. Sie kannte Toblerones Geschichte. Und ebendies war das Entsetzliche an diesem Bild. Nicht der abgemagerte Körper. Nicht dieser Leib, der einfach nur Schutz gesucht hatte in seinem Verdorren, Schutz vor Papas geilen Blicken, die sie jetzt offenbar eingeholt hatten. Welches Schwein hatte dieses obszöne Hochglanzfoto geschossen?

Sie war kurz davor, einen Kommentar zu schreiben, ließ es aber bleiben. Was hatte es für einen Sinn, mit Voyeuren aus der Fresswelt zu reden? Sie würde Toblerone suchen müssen, wenn sie wieder in Hamburg war. Wenn sie wieder Zeit hatte. Sie schaute noch einmal bestürzt das Foto an. Wie viel mochte sie noch wiegen? Kaum vierzig Kilo. Absolute Untergrenze.

»Elin?«, sagte jemand neben ihr.

Ein hagerer Junge in Jeans und schwarzem Kapuzenpulli stand da. Sein Blick wanderte zwischen ihr und dem Foto auf dem Computer hin und her. Er errötete.

»Ich wollte nur sagen, dass ich da bin. Wenn du noch zu tun hast …«

»Nein. Ich bin fertig.«

Sie loggte sich aus, schloss die Anwendung und erhob sich. Elin war groß, aber der Junge überragte sie um einen Kopf.

»Ich hab die Sachen nicht hier«, sagte sie. »Können wir zu mir gehen und es dort machen?«

»Klar. Ist es weit?«

»Nein. Zehn Minuten.«

Durch den Schnee wurden es zwanzig. Sie mussten vorsichtig fahren und an fast allen Kurven absteigen, weil es zu glatt war. Als sie in den Hinterhof fuhren, waren sie die Ersten, die auf der weißen Fläche Spuren hinterließen. Sogar die stets überquellenden Mülltonnen sahen unter ihren frischen Schneehauben romantisch aus. Und Elin fand, dass der Wind und die Kälte einen unschlagbaren Vorteil hatten: Die Stadt stank weniger.

Die Wohnung war kalt. Elin hatte am Morgen eingeheizt, aber der Kachelofen war gerade einmal lauwarm. In der spartanisch eingerichteten Küche gab es überhaupt keine Heizung, und das einzige Zimmer verfügte über zwei schlecht isolierte Kastenfenster. Elin bat Max, am überfüllten Schreibtisch Platz zu nehmen. Der Junge sah ihr schweigend zu, wie sie die Ofenklappe aufschraubte und zwei Briketts in den Schacht warf. Dann verfrachtete sie das Durcheinander auf dem Schreibtisch, das vor allem aus Papieren, Ordnern, einem Teebecher und einem Blechteller mit drei geschälten Karotten bestand, mit einigen Handgriffen auf die Matratze, die neben dem Ofen auf dem Boden lag.

»Kannst du damit etwas anfangen?«, fragte sie, während sie einen offenen Karton vor ihn hinstellte. Sie nahm zwei handgroße, mit Luftpolsterfolie eingepackte Gegenstände heraus und entfernte die Hülle.

»Das sind Festplatten.«

»Ja. Kannst du sie auslesen?«

»Klar. Warum nicht?«

Er deutete auf den Laptop, der auf dem Schreibtisch stand. »Kann ich den benutzen?«

»Sicher.«

Max öffnete seinen Rucksack, holte einen Satz Kabel und Stecker daraus hervor und machte sich an die Arbeit. Nach zehn Minuten lehnte er sich irritiert zurück und schüttelte den Kopf. Der Bildschirm des Laptops zeigte allerlei Balken und Kuchendiagramme an, die Elin nichts sagten.

»Und? Was ist?«

»Na ja. Die Platten sind voll. Aber die Dateien sind leer.«

»Voll?«

»Ja. Voll mit nichts.«

Max nahm zwei weitere Festplatten aus dem Karton, packte auch diese aus und schloss sie nacheinander an den Computer an. Die bunten Balken flimmerten. Zahlenkolonnen huschten am unteren Rand entlang. Max experimentierte mit unterschiedlichen Tastenkombinationen herum. Aber das Ergebnis war immer das gleiche. Flimmernde Balken und endlose Listen von Dateien, die nichts zu enthalten schienen.

»Von wem sind die Dinger?«, wollte Max wissen.

»Ist das wichtig?«

»Na ja, es würde mir schon helfen, wenn ich wüsste, wie gut derjenige war, der die Dateien verschlüsselt hat.«

»Geh mal davon aus, dass er sehr gut war.«

»Hätte ich mir ja denken können.«

»Wieso?«

Max blickte auf den Laptop.

»Supergeile Maschine.«

»Kannst du die Dateien nicht irgendwie aufmachen?«

»Ich versuch's. Aber null Garantie.«

»Das heißt?«

»Wenn's danebengeht, sind die Daten Asche. Außerdem …
ist das Zeug okay?«

Er schaute auf die Pinnwand über dem Schreibtisch. Elin
bemerkte sofort, worauf sein Blick ruhte. Umrahmt von No-
tizzetteln hing ein Organigramm. Die Überschrift war nicht
zu übersehen: Landeskriminalamt.

»Die Platten sind von meinem Bruder«, sagte Elin. »Er ist
im September ums Leben gekommen.«

Sie beugte sich über ihn und drückte ein paar Tasten auf
dem Laptop. Ein Foto von einem Kind erschien. Das kleine
Mädchen schaute melancholisch in die Kamera. Es war ein
hübsches Kind.

»Meine Nichte«, sagte Elin. »Sie wird im Sommer vier.
Mein Bruder hat Tausende Fotos von ihr gemacht.«

»Aber das hier sind keine Bilddateien«, entgegnete Max.

»Bist du sicher? Du weißt doch gar nicht, was drin ist.«

»Warum sollte dein Bruder Bilddateien so aufwendig ver-
schlüsseln?«

Elin zuckte mit den Schultern. »Keine Ahnung. Willst du
einen Tee?«

Elin richtete sich wieder auf. Sie legte kurz ihre Hand auf
seine Schulter. Dann ging sie in die Küche. Als sie den
Wasserhahn wieder zudrehte, vernahm sie das Geklapper der
Tastatur. Sie wartete, starrte stumm in den Topf, bis sich am
Boden kleine Blasen zu bilden begannen. Dann gab sie auf
und ließ die Tränen laufen. Die Erinnerung an die kleine Car-

la war das Schlimmste. Wie sie an diesem Grab gestanden hatte, völlig verständnislos, mit ihrem dunkelgrünen Mantel, den rosa Strümpfen, die linke Hand in der Hand von Jule, ihrer dämlichen Mutter, und in der rechten ihren kleinen Stofftiger. Erics Tiger. Katanga, aus dem Berliner Zoo. Was war eigentlich schlimmer? Wenn Eltern ein Kind begraben mussten oder eine Dreijährige ihren Papi?

Vor allem Carlas Anblick hatte ihr damals furchtbar zu schaffen gemacht. Wie das kleine Mädchen zwischen den Trauergästen stand und manchmal fragend zu Jule aufschaute. Eric war vernarrt in seine Tochter gewesen. Und die Kleine hatte sich irrsinnig auf die Wochenenden gefreut, wenn Papa für zwei Tage aus Berlin kam, um sein Sorgerecht auszuüben, trotz Jules ewiger Sabotageversuche. Elin hasste diese Tussi. Wie die meisten Ex-Freundinnen ihres Bruders war Jule hübsch, blond und für Elins Begriffe strohdoof, ein fester Bestandteil der Hamburger Schickeria. Ohne Eric würde sie Carla nun wohl kaum mehr zu sehen bekommen. Das Kind war verloren, Jule würde sie schon ihrer Art entsprechend versauen.

Elin riss die Augen auf, starrte in den Hinterhof und fühlte, wie ihre Tränen trockneten. Als das Wasser kochte, goss sie den Tee auf, stellte die Kanne und zwei Becher auf ein Schneidebrett und trug alles ins Zimmer.

Max kauerte konzentriert vor dem Laptop. Elin konnte nicht erkennen, was genau er gerade gemacht hatte. Mehrere Festplatten waren irgendwie miteinander verkabelt, und auf dem Bildschirm öffneten sich laufend neue Fenster. Max fluchte und hieb zunehmend genervt auf die Escape-Taste. Aber nichts geschah. Elin stellte das Brett ab. Plötzlich wurde der Bildschirm schwarz. Dann begann auf einmal ein Videoclip. Elin trat einen Schritt zurück. Es war Eric! Eric neben einem Fenster. Dem Fenster dieses Zimmers. Er lachte in die Kamera. Dann streckte er die Zunge heraus.

»Nein, verdammt, dieser Arsch …«

Max drückte, so schnell er konnte, eine Tastenkombination. Aber es war zu spät. Das Display wurde grau, dann weiß und schließlich schwarz. Max versuchte sofort, das Gerät wieder hochzufahren. Doch es gab keinen Mucks mehr von sich.

Elin war blass geworden.

»Sorry«, sagte Max, »aber das war eine Falle. Das konnte ich nicht wissen.«

»Was ist passiert?«

»Ich weiß nicht, was passiert ist. Es ist irgendein Sicherungssystem, das ich nicht kenne. Die Platten sind vollgepackt mit Daten. Aber um sie zu lesen, muss man die Dateien verknüpfen. Vermutlich gibt es dafür eine vorgeschriebene Reihenfolge. Wenn man die nicht einhält, stürzt das System ab. Vielleicht aktiviert so ein Absturz auch noch irgendwelche Programme, die die Daten zerstören. Keine Ahnung.«

Elin wusste nicht, was sie sagen sollte.

»War das dein Bruder auf dem Video?«

Elin nickte.

»Kinderbilder hätte er wohl nicht so aufwendig geschützt.«

»Gibt es keine Möglichkeit, so einen Schutz zu knacken?«

»Sicher. Man kann alles knacken. Es ist nur eine Frage der Zeit und der Rechenleistung.«

»Wie lange kann so etwas dauern?«

»Kommt auf die Verschlüsselung an.«

»Und das heißt?«

»Es kann ein paar Tage dauern oder ein Jahr. Je nachdem. Ich kann so etwas jedenfalls nicht. Mein Gott, Elin, ich dachte, du hast ein Computerproblem.«

Elin schüttelte ungläubig den Kopf. »Ein Jahr?«

»Sicher. Wenn du nur ein paar hundert Computer einsetzt. Mit drei oder vier Millionen geht es schneller.«

Machte sich der Junge über sie lustig?

»Im Netz natürlich«, ergänzte er. »Es gibt Serverparks, die man für so etwas nutzen kann. Aber echt, das ist nicht meine Liga. Sorry.«

5

Es stank extrem nach kaltem Rauch. Der Gesichtsausdruck von Sina, der passionierten Nichtraucherin, war dafür ein unfehlbarer Gradmesser. Missbilligende Falten bildeten sich auf ihrer Stirn, als sie das alte Fabrikgebäude durch einen schmalen Eingang betraten. Zwei Polizeibeamte erwarteten sie. Sie lehnten am Tresen einer Garderobe, welche die Hälfte der riesigen Eingangshalle in Anspruch nahm. Angesichts der endlosen Reihen Kleiderständer dahinter folgerte Zollanger, dass hier offenbar Großveranstaltungen abgehalten wurden.

Zollanger und Sina traten zur Seite, um es den anderen zu ermöglichen, aus dem engen Eingangstunnel nun gleichfalls in die Eingangshalle einzutreten. Die Polizeibeamten kamen auf sie zu. Zollanger stellte sein Team vor.

»Wir sollen Sie hinbringen«, sagte einer der beiden Polizisten. »Es ist hinten.«

»Wir warten noch auf die Kollegen von der Gerichtsmedizin«, sagte Zollanger.

»Gut«, sagte der ältere der beiden. »Dann bleibt mein Kollege mit einem Ihrer Kollegen hier.«

»Roland«, sagte Zollanger zu Draeger. Der nickte nur.

Der Rest des Teams setzte sich in Gang. Sie gingen durch die Eingangshalle, die Köpfe leicht in den Nacken gelegt, als durchquerten sie das Hauptschiff einer Kirche. Die Decke war enorm hoch. Acht bis zehn Meter, schätzte Zollanger. Das Imposante daran war allerdings nicht allein die Höhe, sondern die Bemalung. Zollanger fühlte sich an Darstellungen erinnert, die er einmal in einem Buch gesehen hatte. Dort waren die ineinander verschlungenen Körper allerdings aus Stein gewesen und nicht in prallen Farben ausgemalt wie hier. Außerdem sahen die glückselig oder ekstatisch verzerrten Gesichter der kopulierenden Paare oder Gruppen über ihnen europäisch aus und nicht asiatisch. Und noch etwas war anders. Zollanger kam erst darauf, als sie bereits die nächste Halle betraten: Es waren keine Frauen auf den Bildern zu sehen.

»Weiß vielleicht jemand, was hier früher produziert wurde?«, fragte Udo Brenner. »Oder wozu braucht man solche Räume?«

Die Frage hatte sich Zollanger auch gerade gestellt, denn die Halle, die sie jetzt betraten, war schlechterdings gigantisch. Vier Betonpfeiler trugen eine Dachkonstruktion aus Drahtglas, die gut und gern zwanzig Meter über ihren Köpfen schwebte. Sie war allerdings nur teilweise zu sehen, da zwei über Stahltreppen verbundene und zueinander versetzte Ebenen eingezogen worden waren. Lange schwarze Stoffbahnen bildeten hier und da Sichtblenden oder regelrechte Gänge und Tunnel.

»Sieht aus wie ein Theater«, bemerkte Sina.

Sie kamen an einer Bar vorbei, einem einfach gemauerten Quadrat mit einem umlaufenden Tresen aus schwarzem, unpoliertem Granit. Dann betraten sie einen der schwarzen Stofftunnel und fanden sich plötzlich in einem flacheren Nebengebäude. »Lab-Oratory« hatte jemand in großen schwarzen Buchstaben auf die Betonwand vor ihnen gesprüht und einen dicken Pfeil nach rechts danebengemalt. Sie folgten ihm. Nach zwei weiteren Abzweigungen blieb der Polizist plötzlich stehen und deutete nach rechts in eine Nische. Ein Mann trat ihnen entgegen. Er hatte ein Taschentuch vor die Nase gepresst. Er wischte sich das Gesicht, musterte die Gruppe kurz und sagte dann unsicher:

»Sind Sie die Detectives?«

»Ich bin Hauptkommissar Zollanger«, sagte Zollanger. »Das sind meine Kollegen, Frau Haas, die Herren Krawczik, Brenner, Findeisen und Brodt. Wer sind Sie, bitte?«

»Naeve«, antwortete er. »Desmond Naeve. Ich bin die Pächter von diese Club.«

Der britische Akzent war überdeutlich, aber der Mann sprach passables Deutsch.

»Was ist hier passiert?«

»Ein schlechter Scherz, glaube ich. Jemand hat ein totes Tier dort unten deponiert. Ein Tier mit … I don't know. Sie müssen sich das selbst anschauen.«

»Wer hat das Tier gefunden?«, fragte Zollanger.

»Die Putzfrau. Vor etwa einer Stunde. Es gibt da unten eine Kammer, wo Putzgerät und so was aufbewahrt wird. Dort lag es.«

»Und warum liegt es jetzt nicht mehr dort? Wer hat es herausgeholt?«

»Die Putzfrau. Es war im Weg. Sie dachte, es sei ein Kostüm.«

»Ein Kostüm?«

»Ja. Das hier ist ein Club. Wir machen hier Themenpartys.«

»Ist die Putzfrau noch hier?«

»Sie hat einen Schock. Der policeman hat sie nach Hause geschickt. Aber wir haben natürlich ihre Adresse. Sie kann allerdings kaum Deutsch.«

Zollanger ging in die Nische hinein. Sofort schlug ihm scharfer Uringestank entgegen. Der Durchgang war zu schmal für mehrere Personen. Aber nach etwa zwei Metern mündete er in einen vielleicht sechs mal sechs Meter großen Raum. Was für ein Ort war dies nur?

»Irre ich mich, oder ist das ein Pissoir?«, fragte er Sina, die neben ihn getreten war, den Blick auf ein grüngestrichenes Metallhäuschen vor ihnen gerichtet.

»Sieht so aus«, erwiderte sie und trat zur Seite, um die anderen durchzulassen. Erst jetzt sah Zollanger, dass unter dem Metallhäuschen noch ein Raum existierte, der über eine Wendeltreppe zugänglich war. Ein Lichtschimmer drang von dort zu ihnen herauf. Der Boden des Metallhäuschens bestand aus einem Metallrost. Aber was lag dort unten? Täuschten ihn seine Augen, oder sah er wirklich, was er da sah?

»Hat jemand Geruchsmasken dabei?«, fragte er, während er Gummihandschuhe und Plastiküberschuhe anzog.

»Die hat Weyrich«, antwortete Harald Findeisen. »Sollen wir auf ihn warten?«

»Nein«, sagte Zollanger. »Ich gehe jetzt erst einmal mit Sina da hinunter, und wir besichtigen das kurz. Ihr geht wieder raus in den Gang. Es ist zu eng hier. Und wir müssen ja nicht alle in diesem Gestank herumstehen. Udo, dieser Mister Naeve soll in sein Büro gehen und dort auf mich warten. Wenn Weyrich da ist, dann schickt ihn sofort her. Komm, Sina.«

War die Atmosphäre des Ortes daran schuld? Oder der erste flüchtige Blick auf dieses Ding da unten? Wenn seine Augen ihn nicht trogen, war es nicht weniger entsetzlich und rätselhaft als das Ding in Lichtenberg. Etwas Krankes, Abartiges war hier geschehen. Und er hatte keine Ahnung, wie er damit umgehen sollte. Auch deshalb wollte er, dass Sina es sich zuerst anschaute. Genau so, wie man es gefunden hatte. Denn das war ihr Gebiet.

Wo um alles in der Welt waren sie hier bloß? Offenbar in einer alten Fabrik, die jemand zu einer riesigen Diskothek umfunktioniert hatte. Aber was hatte ein schmiedeeisernes Parkpissoir in dieser Ecke hier verloren? Hatte man früher in Fabriken solche Toiletten gebaut? Oder war das irgendeine durch Materialknappheit diktierte improvisierte Lösung aus der Nachkriegszeit? In DDR-Fabriken hatte es derartige Pissoirs nicht gegeben. Das wusste er. Außerdem befanden sich in dem Toilettenhäuschen überhaupt keine Toiletten oder Wände, gegen die man hätte pinkeln können. Nur die äußere Struktur war vorhanden. Sowie ein Metallgitterboden. Und darunter ein kahler Raum, in dem es so bestialisch stank, dass die Geruchsmasken vermutlich nicht besonders viel nützen würden.

Jemand hatte eine Taschenlampe hiergelassen. Sie lag auf der vorletzten Treppenstufe und beleuchtete den Gegenstand auf dem Boden. Sina hatte ebenfalls eine Lampe in der Hand und ließ den Lichtkegel erst über den Boden und dann langsam über das tote Tier gleiten. Zollangers erster Eindruck hatte ihn nicht getäuscht. Vor ihnen lag ein totes Lamm.

Zollanger wusste nicht viel über Lämmer. Er war ein Stadtmensch. Aber immerhin war er sich sicher, dass es sich um kein besonders großes Exemplar handelte. Es lag auf der Seite. Die Kammer, in der es entdeckt worden war, stand offen und befand sich hinter dem toten Tier. Sina leuchtete kurz hinein, und der Lichtkegel glitt über Regale mit Putzmitteln. Die Tür verfügte nur über ein einfaches Schloss, das auf den ersten Blick unversehrt aussah.

Sinas Lampe beleuchtete wieder das Lamm. Fast eine Minute lang sprachen sie kein Wort, sondern versuchten nur, die

Einzelheiten irgendwie geordnet zu erfassen. Der Kopf und das Vorderteil des Tieres waren unversehrt. Weder war ihm die Kehle durchgeschnitten worden, noch sah man Spuren von einem Bolzenschuss oder sonst einer der üblichen Tötungsmethoden. Die erste Auffälligkeit begann am Bauch. Die gesamte Unterseite des Tieres war mit einem dicken schwarzen Strangmaterial vernäht worden. Die Naht endete zwischen den Hinterbeinen, wo die nächste Merkwürdigkeit begann. Die Hinterbeine waren mit handbreitem, starkem schwarzem Klebeband umwickelt.

Zollanger hatte Mühe, sich zu konzentrieren. Er spürte allmählich, dass er seit halb fünf auf den Beinen war, Stunden in einem eiskalten und zugigen Plattenbau verbracht und noch nicht einmal gefrühstückt hatte. Aber der Gedanke an ein Frühstück hatte sich vorerst erledigt. Dafür sorgte schon der Gestank. Sina hielt den Lichtkegel der Taschenlampe noch immer auf die Hinterbeine des Kadavers gerichtet. Sie machte eine kleine Bewegung, und plötzlich blinkte etwas auf. Sie beugten sich näher über die Stelle. Es war eine Klinge. Der Griff eines Messers war so zwischen den Hinterläufen des toten Tieres fixiert worden, dass nur noch die Klinge herausragte.

»Stinkt der Kadaver so?«, fragte Zollanger. »Oder ist es dieser Ort?«

»Schwer zu sagen«, sagte Sina. »Lange kann das Tier hier nicht gelegen haben. Und verwest sieht es nicht aus. Ich tippe eher auf den Ort. Es stinkt nach Urin. Aber … o nein, was ist denn das?«

Der Lichtschein von Sinas Lampe hatte sich wieder zum vernähten Bauch des Tieres vorgearbeitet und ruhte nun auf einer Stelle kurz vor dem Brustbein, wo die Naht etwas aufklaffte. Das Fell war dort sehr kurz, und man konnte gut sehen, wie der kräftige schwarze Faden die durchschnittenen Haut- und Muskelpartien des toten Tieres zusammenge- klammert hielt. Aber eben nicht vollständig. Und dort, wo die Naht ein wenig aufklaffte, war etwas zu sehen, das da absolut nicht hingehörte.

»Großer Gott«, flüsterte Zollanger.

Über den Autor

Wolfram Fleischhauer wurde 1961 in Karlsruhe geboren. Anschließend studierte er Literatur in Deutschland, Spanien, Frankreich und den USA. Nach langjährigen Recherchen entstand 1996 »Die Purpurlinie«, ein historischer Thriller, der Kritiker und Leser gleichermaßen begeisterte. Mit »Die Frau mit den Regenhänden« blieb Fleischhauer dem Genre 1999 treu. Er wurde für sein Werk mit dem dritten Platz des Deutschen Krimi Preises 2000 ausgezeichnet. Im Sommer 2001 erschien mit »Drei Minuten mit der Wirklichkeit« ein weiterer Roman über die Künste. In seinen neuesten Romanen »Torso« und »Schweigend steht der Wald« verbindet Wolfram Fleischhauer aktuelle gesellschaftliche Themen mit rasantem Thrill.

Für seine Tätigkeit als Konferenzdolmetscher pendelt er zwischen Brüssel und Berlin, wo er mit seiner Frau und seinen beiden Kindern lebt.

Mehr zum Autor unter www.wolfram-fleischhauer.de

Lust auf weitere Hochspannung mit
Wolfram Fleischhauer?

Torso
Kriminalroman

In einem leerstehenden Berliner Hochhaus macht die Polizei einen grausigen Fund. Ein makaber drapierter Frauentorso stellt alles in den Schatten, was Hauptkommissar Zollanger in seiner Laufbahn je zu sehen bekam.

Anderswo in Berlin will eine verzweifelte junge Frau nicht an den »Selbstmord« ihres Bruders glauben – und sticht ahnungslos in ein Wespennest aus Gier, Verrat und Vertuschung übelster politischer Machenschaften.

Schweigend steht der Wald
Roman

Es ist kein Zufall, dass es die Forststudentin Anja Grimm zu einem Praktikum in den tiefsten Wald Deutschlands verschlägt: Dort hat sie als Kind Urlaub gemacht, und dort verschwand vor zwanzig Jahren ihr Vater auf einer Wanderung. Bei den Dorfbewohnern läuten die Alarmglocken: Was hat die junge Frau hier zu suchen, nach so langer Zeit? Und was, wenn sie etwas findet – etwas Dunkleres, als jeder Fremde ahnen kann?

Thomas Kastura

Überlebende

Tiefblau wölbte sich die Dämmerung dem Firmament entgegen. Kein Stern blinkte mehr, ein schwacher Westwind blies, Wolkenstreifen bedeckten den Horizont. Nachdem Dwayne ein Stück weitermarschiert war, brach die aufgehende Sonne durch und ließ den Nordatlantik golden erglühen. Kurz darauf flutete das erste Tageslicht in die Village Bay, erreichte den schmalen Uferstreifen, kroch die saftig grünen Hänge zum Dorf empor und umspülte Steinmäuerchen und Schafunterstände. Es war, als träte die Welt aus der Dunkelheit und begänne zu atmen.

Dwayne genoss den seltenen Anblick. Normalerweise lastete ein undurchdringlicher Himmel auf der Inselgruppe, begleitet von heftigen Regenfällen. Die Wellen in den Gewässern um St. Kilda türmten sich auf eine Höhe von zehn Metern und mehr. Erst in der vergangenen Nacht war ein Gewitter niedergegangen und hatte die Bewohner der Kolonie stundenlang in ihren Häusern festgehalten. Das Wetter war seit jeher ihr Feind, der einzige, den sie kannten.

Dwayne hatte seine Runde beendet. Seine Aufgabe bestand darin, Vogelfallen zu kontrollieren und sich von den Klippen abzuseilen, um zu den Nestern zu gelangen. Drei tote Basstölpel, ein Papageientaucher und fast vierzig Eier befanden sich in seinem Rucksack, eine gute Ausbeute. Zufrieden stapfte er den Trampelpfad vom Oiseval herab, einem kuppelförmigen Berg, der sich über der Bucht erhob wie ein nachlässiger und dennoch bedrohlich wirkender Wächter.

Bei jedem Schritt gab der torfige Boden unter seinen Füßen ein wenig nach.

Als Dwayne den Menschenauflauf an den Four Corners sah, ging er schneller. Wie jeden Morgen wurde auf der Dorfkreuzung »Parlament« gehalten, im Freien, wenn es die Witterung erlaubte. Sie trafen sich, um zu besprechen, was im Laufe des Tages oder der nächsten Wochen zu tun war. Bei außergewöhnlichen Vorfällen, dem Ausbruch einer Krankheit und dergleichen, konnte das länger als die übliche halbe Stunde dauern. Heute herrschte helle Aufregung.

Fast alle Inselbewohner waren versammelt. Dwayne zählte über fünfzig St. Kildaner, die Hamiltons, die Boulbys, die Tanners, die MacFarlanes, die Skene-Schwestern, den verrückten Larry, sogar Jane Ann vom Mullach Bi mit ihren beiden Söhnen und viele andere mehr. Und stand da nicht Rosie Donegal und zwinkerte ihm zu? Wahrscheinlich, um ihn in Verlegenheit zu bringen. Sie alle bildeten einen losen Kreis und redeten durcheinander – auch das eine Seltenheit, denn in der Regel meldete sich einer nach dem anderen zu Wort, ohne Zwischenrufe oder Unterbrechungen.

Dwayne legte die Seevögel und die Eier in die dafür vorgesehenen Gemeinschaftsbehälter. Kaum jemand nahm davon Notiz. Er brachte den Rucksack zur Sammelstelle und gesellte sich zu den anderen.

»Ich glaub das einfach nicht!«, stammelte der großgewachsene Keith, sein bester Freund. »Nach so langer Zeit!«

»Was ist denn los?«, fragte Dwayne.

»Besser, die hätten uns nicht gefunden. Das kann nur böse enden.« Kate MacFarlane schüttelte verdrossen den Kopf, ihre grauen Haarsträhnen flatterten im Wind.

»Stimmen in der Nacht!«, kreischte der verrückte Larry. »Ich hab sie gehört! Sie sind überall!«

Rosie gab Larry ein Ei, um ihn zu beschäftigen. Er knackte es mit einer Hand und saugte es geräuschvoll aus. Mit Kindern – und mit Larry – konnte Rosie gut umgehen.

Der alte Bill Conroy hob seinen Gehstock und bat um Ruhe. Dwayne wunderte sich, was Bill zu dieser frühen Stunde aus seiner Hütte getrieben hatte, trotz seines Rheumas. Seit einigen Jahren beteiligte sich Bill kaum noch am Parlament und überließ die Entscheidungen über den Alltag in der Kolonie den Jüngeren. Andere Senioren, die ihr Arbeitspensum aus gesundheitlichen Gründen nicht mehr erfüllen konnten, taten es ihm gleich.

»Okay, Leute, fangen wir noch mal an. Aber lasst mich ausreden, verstanden?«

Zustimmendes Murren.

Bill holte Luft und zögerte einen Augenblick, als müsse er sich zu etwas durchringen. Dann fing er an. »Über Funk hat uns heute Nacht ein Notruf erreicht. Eigentlich dachte ich, dass der alte Kasten gar nicht mehr funktioniert. Aber da ist eine Prolithium-Batterie drin, und wenn das Gerät nur auf Empfang steht, hält die ewig. Na ja, fast. Jedenfalls sprang der Lautsprecher an, und jemand quasselte was von ›Mayday, Mayday‹. Das heißt ›Hilfe‹, für die jungen Hüpfer unter euch. Der Mann gab eine Flugnummer durch und Geodaten. Das war's schon. Mehr kam nicht rein.«

»Was sind Geodaten?«, wollte Sam Boulby wissen.

»Was ist eine Flugnummer?«, fragte Keith.

Bill schnaufte hörbar aus. »Geodaten dienen dazu, die Position auf der Erde zu bestimmen. St. Kilda liegt auf 57 Grad 50 Minuten Nord und 8 Grad 33 Minuten West. Habt ihr das nicht gelernt, als ihr klein wart?«

Die meisten verneinten. Zahlen waren schlecht zu merken.

»Die Geodaten, die wir empfangen haben, liegen ein bisschen nordwestlich von uns, im Meer. Und eine Flugnummer … Das wird jetzt kompliziert.« Bill erklärte, dass es einst Apparate gab, mit denen man sich durch die Lüfte bewegen konnte, und zwar sehr viele davon. Zur Unterscheidung wurden ihnen Nummern zugeordnet. Wenn man die Nummer eines Fluges kannte, wusste man, woher das Flugzeug kam und wohin es unterwegs war.

An den ratlosen Gesichtern merkte er, dass die meisten keinen blassen Schimmer hatten, wovon er sprach. Er versuchte, sich verständlicher auszudrücken. »Anscheinend ist heute Nacht ein Flugapparat ganz in der Nähe von St. Kilda abgestürzt. Der Pilot, also der Mann, der die Maschine gesteuert hat, sandte einen Notruf aus. Dann brach die Verbindung ab. Ich konnte ihm nicht antworten, dafür fehlte die Zeit. So, jetzt bin ich fertig. Stellt eure Fragen, aber nicht alle auf einmal. Ich hoffe, dass ich noch alles über unsere Vergangenheit zusammenkriege.«

Alle waren völlig aus dem Häuschen, doch kaum einer wusste genau über die Anfänge der Kolonie Bescheid. Um für den Lebensunterhalt der Gemeinschaft zu sorgen und den nächsten Winter zu überstehen, brauchte man kein solches Wissen. Dwaynes Mutter hatte ihm manchmal kurz vor dem Einschlafen von ihrer Kindheit erzählt, eine düstere, entbehrungsreiche Zeit.

Bill holte weit aus. Es wurde eine Geschichtsstunde. Immer wieder musste er ungewohnte Begriffe erläutern.

70 Jahre. So lange lebten sie schon auf St. Kilda, abgeschnitten von der Welt. Damals, als ihre Großeltern und Urgroßeltern die Hauptinsel Hirta besiedelten, schrieb man das Jahr 2025. St. Kilda gehörte zu Schottland, einem autonomen Staat, der seinerseits zu Europa gehörte, einem ganzen Erdteil. Die Inselgruppe war unbewohnt, sie galt als Natur- und

Kulturdenkmal. Gelegentlich wurde sie von Forschern und Touristen besucht, eine Schiffsreise in diesen abgelegenen Teil des Nordatlantiks dauerte mehrere Stunden. St. Kilda war nur 65 Kilometer von Schottland entfernt, das im Südosten lag. Doch diese Distanz sollte sich als unüberwindlich erweisen.

Eigentlich wollten die Kolonisten nur zwei Wochen auf St. Kilda verbringen, um die alten Häuser instand zu setzen, die von früheren Besiedlungen übrig geblieben waren. »Work-Partys« nannte man das damals, sie setzten sich überwiegend aus Wissenschaftlern, Studenten und ein paar Handwerkern zusammen. Ein Schiff namens Explorer ankerte in der Village Bay, die Work-Party und deren Ausrüstung wurden mit Booten an Land gebracht. Dann stach die Explorer in See. Und kam nie wieder.

Es stellte sich heraus, dass ein großer Krieg ausgebrochen war. Ein Krieg, so umfassend und katastrophal, dass die Work-Party nicht mehr von St. Kilda abgeholt und nach Schottland zurückgebracht werden konnte. Anfangs empfingen sie noch Nachrichten über die schrecklichen Vorkommnisse, die sich auf dem Festland zutrugen, Bombardements, Unfälle, Vergiftungen, Seuchen. Eine Welle der Zerstörung lief rund um den Globus. Aber nach und nach blieben die Meldungen aus, der Kontakt brach ab. Da sie kein Schiff hatten und kein seetüchtiges Gefährt bauen konnten, weil es auf der Insel keine Bäume gab (Zwischenfrage: »Was sind Bäume?«), saßen sie fest. Ein improvisiertes Floß aus Wasserkanistern, mit dem ein junger Vogelkundler aus Edinburgh die Überfahrt wagen wollte, hielt den hohen Wellen nicht stand und versank noch in Sichtweite.

Aus der Work-Party wurden Kolonisten, 32 Frauen und Männer. Ihre Nahrungsvorräte waren rasch aufgebraucht.

Um zu überleben, besannen sie sich darauf, wie frühere Bewohner St. Kildas ihren Lebensunterhalt bestritten hatten. Sie nutzten die natürlichen Ressourcen der Insel, fingen vor allem Seevögel, sammelten deren Eier, domestizierten wilde Schafe, bauten auf den sauren Böden Kartoffeln an, die sie aus mitgebrachten Feldfrüchten vermehrten, fischten in der Village Bay und der Glen Bay im Norden. Zwei Quellen im Inselinneren sorgten für ausreichend Frischwasser. Teilweise bezogen sie die Gebäude einer ehemaligen Militärbasis, die aufgegeben worden war, nachdem Schottland 2021 seine Unabhängigkeit erklärt und den Verteidigungsetat deutlich zurückgefahren hatte. Elektrischen Strom gab es nicht, da sie weder über einen Generator noch über Sonnenkollektoren verfügten.

Zunächst empfanden sie ihre Lage als verzweifelt. Doch allmählich setzte sich die Ansicht durch, dass sie sich glücklich schätzen konnten. Sie waren dem großen Krieg entronnen, die Isolation auf St. Kilda hatte sie vor seinen Auswirkungen bewahrt. Möglicherweise war auf dem Festland niemand mehr am Leben, alles war kontaminiert, und die Menschheit hatte sich gegenseitig ausgerottet. Vielleicht existierte nichts mehr, wohin sie zurückkehren konnten. Dann stellte die Insel so etwas wie eine letzte Zuflucht dar.

Nach den ersten zehn Jahren wurde das Leben erträglicher. Es gab zwar wiederholt Rückschläge, bedingt durch das rauhe Wetter. Bei dem Versuch, Hummerreusen in Küstennähe auszubringen, starben zwei Männer in der gefährlichen Brandung, und die Kolonisten hielten sich fortan vom Meer fern. Doch sie passten sich an die schwierigen Bedingungen an, fanden sich mit ihrem Schicksal ab und gewöhnten sich an ihre neue Lebensweise. Kinder wurden geboren und zusätzliche Häuser errichtet. Die Kolonie wuchs und erreichte ihre gegenwärtige Stärke von 83 Bewohnern, genug für eine funktionierende Gemeinschaft, die sich selbst erhalten konnte und zu der jeder seinen Teil beitrug. Von den allerersten Kolonisten lebten nur noch der unverwüstliche Bill Conroy und Siobhan Pearce, die bettlägerig und dement war. Kate MacFarlane und Jane Ann vom Mullach Bi gehörten bereits der ersten Generation der Inselgeborenen an. Wie der Rest der St. Kildaner kannten sie nur Hirta, ihre sieben Quadratkilometer große Heimat. Die kleineren Nachbarinseln Soay, Boreray und Dun waren noch unwirtlicher und quasi unzugänglich, kaum mehr als Felsbrocken in der tückischen See.

»So, jetzt wisst ihr, wie hier alles begann«, schloss Bill seinen Vortrag. »Ich finde, wir haben uns ganz gut gehalten. Jeder Einzelne von euch kann stolz darauf sein, was wir hier aufgebaut haben.«

»Was bedeutet der Notruf?«, rief Keith, der für einen jungen Schafhirten recht aufgeweckt war. »Das heißt doch, da draußen sind Menschen, die fliegen können. Vielleicht wollen die zu uns?«

»Dann sollen sie sich gleich wieder verpissen«, knurrte Kate MacFarlane. »Wir sind 70 Jahre lang ohne jede Hilfe klargekommen. Die Festländer können nur alles in Schutt und Asche legen.« Kates Vater hatte sich einst umgebracht, aus Hoffnungslosigkeit und aus Kummer über den Vernichtungsdrang des Homo sapiens. Als einzigem Selbstmörder von St. Kilda war ihm ein Ehrenmal in Form einer Steinpyramide errichtet worden. Es diente als Ansporn für jeden, den Mut nicht sinken zu lassen und zu fürchten, wozu der Mensch trotz – oder wegen – seiner technischen Errungenschaften imstande war.

»Vielleicht wollen die St. Kilda erobern.« Jane Ann vom Mullach Bi war dafür bekannt, dass sie ihre Nase in die Bücher ihrer Eltern steckte und fast so viel wusste wie Bill Conroy. »So haben die das früher gemacht: Sie schickten erst einen Kundschafter aus, und dann kamen viel mehr von denen und machten alles dem Erdboden gleich.«

»Das war vor langer Zeit«, meldete sich Rosie zu Wort. »Kann doch sein, dass sich was geändert hat. Stellt euch vor, nach 70 Jahren haben wir wieder Kontakt! Schottland möchte wissen, ob es uns noch gibt!«

»Stimmen in der Nacht!«, brabbelte der verrückte Larry. »Brumm-brumm!«

»Bringt einer mal den Irren zum Schweigen?«, rief Sam Boulby. »Ist ja nicht auszuhalten!

Rosie strich Larry beruhigend über den Kopf. Nabelschnurverschlingung im Mutterleib, er konnte nichts dafür. »Du hast ein feines Gehör. Aber das war nur das Flugzeug. Das tut dir nichts.«

Bill Conroy ergriff wieder das Wort. »Wie auch immer, wir sollten Wachen aufstellen, oben auf den Klippen. Wir können das nicht ignorieren.«

Viele pflichteten ihm bei. Wachen, das hörte sich gut an.

Dwayne schob sich nach vorn. »Aber sollten wir diesem abgestürzten Piloten nicht helfen?«

»Wie denn?«, erwiderte Jane Ann. »Der ist abgestürzt, wahrscheinlich ins Meer, und das ist arschkalt. Also ist er längst tot.«

Alle schauten beklommen zu Boden. Wenn jemand starb, löste das auf der Insel kollektive Trauer aus.

»Tot? Glaub ich nicht«, sagte Rosie. Sie wies zur Village Bay. Alle Köpfe drehten sich in die angegebene Richtung. Ein Schwimmkörper driftete in der Brandung, leuchtend gelb und rund, eine Art Rettungsinsel. Jemand trieb das Gebilde mit einem Paddel an.

Dwayne rannte zum Ufer hinunter. All seine Versuche, zusammen mit Keith ein stabiles Boot zu konstruieren, das von einem Gerüst aus Knochen und Wurzelstrünken zusammengehalten und mit Hilfe von Schaffellen abgedichtet wurde, waren gescheitert. Auf der Insel fehlte es einfach an geeignetem Material. Schon viele abenteuerlustige St. Kildaner hatten das akzeptieren müssen.

Da Dwayne nicht wusste, was er sonst tun konnte, watete er ins Meer hinaus. Es stimmte, das Wasser war eiskalt. Zum Glück herrschte Flut, und die Dünung war wegen des guten Wetters ungewöhnlich niedrig. »Hey!«, schrie er und wedelte mit den Armen. »Hierher!«

Als der Mann ihn bemerkte, paddelte er schneller. Er wirkte erschöpft und schien seine letzten Kräfte zu mobilisieren. Dwayne watete weiter auf die Rettungsinsel zu. Der Abstand betrug nur noch zwanzig Meter, aber das Wasser reichte ihm schon bis zum Hals. »Streng dich an, du schaffst das!«, rief er. Plötzlich verlor er den Boden unter den Füßen. Er konnte nicht schwimmen und strampelte wie verrückt. Eine Welle erfasste ihn, er tauchte unter und wieder auf. Der Boden war wieder da. Kurz darauf kam der Rückstrom und zog ihn erneut hinaus.

Irgendwie bekam er das Paddel zu fassen. Der Mann musste es ihm entgegengestreckt haben. Dwayne hielt es fest, ging wieder unter – und spürte, wie ihn jemand von hinten umarmte, an den Schultern packte und Richtung Ufer zog. Es war Keith. »Lass bloß dieses Ding nicht los!«, brüllte er ihm ins Ohr.

Dwayne ließ nicht los. Bald kamen sie in seichteres Wasser, die Rettungsinsel im Schlepp, und zerrten das Gefährt auf den Strand. Dabei konnte ihnen der Mann nicht helfen, er hing völlig entkräftet über dem schlauchförmigen Rand.

Keith musste ihm das Paddel mit sanfter Gewalt entwinden. »Sie sind an Land, in Sicherheit«, sagte er. Rosie eilte hinzu. Gemeinsam beförderten sie den Mann weg vom steinigen Uferstreifen und legten ihn an einer grasbewachsenen Böschung ab, so dass er in der Lage war, aufrecht zu sitzen. Er sah sich benommen um.

Die St. Kildaner umringten den Ankömmling. Er trug einen marineblauen, völlig durchnässten Overall, an seiner Stirn klaffte eine hässliche Platzwunde.

»Alles in Ordnung?«, fragte Rosie. »Können Sie sprechen?«

Der Mann stöhnte und öffnete mehrmals den Mund wie ein Fisch auf dem Trockenen.

»Vielleicht hat er Durst.« Gladys, eine der Skene-Schwestern, reichte ihr eine Wasserflasche, was viele der Umstehenden mit Murren quittierten.

Rosie führte die Flasche an den Mund des Mannes. Er trank gierig, bis er nicht mehr konnte. Es tat ihm sichtlich gut.

»Captain Sullivan«, presste er hervor. »Scottish Air Service, Dienstnummer SC1273364. Erkundungsflug.«

Dann verlor er das Bewusstsein.

Ungläubig betrachteten sie den Piloten. Einigen schien bewusst zu sein, dass diese Worte ein 70 Jahre währendes Schweigen brachen. Erstmals nach dieser langen Zeit betrat ein Fremder St. Kilda. Auch für Dwayne, der eine Menge Salzwasser ausgespien hatte und dem es mittlerweile wieder besser ging, war es ein seltsames Gefühl. Nach der Rettungsaktion kam es ihm so vor, als hätte er einen Schritt getan, der sich niemals mehr rückgängig machen ließ und alles von Grund auf veränderte. Zum Besseren oder Schlechteren – wer konnte das wissen? Er hatte nur nach seinen Instinkten gehandelt, unfreiwillig, wenn man so wollte. Jetzt war es zu spät, sich anders zu entscheiden.

Keiner sagte ein Wort. Plötzlich drängte sich Larry durch den Menschenkreis und rüttelte an den Stiefeln des Piloten. Sie machten einen soliden Eindruck und zogen begehrliche Blicke auf sich, gutes Schuhwerk war auf der Insel Mangelware. »Ist der tot?«

Rosie schob Larry weg und fühlte den Puls des Mannes. »Der schläft nur, er ist sehr müde. Lass ihn in Ruhe.«

»Ich will, dass er tot ist!«, sagte Larry beleidigt.

»Die Wunde an seinem Kopf sieht übel aus.« Rosie wandte sich an Kate MacFarlane. »Das solltest du dir mal anschauen. Außerdem können wir ihn wohl kaum so liegen lassen. Er muss auf die Krankenstation.«

»Seit wann entscheidest das du?«, fragte Kate spitz.

»Aber … du bist Ärztin.« Rosie rang um Fassung. »Wie schon dein Vater vor dir. Du bist dazu verpflichtet, Kranke medizinisch zu versorgen.«

»Wenn er einer von uns wäre«, widersprach Sam Boulby. »Ist er aber nicht. Keiner weiß, wo er genau herstammt und was er im Schilde führt.«

»Wir wissen nur, dass er Soldat ist.« Jane deutete auf die Rangabzeichen an dem Overall. So etwas hatte sie in einem Bildband über den Krieg gesehen. »Und Soldaten töten Menschen, das ist ihre Aufgabe, dafür werden sie trainiert.«

»Kommt mal wieder runter, Freunde«, sagte Keith. »Besonders bedrohlich wirkt Captain Sullivan nicht.« Er benutzte mit Absicht den Namen des Mannes. »Und eine Waffe scheint er auch nicht zu haben.«

»Scottish Air Service, ihr habt es doch gehört«, ergänzte Dwayne. »Er ist aus Schottland – wie wir.«

Kate, Jane, Sam und etliche andere zeigten sich weiter argwöhnisch. Warum dieser Pilot ausgerechnet bei Nacht einen Erkundungsflug durchgeführt habe, fragte Jane. Doch nur, um dabei nicht gesehen zu werden, um unerkannt zu bleiben. Es gebe aber hochentwickelte Geräte, mit deren Hilfe Soldaten die Dunkelheit durchdringen und zum Beispiel die Körperwärme von Menschen registrieren könnten.

Schließlich schaltete sich Bill Conroy ein. »Vielen von uns jagt dieser Mann Angst ein«, begann er, »das ist verständlich. Aber die jungen Leute haben recht. Behandeln wir unseren verletzten Gast, wie es sich für eine zivilisierte Gemeinschaft gehört. Wenn er aufwacht, kann er uns bestimmt viele Fragen beantworten. Seid ihr darauf nicht neugierig?«

Auf St. Kilda gab es zwar keinen Bürgermeister, Ortsvorsteher oder dergleichen, doch Bills Wort hatte Gewicht.

Kate lenkte als Erste ein. »Also gut, mal sehen, was dem Kerl fehlt. Hoffentlich bereue ich das nicht.«

Sie holten eine Trage und brachten ihn zur Krankenstation der alten Militärbasis, die als Hospital fungierte und an der Nordseite der langgezogenen Bucht lag. Der Stützpunkt bestand aus ein paar Baracken und Steinhäusern. Inzwischen lebten nur noch die Skene-Schwestern auf dem Gelände. Es wurde vorwiegend als Vorratslager genutzt.

»Schwere Gehirnerschütterung«, diagnostizierte Kate. Sie reinigte die Platzwunde mit einem starken, aus Kartoffeln gebranntem Destillat, nähte sie und klebte ein Pflaster darauf, das noch aus alten Army-Beständen stammte. Ein großer Vorrat an Verbandsmaterial, Einwegspritzen und medizinischer Grundausstattung war einst zurückgelassen worden, weil es sich nicht gelohnt hatte, das Zeug zum Festland zurückzuschaffen.

Rosie bereitete Captain Sullivan derweil ein Krankenlager auf einem Feldbett. Sie hatte Kate schon oft bei Geburten assistiert und war von ihr zur Sanitäterin ausgebildet worden. Daneben war sie noch Kindergärtnerin, doch heute mussten die Kids ohne sie auskommen.

Zusammen befreiten sie ihren Patienten von seinen nassen Kleidungsstücken und zogen ihm einen langen, hinten offenen Kittel an. Er hatte etliche Prellungen und Blutergüsse, außerdem war sein linker Fußknöchel verstaucht und stark geschwollen. Kate legte einen Breiverband an. Zum Schluss hievten ihn Dwayne und Keith vorsichtig von der Trage aufs Feldbett, und Rosie hüllte ihn in eine dicke Decke.

»So, jetzt hat er's schön warm«, sagte Kate, die während ihrer Arbeit immer fürsorglicher geworden war. »Lassen wir der Natur ihren Lauf. Er braucht möglichst viel Ruhe, dann kommt er bald wieder auf die Beine.« Sie bat Rosie und Dwayne, auf ihn aufzupassen. »Wenn er aufwacht, muss er viel Wasser trinken. Er soll liegen bleiben und nicht in der Gegend rumspazieren. Alles klar?«

»Und was mache ich?«, fragte Keith.

»Du gehst zurück zu deinen Schafen. Ich schaue nach Siobhan, und dann habe ich am Mullach Mor auf dem Hof der Hamiltons zu tun.« Als sich Kate umsah, bemerkte sie, dass an jedem Fenster des Hospitals mindestens ein neugieriger St. Kildaner klebte, der nichts verpassen wollte. »Hilf mir, die Gaffer zu verscheuchen, Keith. Vor einem kräftigen Kerl wie dir haben sie Respekt.« Sie schaute etwas versöhnlicher drein. »Das war mutig, wie ihr den Mann aus dem Meer gefischt habt. Vielleicht bin ich manchmal zu misstrauisch. Nehmt mir's nicht übel.«

Kurze Zeit später waren Rosie und Dwayne allein mit Captain Sullivan. Seine Brust hob und senkte sich gleichmäßig. Er besaß einen drahtigen, robusten Körperbau und mochte Mitte vierzig sein. Allerdings hatte Rosie neben den Verletzungen, die wahrscheinlich vom Absturz seines Flugzeuges herrührten, noch etwas anderes beobachtet: Hautreizungen, mal rötlich, mal weißlich. Kate hatte etwas von »Strahlungsschäden« gemurmelt und die ungesund wirkenden Flecken mit einer Kräutersalbe behandelt, deren Heilkraft sie jedoch bezweifelte.

»Was wird er uns bloß erzählen?«, sagte Dwayne. Sie hatten sich auf zwei Plastikstühlen niedergelassen. »Was ist da draußen in all der Zeit geschehen?«

Rosie zuckte mit den Schultern. »Eines wissen wir schon: dass wir nicht allein sind.«

»Wie meinst du das?«

»Hätte doch sein können, dass die Erde unbewohnbar geworden ist und wir als Einzige übrig geblieben sind. Das können wir jetzt ausschließen.«

»Scottish Air Service …«, grübelte Dwayne. »Die haben Flugzeuge. Der Krieg wird wohl nicht so schlimm gewesen sein.«

»Jetzt haben sie Flugzeuge. Das hat siebzig Jahre gedauert!«

»Vielleicht wurden wir einfach nur … vergessen?«

»Kein tröstlicher Gedanke. Ich stelle mir lieber vor, dass sie eine Weile gebraucht haben, um wieder einen gewissen technischen Stand zu erreichen. Schottland muss nach dem Krieg völlig verwüstet gewesen sein. Aber es scheint dort Überlebende gegeben zu haben. Vermutlich bauten sie das Land oder Teile davon wieder auf, und jetzt schauen sie in den abgelegenen Regionen nach dem Rechten. Schottland besteht aus Tausenden von Inseln, wusstest du das?«

»Natürlich!«, beeilte sich Dwayne zu versichern. »Ich hab in Janes Atlas nachgeschlagen, am Reading Day, wenn man in ihren Büchern stöbern darf.«

»Hätte ich dir gar nicht zugetraut.« Rosie lächelte und versetzte ihm einen Stups.

»St. Kilda gehört zu den Äußeren Hebriden. Weiter östlich liegen Lewis und Harris, North Uist, South Uist und so weiter, unsere nächsten Nachbarn in 65 Kilometern Entfernung. Das sind vierzig Meilen.«

»Genau.« Sie wartete, ob noch mehr kam. »Und?«

»Was?«

»Hast du in dem Atlas auch auf die Meeresströmungen geachtet?«, fragte Rosie. »Die sind da mit Pfeilen eingezeichnet.«

»Meinst du den Golfstrom?«

»Kluger Junge.«

Dwayne schüttelte den Kopf. Mit Keith hatte er nächtelang darüber diskutiert, wohin ein Boot vom Meer wohl getragen würde, wenn man es bei auslaufender Flut zu Wasser ließ. »Der Golfstrom ist zwar stark, aber er kommt aus dem Süden und fließt in unseren Gewässern eher nach Norden als nach Osten. Man würde abgetrieben werden, bevor man die anderen Inseln erreicht.«

»Nicht, wenn der Wind auf Nordwest steht. Das gleicht den Golfstrom ein wenig aus.«

Dwayne schwieg. Der Wind wehte auf St. Kilda ziemlich oft aus Nordwest. Fischfang und alle anderen Aktivitäten in Küstennähe wurden dadurch erschwert, denn das Meer beförderte einen mit aller Macht weg von der Insel, ohne Aussicht auf Wiederkehr. Auch aus diesem Grund hatten er und Keith ihre Bootspläne nicht weiterverfolgt. Es würde kein Zurück geben, davon waren sie fest ausgegangen.

»Ist ja auch egal«, fuhr Rosie fort. »Was mich aber echt umgehauen hat, war die Reaktion der anderen. Die fanden es falsch, Captain Sullivan überhaupt aus dem Wasser zu ziehen. Spinnen die oder was?«

»Jane, Kate und Sam sind viel älter als wir, und viel skeptischer. Alles Neue macht ihnen Angst. Dafür wissen sie mehr.«

»Sam Boulby weiß höchstens, wie man Kartoffeln ausbuddelt. Wenn der den Mund aufmacht, kommt nur Müll raus. Und Jane war schon immer ... sonderbar. Oben in den Bergen zu hausen schlägt aufs Gemüt.«

Dwayne rutschte auf dem Stuhl hin und her. »Ehrlich gesagt – ich hab auch ein bisschen Angst. Was soll jetzt werden, Rosie? Treffen hier bald Soldaten ein und stellen alles auf den Kopf?«

»Auf dem Festland wissen sie vielleicht noch gar nichts von dem Absturz des Flugzeugs.«

»Und wenn sie den Notruf empfangen haben? Sogar Bill hat was davon mitgekriegt, über das alte Funkgerät, das bei ihm in der Hütte steht.«

»Das Funkgerät ...«, sagte Rosie. »Jetzt, wo wir sicher sind, dass es da draußen jemanden gibt, könnten wir selbst eine Nachricht senden. Kontakt aufnehmen.«

»Aber wollen wir das wirklich? Ich meine, was Bill da erzählt hat, vom Krieg und all der Gewalt ... Das Einzige, was bei uns in dieser Richtung passiert, ist eine Schlägerei zwischen irgendwelchen Hitzköpfen, die Kate dann verarzten muss. Aber auf dem Festland haben die sich gegenseitig umgebracht, und zwar massenhaft.«

»Auf einen großen Krieg folgt oft eine lange Friedenszeit – das weiß ich von Siobhan, als sie noch unterrichtet hat. Bestimmt hat sich die Lage im Laufe der Jahre normalisiert.«

»Und wenn nicht? Wenn schon wieder ein neuer Krieg tobt und die ein paar Dumme brauchen, die für sie kämpfen?«

So diskutierten und spekulierten sie stundenlang weiter. Zwischendurch gingen sie raus vor die Tür und vertraten sich die Beine, im Sommer waren sie langes Herumsitzen nicht gewohnt. Der Sonnenschein war Wolkenbergen gewichen. Sie zogen rasch über den Himmel und wurden von dem zunehmenden Wind auseinandergerissen, um sofort neue Formationen zu bilden.

Gladys brachte etwas zu essen, Napfschnecken, die sie gemeinsam mit ihren Schwestern von den Felsen löste und im Ofen überbuk. Rosie und Dwayne ließen sich die Spezialität schmecken. Für Captain Sullivan hatte Gladys einen Topf Lammstew dabei, gute, nährstoffreiche Kost.

Ansonsten ließ sich niemand blicken. Die Inselbewohner schienen sich damit abgefunden zu haben, einen Fremden zu beherbergen. Sie gingen wieder ihrem Alltag nach. Wenn man auf St. Kilda über mehrere Generationen eines gelernt hatte, dann war es Warten, auf die Brutzeit der Vögel, die an den Klippen nisteten, auf den Frühling, der Landwirtschaft in bescheidenem Umfang ermöglichte, auf die Ernte im Herbst. Der Stoizismus war ihnen in Fleisch und Blut übergegangen. Um den natürlichen Jahreslauf oder ihre Arbeitsweise zu beschleunigen, fehlten ihnen die Mittel. Nach der ersten Verblüffung über die Ankunft des Piloten übten sie sich in Geduld.

Als Rosie und Dwayne zu Captain Sullivan zurückkehrten, hatte er sich im Bett aufgesetzt. Er musterte sie interessiert.

»Sie sind ja wach!«, rief Rosie.

»Einigermaßen.« Seine Stimme war rauh.

»Wie geht es Ihnen?«

»Mein Schädel fühlt sich an, als ob ein Panzer drübergerollt wäre. Wo bin ich hier?«

»Auf St. Kilda, im Hospital.«

»Die alte Militärbasis?«

»Genau.« Rosie goss Wasser in einen Becher und reichte

ihn dem Captain. »Sie sind stark dehydriert. Trinken Sie, das wird ihnen guttun.« Dann fiel ihr ein, dass sie sich noch gar nicht vorgestellt hatte. »Mein Name ist Rosie Donegal, ich bin Sanitäterin. Sie wurden von Doktor MacFarlane versorgt, unsere Ärztin macht gerade Krankenbesuche. Und das hier ist Dwayne Olson. Er hilft mir.« Sie machte eine Pause und blinzelte Dwayne zu. »Er hat Sie gerettet, unten in der Bucht.«

Sullivan maß Dwayne mit einem zweifelnden Blick. Wortlos roch er an dem Becher, als wollte er überprüfen, ob wirklich Wasser darin war. Er probierte einen winzigen Schluck, dann trank er alles langsam und bedächtig aus.

»Bestimmt haben Sie Hunger.« Rosie gab ihm den Topf mit dem Stew und einen Löffel. »Ist noch warm. Mit besten Empfehlungen von den Skene-Schwestern. Die sind hervorragende Köchinnen.«

Erneut zögerte der Pilot. Doch er warf seine Bedenken über Bord und tat sich an dem Eintopf gütlich. »Hab die ganze Nacht durchgepaddelt«, sagte er kauend. »Verdammt hoher Wellengang. Und keine Lichter zur Orientierung. Dachte, mir fallen die Arme ab.«

»Aber Sie haben durchgehalten!«, sagte Rosie.

»Wie alt seid ihr?«

»Wie alt?«, staunte sie. »Na ja, ich bin neunzehn, und Dwayne ist zwanzig. Warum fragen Sie?«

»Seid ihr gesund?«

»Natürlich.« Hilfesuchend schaute sie zu … ihrem Freund? Seit der Nacht am Mistress Stone vor einer Woche wusste sie nicht, wie die Dinge zwischen Dwayne und ihr standen. Immerhin hatten sie sich einmal geküsst, impulsiv und ein wenig linkisch. Doch Dwayne war danach sofort nach Hause gegangen, aus Zurückhaltung oder Scham, und mehr war bisher nicht passiert. Er schwieg sich aus, schüchtern, wie er nun einmal war.

»Ich will mit eurem Anführer reden«, verlangte Sullivan und stellte den leeren Topf auf den Boden.

»Anführer?«, fragte Rosie.

»Mit dem Oberaufseher. Dem, der das Sagen hat.«

»So jemanden gibt's hier nicht. Wir sind auf St. Kilda alle gleichberechtigt.« Dwayne hatte genug von diesem undankbaren Soldaten. »Und Sie könnten ruhig ein wenig höflicher sein, Captain Sullivan!«

»Schon gut, Junge. Dann schau ich mich eben selber um.« Er schlug die Decke zurück und wollte aufstehen. Ein stechender Schmerz durchfuhr seinen Knöchel. »Scheiße!«

»Sie gehen nirgendwohin«, sagte Dwayne.

»Aha, endlich reden wir Klartext. Ich bin euer Gefangener, stimmt's?«

»Ihr Knöchel ist verstaucht«, erklärte Rosie. »Wenn Sie ihn belasten, machen Sie es nur schlimmer.«

Sullivan versuchte ein weiteres Mal, auf die Beine zu kommen. Schließlich gab er es auf und sank wieder aufs Bett.

»Niemand will Ihnen etwas Böses«, sagte Dwayne. »Sie wurden verarztet und verköstigt, Rosie kümmert sich um Sie, eine bessere Krankenschwester werden sie auf St. Kilda kaum finden. Zeit, dass Sie uns ein paar Fragen beantworten. Sie haben einen Erkundungsflug gemacht. Warum? Was sollen sie herausfinden? Woher kommen Sie genau? Aus Glasgow? Was ist in den letzten siebzig Jahren auf dem Festland geschehen? Dauert der Krieg noch an?« Vor Wissensdrang überschlug sich Dwaynes Stimme. »Sind Sie gekommen, um uns von hier wegzuholen?«

»Euch alle?«, fragte er mit spöttischem Unterton. »Bestimmt nicht.«

»Also nur ein paar von uns?«, fragte Dwayne. »Die Kräftigsten, Widerstandsfähigsten?« Sein Verdacht, dass sie auf dem Festland Rekruten suchten, schien sich zu bestätigen.

»Das wird sich noch zeigen.«

»Wie meinen Sie das? Was soll sich zeigen?«

»Captain Philip B. Sullivan. Dienstnummer SC1273364. Mehr kriegt ihr nicht aus mir raus.«

Rosie versuchte es noch eine Weile auf die sanfte Tour. Erzählte von dem Leben auf St. Kilda, von ihren Wünschen und Ängsten in Bezug auf den Rest der Welt, von der Isolation, die selbst ihre Generation noch spürte wie eine unbarmherzige Fessel. Doch der Pilot hüllte sich in Schweigen. Er schien zusehends müder zu werden, die Augen fielen ihm zu. Forderten die zahlreichen Verletzungen ihren Tribut?

Sie nahm Dwayne beiseite. »Hol Bill. Soll er sich mit dem Kerl unterhalten.«

Er stand auf und blieb unschlüssig stehen. »Was für eine Ironie … Wir hatten die Hoffnung schon aufgegeben, Nachrichten von außerhalb zu erhalten. Plötzlich landet hier jemand, der uns darüber aufklären kann, wie es im Jahre 2095 um die Menschheit bestellt ist. Aber er weigert sich, darüber zu reden.«

»Aller Anfang ist schwer.« Rosie bemerkte, dass ihr Patient weggedämmert war. »Lass uns nach draußen gehen.«

Sie verließen die Krankenstation. Dwayne wollte sich auf den Weg zu Bill machen, doch Rosie hielt ihn zurück.

»Du hast mich vorhin verteidigt. Find ich gut.«

»Stimmt ja auch«, sagte er. »Du bist die beste Krankenschwester auf St. Kilda.«

Sie lachte. »Weil's keine andere gibt.«

»Ich lasse nicht zu, dass man dich respektlos behandelt.«

»Dir liegt also etwas an mir.«

Er schaute zu Boden und suchte nach Worten. Wie konnte er ihr sagen –

Sie zog ihn an sich und küsste ihn, nicht so hektisch und unbeholfen wie am Mistress Stone, sondern lang und genüsslich. Er wurde ganz weich in ihrer Umarmung.

»Ich –« Dwayne strahlte über beide Ohren. »Heißt das, wir sind –«

Rosie legte einen Finger auf seine Lippen und löste sich von ihm. »Geh jetzt zu Bill. Wenn Captain Sullivan wieder aufwacht, weiß er bestimmt Rat.« Sie schenkte ihm noch ein verschmitztes Lächeln, das besagen sollte: »Klar sind wir jetzt ein Paar, was dachtest du denn?« Dann begab sie sich zurück in die Krankenstation.

Dwayne musste erst einmal tief durchatmen. Sein Herz schlug so schnell, als wollte es gleich aus der Brust hüpfen. Er und Rosie, Rosie und er! So viel Glück überstieg seine kühnsten Vorstellungen. Er war sich nicht sicher gewesen, ob er am Mistress Stone das Richtige getan hatte. Ob sie es nicht längst bereut hatte, diese Grenze überschritten zu haben. Aber es fühlte sich gar nicht mehr an wie eine … Überschreitung. Eher wie eine natürliche Entwicklung. Seine Zweifel waren wie weggeblasen. Er schaute zum Dorf und den nahen Bergen hoch, schloss die Augen und schwelgte in Gedanken an nicht enden wollende Küsse.

Ein Geräusch ließ ihn herumfahren. Rosie stürzte zur Tür hinaus, fast wäre sie in ihn hineingerannt. »Captain Sullivan!«, stieß sie hervor. »Er ist tot!«

»Was sagst du da?«

»Komm mit!«

Dwayne folgte ihr nach drinnen. Der Pilot lag regungslos auf dem Feldbett, die Augen wirkten starr und matt, die Wangen erschlafft. Jegliche Farbe war aus seinem wächsernen Gesicht gewichen. Man merkte sofort, dass etwas in ihm unwiderruflich erloschen war.

»So war er schon, als ich reinkam. Ich hab seinen Puls kontrolliert, Herzschlag, Atmung, Pupillentest. Kein Lebenszeichen. Dann hab ich's mit Herzdruckmassage probiert und Mund-zu-Mund-Beatmung. Ich wünschte, Kate wäre hier!« Unter Tränen setzte Rosie ihre Bemühungen fort und drückte rhythmisch auf den Brustkorb. »Wir haben ihn doch nur ganz kurz allein gelassen!«

Dwayne half ihr. Sie wechselten sich ab bei den Reanimierungsversuchen. Ohne Ergebnis, Captain Sullivan reagierte nicht.

Nach einer Weile gaben sie auf. Rosie sank erschöpft zu Boden. »Diese Gehirnerschütterung … Vielleicht sind dabei Gefäße geplatzt und er hatte einen Schlaganfall. Anders kann ich's mir nicht erklären.«

»Ich verständige die anderen«, sagte Dwayne. Aus einem Schuppen neben der Hospitalbaracke holte er eine altertümliche Handkurbelsirene, die im Falle eines Brandes oder bei Sturmwarnung betätigt wurde. Er stellte das Gerät auf und schlug Alarm.

Ein durchdringender, auf- und abschwellender Heulton erfüllte die Village Bay und wurde von den Bergen zurückgeworfen. Fast jeder Punkt auf Hirta war binnen einer Stunde erreichbar. Es dauerte nicht lange, bis die St. Kildaner herbeigeeilt kamen, noch mehr, als am Parlament teilgenommen hatten, denn die Neuigkeiten von einem abgestürzten Piloten hatten sich herumgesprochen. Viele Insulaner waren in der Nähe des Dorfes geblieben, hatten während des Tages Besuche gemacht oder Besorgungen erledigt. Sogar ein paar Kinder waren dabei, St. Kildas Zukunft. Nur die Bewohner der abgelegensten Gehöfte und einige Eiersammler erschienen nicht.

Dwayne bat alle, auf dem Rasen vor dem Hospital zu warten. Als Bill eintraf, schwer auf seinen Gehstock gestützt, teilte sich die Menge. Man ließ ihn auf einem Steinmäuerchen Platz nehmen, wo er geduldig verharrte. Jeder brannte darauf, den Grund für das Alarmsignal zu erfahren. Es musste etwas enorm Wichtiges sein. Ging es dem Soldaten besser? Was hatte er erzählt? Gab es wieder Krieg? Blieb St. Kilda davon verschont?

Dwayne hielt sie hin. Keith gesellte sich zu ihm, aber auch seinem besten Freund sagte er nichts. Gleiches Recht für alle. Keith nickte – und raunte ihm zu, dass er sich um die Rettungsinsel gekümmert habe. »Das Ding ist kaum beschädigt, schwimmt wie 'ne Eins. Quasi unsinkbar. Zu zweit hätten wir darin locker Platz.«

Schließlich kehrte Kate von ihren Visiten zurück. Sie war den ganzen Weg vom Mullach Mor gerannt und ging sofort nach drinnen. Quälende Minuten verstrichen. Dann kam sie mit Rosie heraus und verkündete den Tod von Captain Sullivan.

Der Schock war groß. Stumm sahen die St. Kildaner einander an. Viele hatte ein schlechtes Gewissen geplagt, Dwayne und Keith bei der Rettung des Piloten nicht geholfen zu haben. Umso erschütternder war diese Nachricht. Doch es kam schlimmer.

»Alle Antworten sind mit ihm gestorben«, sagte Rosie. »Wir haben ihn gefragt, was da draußen los ist, was sich auf dem Festland verändert hat. Immer wieder haben wir es versucht. Aber er hat nur abgeblockt. Er war sehr misstrauisch.«

»Endlich ist er tot!«, quiekte Larry und führte ein Tänzchen auf. »Der böse Mann ist tot! Er kann keinem mehr weh tun.«

Sam Boulby packte Larry am Kragen. »Halt die Klappe, verdammter Irrer!«

Gladys ging dazwischen. »Hände weg, Sam, sonst brauchst du auch einen Doktor!« Ihre beiden Schwestern leisteten ihr Beistand und bauten sich vor dem jähzornigen Kartoffelbauern auf. Die Skenes hatten Larry einst bei sich aufgenommen, nachdem seine Mutter bei der Geburt gestorben und sein Vater mit dem Baby überfordert gewesen war.

Widerstrebend ließ Sam seinen Sohn los. Er machte Larry immer noch für den Verlust seiner Frau verantwortlich.

»Was ist die Todesursache?«, rief Jane Ann. »Wir wollen das ganz genau wissen.«

»Ja, richtig!«, erschallte es hier und dort. »Wie ist der Kerl gestorben?«

Kate blickte fest in die Runde. »Zuerst sind wir von einem Hirnschlag ausgegangen«, fing sie an, »in Folge seiner schweren Kopfverletzung, so etwas kommt vor. Aber ich möchte euch nichts verheimlichen. Captain Sullivan litt unter Strahlungsschäden.« Sie erklärte, was das war und wie es sich zeigte, auf der Haut zum Beispiel. Es hing mit Atomkraft zusammen, einer überaus gefährlichen Form der Energiegewinnung. Man konnte damit auch Bomben von verheerender Zerstörungskraft bauen, Bomben, die während des Krieges auf Schottland gefallen sein mochten. Der Pilot war mit dieser Zerstörungskraft vermutlich in Berührung gekommen, und das wirkte sich auf seine inneren Organe aus, Leber, Nieren und so weiter. Eventuell hatten sie versagt.

»Ich weiß sehr wenig darüber, nur, dass es immer tödlich endet. Gegen Strahlungsschäden ist kein Kraut gewachsen.« Kate hielt inne und wartete, bis diese Informationen gesackt waren. »Es gibt noch eine dritte Möglichkeit. Eine viel wahrscheinlichere.« Sie warf Rosie, die neben ihr stand, einen beklommenen Blick zu. Sollte sie es wirklich sagen? Es war ungeheuerlich.

»Raus mit der Sprache!« Jane Ann ließ sich von Kates Geschwafel nicht beeindrucken. »Kommen wir jetzt langsam zur Wahrheit?«

»Captain Sullivan wurde vergiftet.«

Stille. Gift? In welcher Form? Noch eine Teufelei der Festländer?

»Ich glaube, dass der Wirkstoff erst vor kurzem in seinen Blutkreislauf gelangt ist, oral, also über den Mund, während er auf der Krankenstation lag«, fügte Kate hinzu. »Von Rosie hat er nur Quellwasser bekommen, völlig unbedenklich. Aber Gladys brachte dem Captain einen Lammeintopf, von dem nur er gegessen hat. Da muss irgendetwas drin gewesen sein, das zu Lähmungserscheinungen und letztlich zum Tod durch Herzstillstand geführt hat.«

Alle Blicke richteten sich auf die Skene-Schwestern. Gladys, Emily und Loreen waren dafür bekannt, dass sie Kräuter sammelten, für den Hausgebrauch, wie es viele Inselbewohner taten. Sie pflückten aber auch Gewächse, die andere wohlweislich stehen ließen, und kochten daraus Heiltränke und Tinkturen. Die Dosis machte das Gift, sagten sie immer.

»Blödsinn!«, wehrte sich Gladys. »Ich hab dem Mann nichts ins Essen getan! Warum auch? Ich hatte Mitleid.«

»Du verarbeitest sogar Algen und Muscheln.« Sam Boulby hatte wieder Oberwasser. »Vielleicht hast du eines deiner Töpfchen verwechselt? Aus Versehen oder … mit Absicht?«

»Ausgeschlossen. An die lebensgefährlichen Sachen kommt keiner ran. Die hab ich weggesperrt, in einen Schrank.«

»Und die Schlüssel dazu?«, fragte Jane Ann.

»Sind gut versteckt«, erwiderte Gladys.

»Gut genug für Larry?«

Gladys stutzte. »Was soll das heißen? Larry kriegt ohne fremde Hilfe nicht mal seinen Hosenstall auf.«

»Dauernd wünscht er sich, dass der Soldat endlich tot wäre. Posaunt es überall herum. ›Der böse Mann‹ muss sterben, all so was. Könnte doch sein, dass er ein bisschen nachgeholfen hat.« Jane Ann wandte sich den anderen zu und hob zu einer Rede an. »Auf St. Kilda hat es noch nie einen Mord gegeben, soweit die Aufzeichnungen zurückreichen. Wir alle sind darüber bestürzt und betroffen. Aber jetzt ist es zum ersten Mal passiert, zu einem Zeitpunkt, der für das Überleben der Kolonie entscheidend ist. Schon morgen können Soldaten vom Festland hier landen, mit Fluggeräten oder per Schiff, und sie werden uns fragen: Was habt ihr mit den Mördern von Captain Sullivan angestellt? Wie habt ihr sie bestraft? Von unserer Antwort hängt es dann ab, ob sie uns in Frieden lassen oder bekriegen.« Sie machte eine Pause, um ihre Ansprache wirken zu lassen. »Ich sage euch, was Gladys und Larry erwartet. Die Ebbe hat eingesetzt. Wir werfen Sie ins Meer!«

Ein Beifallssturm erhob sich. »Ins Meer! Sollen sie es mit ihrem Leben büßen!«

»Seid ihr total übergeschnappt?« Kate versuchte die ersten St. Kildaner aufzuhalten, die sich Gladys und Larry näherten. Emily und Loreen taten es ihr gleich. »Was sagst du dazu, Bill?«

Doch Bill Conroy schwieg. Mit gebeugtem Kopf verließ er die Versammlung.

»Das ist nicht gerecht!« Kate gab nicht auf. »Ihr habt keinen Beweis für Larrys oder Gladys' Schuld.«

»Du hast selbst gesagt, dass es am wahrscheinlichsten ist. Sollen wir abstimmen?« Jane Ann blickte sich um. »Wer ist für die Todesstrafe für Larry Boulby und Gladys Skene wegen Mordes?«

Eine überwältigende Mehrheit von Händen fuhr in die Höhe.

»Muss es wirklich die Todesstrafe sein?«, fragte Kate. »Und gleich für beide? Seid ihr sicher, dass so etwas Drastisches von uns erwartet wird?«

Sam Boulby beachtete sie nicht weiter und stieß sie zur Seite. Kate schlug ihm den Ellenbogen ins Gesicht. Laut aufschreiend fasste er sich an die blutende Nase. Dann zog er sein Knochenmesser, das er immer am Gürtel trug, und schlug Kate mit dem harten Horngriff nieder. Jane Ann und ihre Söhne setzten die Skene-Schwestern Emily und Loreen mit Knüppeln außer Gefecht. Die Menge bemächtigte sich der beiden Verurteilten. Larry und Gladys wurden mit Stricken gefesselt und Richtung Strand befördert.

Rosie, Dwayne und Keith hatten alles fassungslos verfolgt. Sie waren sich nicht sicher, ob sie eingreifen durften, schließlich hatten die St. Kildaner mehrheitlich entschieden, und Beschlüsse des Parlaments wurden nie angezweifelt. Außerdem ging alles unglaublich schnell. Niemand wusste, wie man in einem Mordfall verfuhr. Es war, als wollten die Inselbewohner das Problem einfach nur los sein, und zwar um jeden Preis. Wie du mir, so ich dir. Mehr noch: vorbeugende Vergeltung. Larry und Gladys sollten geopfert werden, um etwaiges Unglück abzuwenden.

In Sekundenschnelle fassten sie einen Plan. Rosie blieb bei den Verletzten und leistete Erste Hilfe. Keith rannte zu einem Schafunterstand am anderen Ende der Bucht. Und Dwayne folgte dem alten Bill. Kurz vor seiner Hütte holte er ihn ein. »Wir müssen Kontakt mit dem Festland aufnehmen, um diesen Wahnsinn zu stoppen.«

»Das Schicksal nimmt seinen Lauf.« Bill schaute weg.

»Aber wenn wir mehr über den Auftrag von Captain Sullivan wüssten …«

»Erkundungsflug, hat er gesagt.«

»Das kann doch nicht alles sein. Er hat sich so seltsam aus-
gedrückt. Vielleicht wollen die uns evakuieren, zumindest
einige von uns.«

»Tatsächlich?« Bill blieb vor seiner Haustür stehen. »Na ja,
irgendwann werden wir das schon erfahren.«

»Wir können es jetzt gleich erfahren.« Dwayne schob sich
an Bill vorbei, die Zeit drängte. »Mach das Funkgerät an. Wir
geben durch, was geschehen ist, und –« Aus den Augenwin-
keln bemerkte er, wie der Stock durch die Luft zischte und
sich seinem Kopf näherte. Er wich im letzten Moment aus,
der Hieb ging ins Leere.

Bill schlug der Länge nach hin. »Geh da nicht rein!« Es
klang flehentlich. »Bitte!«

Dwayne betrat die Hütte. In einem Nebenraum, der als
Speisekammer diente, wurde er fündig. Das Funkgerät war
nur noch ein Haufen Schrott. Jemand hatte es vollständig zerstört. Überall lagen verbogene Metallteile, Glas- und Kunst-
stoffsplitter. Es musste erst vor kurzem passiert sein. Entsetzt
drehte er sich um. »Das war unsere Verbindung zur Außen-
welt. Warum hast du das getan?«

»Damit niemand die Wahrheit erfährt.« Bill kroch über die
Schwelle und richtete sich halb auf. »Und damit sie euch
nicht zum Festland mitnehmen. Ich weiß, es ist nur ein Auf-
schub.«

»Was läuft hier?«

Bill lehnte sich im Sitzen gegen den Türstock. »Unsere Geschichte, die Geschichte von St. Kilda … Was ich heute Morgen beim Parlament erzählt hab, stimmt nicht ganz.« Er
machte eine Pause, sein Blick wurde hart. »Die ersten Kolonisten …

»32 Frauen und Männer«, ergänzte Dwayne. »Darunter
du.«

»Wir gehörten keiner Work-Party an. Das haben wir erfunden für unsere Nachkommen für euch. In Wirklichkeit wurden wir ausgesetzt. St. Kilda war eine Strafkolonie für Schwerverbrecher.« Bill angelte nach seinem Stock, das Ding schien ihm Halt zu geben. »Es war ein Experiment. Offener Vollzug. Wir sollten lernen, dass man nur in einer Gemeinschaft überleben kann, in der jeder dem anderen hilft. Nirgendwo geht das besser als auf einer einsamen Insel. Keine Einflüsse von außen, verstehst du?«

Dwayne verstand, aber nur wenig.

»Anfangs kam es zu Ausschreitungen. Unter den Kolonisten befanden sich Mörder, Entführer, Vergewaltiger. Ich selbst hab als junger Kerl eine Tankstelle überfallen, dabei ist der Kassierer gestorben. Viele von uns stammten aus den Four Corners, das war ein übles Viertel in Glasgow, hohe Kriminalitätsrate.«

»Deshalb habt ihr die Kreuzung so genannt.«

»Zur Erinnerung an die alte Heimat«, bestätigte Bill. »Aber wir bissen uns durch, bauten nach und nach etwas auf. Als das erste Kind geboren wurde, beschlossen wir, über unsere Vergangenheit Stillschweigen zu bewahren und alles ein bisschen … zu beschönigen.«

»Um das Gesicht vor den Erben zu wahren.«

»Um sie nicht unnötig zu belasten. Wir hatten es schwer genug.«

»Das erste Kind – war das Kate?«, fragte Dwayne.

»Ihr Vater konnte mit der Lüge nicht leben. Aus diesem Grund brachte er sich um, nicht wegen der Schlechtigkeit der Welt. Schlimme Sache damals.«

»Und der Krieg, der auf dem Festland ausbrach? Ist daran wenigstens was dran?«

»Sicher. Deswegen blieben wir ja isoliert. Das Experiment

wurde zum Dauerzustand. Hat irgendwie geholfen, dass es kein Zurück gab und sich der Rest der Welt an die Gurgel ging – Mord im ganz großen Stil. Das war wie ein Straferlass. Wir hatten wieder auf den rechten Weg gefunden, während die da draußen einen Weltenbrand entfachten.«

Bill stemmte sich mit Hilfe des Stockes hoch. Er schlurfte zu einem Tisch vor dem Kamin und ließ sich auf seinem Lehnstuhl nieder. »Abgesehen von der Tatsache, dass St. Kilda ursprünglich eine Art Freiluftgefängnis war, ist alles wahr. Aber ich muss dir ein weiteres Geständnis machen. Ich war es, der Captain Sullivan getötet hat.«

Dwayne erstarrte. »Du? Aber wie –«

»Ich bin zu Gladys gegangen und hab was in ihren Eintopf getan, den Inhalt einer Giftkapsel, die sie jedem Sträfling vor siebzig Jahren ins Exil mitgegeben haben. Als letzten Ausweg.«

»Von dem Stew hätten auch Rosie und ich essen können.«

»War ein Risiko, sorry. Aber Gladys sagte, der Topf sei nur für den Captain bestimmt. Sie ist übrigens völlig unschuldig, ich hab sie nicht eingeweiht. Hätte ich gewusst, wie Jane Ann und die anderen auf den Tod des Piloten reagieren …«

»Warum?« Dwayne wurde wütend. »Wie konntest du so etwas Schreckliches tun?«

Der alte Mann wies auf die Trümmer des Funkgeräts. »Heute Morgen, bevor ich den Kasten demoliert hab, kam eine allgemeine Suchmeldung rein. Sullivans Flugzeug sei verlorengegangen, so in der Art. War nicht der erste Funkspruch, den ich in den letzten Jahren abgefangen hab. Doch diesmal hab ich geantwortet und mich ein bisschen unterhalten mit denen. Die Strafkolonie auf St. Kilda wird aufgelöst, hieß es. Alle Bewohner unter dreißig sollen auf dem Festland resozialisiert werden.«

»Also doch!«, entfuhr es Dwayne.

»Inzwischen sind die jungen Männer und Frauen in Schottland größtenteils steril, wegen des atomaren Fallouts. Die können keine Kinder kriegen. Deswegen seid ihr für die Gold wert, du, Keith, Rosie, sogar Gladys. Gesundes Sperma, gesunde Eizellen …«

»Die brauchen Zuchtmaterial?«

»Über kurz oder lang werden sie sich's holen, Junge. Mir geht es nur darum, Zeit zu gewinnen, Zeit für St. Kilda. Wir müssen uns eine Abwehrstrategie überlegen.«

»Was können wir tun?«, fragte Dwayne.

Bill öffnete die Schublade des Tisches, holte einen uralten Army-Revolver heraus und setzte ihn sich an die Schläfe. »Tut mir leid. Ich wollte nur das Beste für euch.«

Dann drückte er ab.

Bill war sofort tot. Hilflos betrachtete Dwayne die Leiche. Der Schuss hallte ihm in den Ohren. All diese Lügen … Dann wischte er sich die Blutspritzer aus dem Gesicht und rannte zum Strand hinunter.

Es war noch nicht zu spät. Oder doch? Larry und Gladys stand das Wasser schon bis zur Brust. Die St. Kildaner hatten einen Halbkreis um sie gebildet und trieben sie in die Brandungszone. Mit jeder zurückflutenden Welle wurden die beiden ein Stück weiter hinausgezogen. Wenigstens hatte man ihnen die Fesseln abgenommen, doch bald würden sie den Boden unter den Füßen verlieren und ertrinken. Wer auch immer sich das ausgedacht hatte, es war niederträchtig. Kein Insulaner musste persönlich Hand anlegen, um Larry und Gladys das Leben zu nehmen. Sie überließen es dem verhassten Meer, das schon so viele Tode verursacht hatte.

Nur Sam Boulby kauerte auf dem Uferstreifen. »Warum

hab ich das zugelassen?«, schrie er tränenüberströmt. »Er ist doch mein Sohn!«

Keine Zeit für Erklärungen. Keine Zeit, dieses unmenschliche Strafgericht zu verhindern. Dwayne blickte suchend umher.

Keith winkte ihm zu. Er hatte die Rettungsinsel aus dem Unterstand geholt und zu Wasser gelassen. Mit langen Schritten watete er durch die Dünung und schubste das Ding vor sich her. Binnen kurzem war Dwayne bei ihm.

»Mehr als drei Leute passen da nicht rein«, sagte Keith. »Ich bin kräftiger als du.«

»In deinen Träumen!«, widersprach Dwayne. »Ich kann besser navigieren.« Er wies auf die Wolken, die wie ein Schwarm Sturmvögel über den Himmel jagten. »Der Wind steht auf Nordwest. Ich muss nur Kurs halten, dann erreichen wir in ein oder zwei Tagen das Festland.« Er wälzte sich über den Rand der Rettungsinsel und schnappte sich das Paddel. »Lass mich gehen, Kumpel.«

Keith reichte ihm die Hand. »Wenn's einer schafft, dann du.« Er schob das Floß mit seinem zeltartigen Aufbau in die Brandung, es nahm Fahrt auf. »Ich hab Schafsblasen mit Trinkwasser reingetan, und was ich an Proviant auf die Schnelle auftreiben konnte.«

»Danke, Keith. Du bist der Beste.«

»Sehen wir uns wieder?«

»Ich weiß nicht. Ich hoffe es.«

Dwayne machte sich mit dem Paddel vertraut. Es gelang ihm, es als Steuer einzusetzen. »Platz da!«, rief er zwei Hamilton-Brüdern zu, die am Ende des Halbkreises standen. Sie drehten sich perplex um und ließen die Rettungsinsel durch. Inzwischen schnappten Larry und Gladys nach Luft, sie drohten unterzugehen. Die St. Kildaner beobachteten das

Schauspiel aus einigen Metern Entfernung, um nicht selbst vom Ebbstrom davongetragen zu werden.

Dwayne holte zuerst Larry an Bord, der sich überraschend geschickt anstellte und nicht wusste, wie ihm geschah. Dann zog er Gladys aus dem Wasser. Sie hustete sich die Seele aus dem Leib. Er musste mit dem Paddel kaum nachhelfen. Die Rettungsinsel trieb aus der Bucht und erreichte das offene Meer.

Kein Protest erhob sich von den St. Kildanern. Schweigend verfolgten sie, wie einer der Ihren dem Schicksal eine andere Wendung gab. Nicht wenige mochten erleichtert darüber sein, dass ihnen die Bürde eines Doppelmordes in letzter Sekunde von den Schultern genommen wurde, ohne Kenntnis ihrer wahren Vergangenheit und der Tatsache, dass sie die Söhne und Enkel von Mördern waren.

So dachte Dwayne, als er zum Strand zurückschaute. Er sah Sam Boulby, wie er auf Jane Ann eindrosch und Verwünschungen ausstieß. Er sah Keith, der vor Freude im Wasser herumplanschte und irgendetwas rief – der Wind blies es ihm von den Lippen. Und er sah Rosie. Sie war zum Strand heruntergekommen, hoffentlich hatte sie Kate und die Skene-Schwestern versorgt. Rosie wurde gebraucht auf St. Kilda, mehr denn je.

Dwayne schwenkte die Arme zum Abschied.

Als Erwiderung deutete sie zur Insel hoch, in die Richtung des Mistress Stone auf den Klippen. Es war ein natürlicher, von Felsen geformter Torbogen. Vor langer Zeit stiegen die jungen Männer dort hinauf und legten eine Mutprobe ab. Sie balancierten auf einem Bein über dem Abgrund. Dadurch stellten sie unter Beweis, dass sie gute Vogelfänger, Eiersammler – und respektable Heiratskandidaten waren. Zum Spaß waren Rosie und Dwayne gemeinsam zum Mistress

Stone geklettert. Sie hatten ein Bein angehoben, um das uralte Ritual zu erfüllen. Dann hatten sie sich geküsst.

Es war gefährlich. Man konnte leicht abstürzen. Sie hatten es dennoch getan.

Rosie begann, den Weg zu den Klippen hochzugehen. Das dauerte eine Weile, wusste Dwayne. Aber wenn sie oben angelangt war, würde sie die Rettungsinsel in der Ferne vielleicht noch als gelben Punkt auf den Wogen erkennen können. Und wenn die kleine Arche endlich über der Kimm verschwand und die lichtlose Nacht hereinbrach, würde sie jeden Tag, der verstrich, zum Mistress Stone emporsteigen.

Sie würde Ausschau nach ihrem Geliebten halten.

Da war er ganz sicher.

Trotz allem.

über den Autor

Thomas Kastura, geboren 1966 in Bamberg, lebt ebendort mit seiner Frau und seinen beiden Töchtern. Er studierte Germanistik und Geschichte und arbeitete als Universitäts-dozent sowie Kulturjournalist. Seit 1998 schreibt er Bücher, zunächst als Sachbuchautor und Herausgeber. Sein 2006 er-schienener und vielbeachteter Kriminalroman »Der vierte Mörder« stand auf Platz 1 der KrimiWelt-Bestenliste und wurde sogar ins Französische übersetzt. Der zweite Fall mit Kommissar Raupach, »Das dunkle Erbe«, erschien 2008, der dritte Fall, »Das geheime Kind«, 2010. Für den Bayerischen Rundfunk (B 2 Kultur) verfasst Thomas Kastura Glossen, Essays und Rezensionen. 2007 war Thomas Kastura Stadt-schreiber zu Rottweil. Er ist Vorsitzender der Regionalgrup-pe Oberfranken im Verband deutscher Schriftsteller (VS) und Beirat im Landesvorstand des VS Bayern. 2015 erschien bei Droemer »Dark House«, ein in England spielender Thril-ler, gleichzeitig ein spannendes Stück Gesellschaftskritik und Hommage an Agatha Christie. Die britische Küste, vor allem dort, wo sie am einsamsten und gefährlichsten ist, dient Tho-mas Kastura immer wieder als Inspiration.

Mehr zum Autor unter www.thomaskastura.de

Lust auf weitere Hochspannung mit
Thomas Kastura?

Dark House
Roman

Ein Weekend in einem abgelegenen Haus an der englischen Küste. Zehn Freunde und ihr ehemaliger Professor kommen zusammen, um zu feiern und sich zu erinnern – an ein Jahre zurückliegendes dunkles Psycho-Experiment, dessen tragischen Ausgang sie alle viel zu lange verdrängt haben. Doch das Treffen erweist sich als entsetzlicher Fehler, die atemberaubende Natur als tödliche Falle …

Harald Gilbers

Der schöne Mister Manville

Berlin 1924

Als Oppenheimers Leib die Eisschicht durchbrach, kam er nicht einmal mehr dazu, Luft zu holen. Instinktiv presste er die Lippen zusammen, um den verbliebenen Sauerstoff in den Lungen zu halten.

In seinen Ohren knackte es, als Luftblasen aus den Gehörgängen entwichen. Er musste wieder nach oben, zurück an die Oberfläche. Doch wo zum Teufel war das? Nichts gab ihm eine Orientierung.

Unkoordiniert strampelte er mit Armen und Beinen. Und gleichzeitig spürte er, wie das Eiswasser seine Bewegungen lähmte.

Gedankenfetzen schwirrten in seinem Kopf. Erst gestern war es gewesen – ein Routinefall, nichts weiter. Und dann sah er erneut vor seinem inneren Auge, wie er mit dem Ganoven auf der verschneiten Brücke rang. Oppenheimer war übereifrig gewesen, hatte sich unnötig der Gefahr ausgesetzt. Für den Angreifer war es ein Kinderspiel gewesen, ihn mit einer schnellen Bewegung über das Brückengeländer in den Kanal zu stoßen. Doch jetzt war es zu spät, darüber nachzudenken.

Oppenheimers Rücken stieß gegen einen harten Gegenstand. Er drehte sich um und presste seine Hände gegen die rutschige Oberfläche. Es konnte nur die Eiskruste auf dem Kanal sein.

Aufgeregte Stimmen drangen an seine Ohren. Im Wasser klangen sie dumpf. Der Schein einer Laterne tanzte über das

Eis. An der Unterseite wurde das Licht von kleinen Luftblasen reflektiert. Doch es war zu wenig, um atmen zu können.

Er schlug gegen die Eisplatte über seinem Körper. Die Schicht war zu dick, um sie aus eigener Kraft zu durchstoßen.

Vielleicht konnte er ja die Stelle finden, an der er eingebrochen war. Doch während er noch suchte, wusste er bereits, dass es zu spät war. Die Luft wurde ihm knapp. Oppenheimer wollte langsam ausatmen, um wenigstens etwas Zeit zu gewinnen.

Doch es half nichts.

Bald würde seine Lunge versuchen, das Eiswasser zu atmen.

*

»So 'n hübscher Kerl«, sagte ein Fräulein inmitten der Menschenansammlung und schüttelte bedauernd ihren Kopf.

Der Leichnam konnte mit diesem Kompliment nichts mehr anfangen. Der Anzug, das weiße Hemd, die umgebundene Fliege, er war makellos gekleidet wie eine Schaufensterpuppe und ebenso leblos. Im *Kaufhaus des Westens* lag er in einer Ecke der Glaswarenabteilung auf dem Boden, seine starren Augen gegen die Decke gerichtet. Die Brillantine im Haar reflektierte das Licht der herabhängenden Bogenlampen. Oppenheimer fand, dass dieses Glänzen ein merkwürdiger Kontrast zu der dunklen Blutlache auf dem Parkettboden war. Er stand etwa drei Meter vom Toten entfernt im Zugang. Trübsinnig atmete er aus und murmelte: »Wenn das kein Mord ist, dann weiß ich auch nicht.«

Als er über seine Schulter blickte, sah er den Quadratschädel von Kommissar Willeg. Der ältere Kollege nickte bedächtig. Auch ihm waren die Einstiche in den Hals aufgefallen. »Ich schau mal, dass ich die Leute fortkriege.« Mit dieser Bemerkung brachte er seinen vierschrötigen Körper in Bewegung, während sich Oppenheimer der Leiche näherte.

Da die Leute von der Spurensicherung noch nicht vor Ort waren, wollte er die Gelegenheit nutzen, um sich ein ungestörtes Bild von dem Fundort zu machen.

Heute war der erste Sonntag nach dem Neujahrsfest und Oppenheimer hatte die undankbare Aufgabe zugewiesen bekommen, im Polizeipräsidium am Alexanderplatz über die Feiertage das Telefon der Mordbereitschaft zu bewachen.

Zu Silvester gab es vor allem Delikte unter Einfluss von Alkohol, doch diesmal wurde er überraschenderweise nicht in die Vergnügungsviertel gerufen, sondern nach Charlottenburg, das aufstrebende Geschäftszentrum im Berliner Westen.

Vor fast zwanzig Jahren hatten es viele für eine Schnapsidee gehalten, fern der Stadtmitte und dazu noch inmitten der gediegenen Wohngegend an der Tauentzienstraße einen Konsumtempel zu eröffnen. Doch die bei aller Gediegenheit nicht überladen wirkende Einrichtung, die Vielfalt des Warenangebots und natürlich eine aggressive Werbung hatten letztendlich dafür gesorgt, dass das *Kaufhaus des Westens* schon bald in Berlin das bekannteste seiner Art wurde. Angesichts des durchschlagenden Erfolgs hatten in den folgenden Jahren auch andere Unternehmer in der nahen Umgebung Geschäfte eröffnet und die Tauentzienstraße in einen schillernden Einkaufsboulevard verwandelt.

Und in ebenjenem Vorzeige-Warenhaus lag nun ein Toter – und das ausgerechnet an einem Sonntag, an dem die Türen gewöhnlich verschlossen waren.

Nach dem Anruf waren Oppenheimer und Willeg in einem Einsatzwagen durch die tiefverschneiten Straßen zum *KaDeWe* geeilt. Zum Glück war Willeg ein routinierter Fahrer und ließ sich selbst von den widrigsten Straßenverhältnissen nicht abschrecken. Das aufwendig verzierte Eisengitter vor dem Haupteingang des Warenhauses war allerdings nicht geöffnet. Selbst preußische Kriminalbeamte wie sie mussten sich außerhalb der Verkaufszeiten mit dem Hintereingang begnügen, und so parkte Willeg das Auto neben unzähligen Lieferfahrzeugen im Wirtschaftshof.

Oppenheimer hatte erwartet, das Warenhaus leer vorzufinden, doch das genaue Gegenteil war der Fall. Offenbar befand sich zur Tatzeit fast das komplette Verkaufspersonal in dem Gebäude.

Bei einer so großen Anzahl potenzieller Zeugen hätte man erwarten können, dass jemand etwas von dem Mord mitbekommen hatte. Doch weit gefehlt, der Verkaufsstand befand sich in einem separaten Raum und war damit vor Blicken geschützt.

Nach einer Weile kehrte Willeg zurück. »Wir können dann gleich mit der Befragung beginnen«, sagte er.

Da Oppenheimer gerade neben dem Leichnam in der Hocke saß, musste er aufschauen. »Wie viele Personen sind heute anwesend?«

»So an die tausend werden es schon sein. Wir konzentrieren uns erst mal auf die Leute in diesem Stockwerk.«

Oppenheimer nickte und winkte dann seinen Kollegen zu sich. »Schauen Sie sich das mal an.« Sie waren noch nicht beim *Du* angelangt, dazu war der Altersunterschied zu groß, und Oppenheimer hatte erst einige Monate beim Mordbereitschaftsdienst hinter sich.

»Was ist denn?«, fragte Willeg. Seine Gelenke knackten, als er neben Oppenheimer niederkniete.

»Hier.« Oppenheimer zeigte auf die Stichwunden an der Halsseite des Opfers.

Willeg verengte seine Augen zu Schlitzen. Bei genauem Hinsehen war neben dem verkrusteten Blut noch etwas anderes zu erkennen. Am Rande eines Einstichs war ein pechschwarzer Fleck.

»Hm, was ist das nur?«, murmelte Willeg.

»Möglicherweise von der Mordwaffe?«, murmelte Oppenheimer und richtete sich auf.

Eine Weile stand er wie versteinert inmitten des Verkaufsstands. Dann fiel sein Blick auf das Schreibpult. Direkt neben dem aufgeschlagenen Kontorbuch stand ein Tintenfass. Der Deckel war immer noch geöffnet, von der Schreibfeder fehlte hingegen jede Spur.

»Du meine Güte«, erklang ein Murmeln aus der Richtung des Zugangs. Ein älterer Herr war einige Schritte in den Verkaufsstand hineingetreten und starrte auf den Toten. Trotz der kühlen Temperatur tupfte er sich den Schweiß von der Stirn. Es stellte sich heraus, dass er der Abteilungsleiter war.

»Wer ist der Tote?«, fragte Willeg.

»Hm, das ist Mister Manville, einer unserer besten Verkäufer.«

»Mister?«

»Er bestand auf diese Anrede. Immerhin war er ja Amerikaner«, sagte der Abteilungsleiter. »Wissen Sie, verehrte Kommissare, wir haben Kunden aus aller Herren Länder. Und einige von ihnen sind der deutschen Sprache nicht mächtig.«

»Verkäufer, die fließend Englisch sprechen können, sind also von Vorteil?«

»Natürlich. Außerdem bekommen wir so Hinweise auf die neuen Verkaufsstrategien im Ausland. Die Konkurrenz schläft nicht. Wir müssen die Entwicklungen unentwegt im

Auge behalten, um unserem internationalen Renommee gerecht zu werden.«

In diesem Augenblick kam ein Verkäufer namens Bienert hinzu. Vor Schreck war ihm die Farbe aus den Wangen gewichen. Es stellte sich heraus, dass er in derselben Abteilung arbeitete.

Auf die Frage, weswegen alle Verkäufer anwesend waren, antwortete Herr Bienert: »Heute ist unsere Jahresinventur. In wenigen Tagen finden bereits die *Weißen Wochen* statt, und dann haben wir mit den Sonderangeboten zu tun. Also müssen wir eben sonntags die Inventur durchführen, wenn das Haus geschlossen ist. Ich kam gerade aus der Mittagspause, da habe ich ihn auf dem Boden gesehen. Es war ein richtiger Schock.«

»Sie haben ihn also entdeckt?«, fragte Oppenheimer.

»Genau. Gleich hinter mir kam Fräulein Kopp. Sie hat dann umgehend nach der Polizei telefoniert.«

Der Abteilungsleiter schenkte den Ausführungen von Herrn Bienert keine Aufmerksamkeit, sondern blickte irritiert umher. Als er auf dem Boden einen Gegenstand wahrnahm, wollte er sich nach ihm bücken, doch Oppenheimer kam ihm zuvor.

»Nicht berühren!«, rief er und erfasste gerade noch rechtzeitig die Schulter des Abteilungsleiters. »Die Spurensicherung wird sich das genauer anschauen.«

»Sicher«, sagte der Abteilungsleiter mit einem Räuspern.

Es war ein Kristallaschenbecher. Da er unmittelbar neben dem Zugang lag, war er Oppenheimer bislang noch nicht aufgefallen. Er war sicher schwer genug, um jemanden damit bewusstlos zu schlagen.

Und tatsächlich, an einer der gezackten Ecken klebte Blut.

∗

Wir sprechen auch Deutsch, stand auf dem Schild des Lokals. Oppenheimer schmunzelte, als er es im Vorbeilaufen entdeckte. In den Gaststätten rund um das *KaDeWe* wurde sonst ein wildes Durcheinander von Russisch, Französisch und Englisch gesprochen, denn die Stammgäste waren größtenteils Exilrussen. Ausreisevisa nach Deutschland waren für sie leicht zu bekommen, und mit ihren Devisen ließ sich in den Zeiten der Hyperinflation in Berlin ein wesentlich angenehmeres Dasein führen als in der Heimat – selbst wenn es bedeutete, dafür stundenlang in der Schlange vor den Wechselstuben auszuharren. Mittlerweile hatten sich in Charlottenburg russische Buchläden, Restaurants und sogar Schulen angesiedelt, so dass der Ortsteil bald den Spitznamen *Charlottengrad* verpasst bekam. Oppenheimer wunderte sich, ob es seit der Umstellung auf die Rentenmark im vergangenen November für die Emigranten immer noch so einfach war, durch Devisentausch einen Profit herauszuschlagen.

Obwohl es Nachmittag war, drang kein Sonnenstrahl durch die Wolkendecke. Selbst die Straßenbeleuchtung war bereits angeschaltet. Bald würden auch in den Schaufenstern die Lampen angehen und die ersten Nachtschwärmer erscheinen. Wie an jedem Abend würden spindeldürre Damen in dicken Mänteln über die Gehwege balancieren, begleitet von ihren nicht mehr ganz so jugendlichen Kavalieren.

Oppenheimer sog die kalte Luft ein und stapfte über die Schneehügel entlang der Passauer Straße. Es war höchste Zeit, zum *KaDeWe* zurückzukehren. Für geschlagene drei Stunden hatte er die Angestellten befragt, ohne Resultate zu erzielen. Er wusste jetzt nur, dass Mister Manville unverheiratet war und unter seinen Kollegen kaum Freunde besaß.

Um seine aufkommende Müdigkeit zu vertreiben, war Oppenheimer kurz nach draußen gegangen. Und tatsächlich hatten die Minustemperaturen sein Gehirn wieder auf Trab gebracht.

Oppenheimer kämpfte sich gerade durch den dichten Schleier der Schneeflocken zur gegenüberliegenden Straßenseite durch, als mit einem metallischen Klacken der Personaleingang geöffnet wurde und Willeg heraustrat. Offenbar hatte er dieselbe Idee wie Oppenheimer gehabt.

Zur Begrüßung knurrte er bloß und begann dann, eine seiner abscheulichen Zigarren zu entzünden. Oppenheimer wusste aus leidvoller Erfahrung, dass es nicht ratsam war, dabei in Willegs Windschatten zu stehen, und wechselte diskret auf die andere Seite.

»Was rausgefunden?«, fragte Willeg.

Oppenheimer klopfte den Schnee von seinem Hut. »Nicht viel. Es sieht so aus, als habe der Täter Herrn Manville mit einem Schlag auf den Hinterkopf betäubt. Die Spurensicherung hat an jener Stelle eine Platzwunde entdeckt. Wahrscheinlich stammt sie vom Kristallaschenbecher. Es ist aber merkwürdig, dass er nicht direkt beim Toten lag, sondern einige Meter weiter beim Ausgang.«

»Sieht so aus, als hätte ihn der Täter bei seiner Flucht achtlos fortgeworfen«, meinte Willeg mit hintergründigem Blick.

Oppenheimer ahnte, dass ihn sein Kollege auf die Probe stellte. »Als Todesursache kommen eher die Stiche in den Hals infrage«, fuhr er fort. »Die Tintenfeder wurde noch nicht aufgefunden. Das wäre an sich eine mögliche Tatwaffe. Vermutlich hat der Täter mit ihr so lange eingestochen, bis er die Halsschlagader getroffen hat. Und dann ist Mister Manville einfach verblutet. Er lag in einer Ecke, auf den ersten Blick konnte ihn niemand sehen.«

Willeg runzelte seine Stirn. »Dieser Manville trug nur einen Manschettenknopf. Er hat sich ordentlich gekleidet. Das wäre ihm also bestimmt aufgefallen.«

Oppenheimer hielt inne. »Im Verkaufsstand lag aber kein Manschettenknopf.«

Willeg antwortete mit einem Kopfnicken. Dann erhob er wie ein Schulmeister seinen Zeigefinger. »Immer auf die Details achten, Oppenheimer. Auf die merkwürdigen Begleitumstände. Ich kümmere mich weiter um die restlichen Mitarbeiter, und Sie suchen nach diesem Gegenstand.«

Der Gedanke, das komplette Warenhaus nach einem winzigen Manschettenknopf zu durchsuchen, heiterte Oppenheimer nicht gerade auf. Obwohl er fand, dass dies eher eine Aufgabe für die Spurensicherung war, würde Willeg sich nicht umstimmen lassen.

Dieser sog für eine Weile gedankenversunken an seiner Zigarre und murmelte dann: »Man sollte das Pack einfach einbuchten.«

Oppenheimer wusste allzu gut, was Willeg damit andeuten wollte. Die in der Mordinspektion eingestellten Männer waren meistens Akademiker ohne andere Berufsperspektive oder ehemalige Militärangehörige. Willeg zählte zur zweiten Kategorie. Gemäß seines Standes vertrat er die Ansicht, dass Zucht und Disziplin das Wichtigste seien, und fand die Gesetzgebung viel zu liberal. Zudem glaubte er, dass man die Kriminalität allein dadurch ausrotten könne, indem man sogenannte Berufsverbrecher in Vorsorgehaft nahm.

Schon nach wenigen Wochen hatte Oppenheimer aufgegeben, ihn vom Gegenteil zu überzeugen. Stattdessen fragte er nun: »Glauben Sie tatsächlich, dass hier ein Ringverein seine Finger im Spiel hat? Ausgerechnet im *KaDeWe*?« Das organisierte Verbrechen in Berlin war ohne die Ringvereine kaum noch vorstellbar. Ursprünglich waren sie gegründet worden, um ehemalige Strafgefangene zu unterstützen. Die bierselige Gemütlichkeit von Vereinsnamen wie *Immertreu* und *Glaube, Liebe, Hoffnung* täuschte allerdings schon lang nicht mehr darüber hinweg, dass die Unterwelt von diesen Bruderschaften dominiert wurde. Von Prostitution bis hin zu Hehlergeschäften, die Ringvereine steckten praktisch hinter jeder illegalen Aktivität. Der Gedanke, dass eine Gestalt aus der Berliner Unterwelt im nobelsten Warenhaus ihr Unwesen trieb, fand Oppenheimer jedoch weit hergeholt.

»Entweder ein Ringverein oder ein verschmähtes Weib«, brummte Willeg selbstzufrieden, »merken Sie sich meine Worte.«

Auf dem Rückweg gesellte sich ein Hausdetektiv namens Möller zu Oppenheimer. Er war außerplanmäßig an seinem Arbeitsplatz erschienen, nachdem der Leichenfund durchgesickert war. Möller war ein grauer Herr in einem grauen Anzug, was wohl die beste Voraussetzung war, um die Kunden unbemerkt zu beobachten. Sein leuchtend rotes Haar wollte jedoch überhaupt nicht dazu passen, doch zumindest solange er den Hut aufbehielt, fiel das nicht auf.

Oppenheimer war froh, dass Möller ihm den Weg durch die scheinbar endlosen Korridore wies, denn er kannte sich im *KaDeWe* nicht aus. Die Gehälter der Mordkommissare waren so niedrig, dass er gewöhnlich die preiswerteren Warenhäuser am Alexanderplatz vorzog. Außerdem lagen sie praktischerweise gleich in der Nachbarschaft des Polizeipräsidiums.

»Haben Sie einen Generalschlüssel dabei?«, erkundigte sich Oppenheimer. »Ich muss einige Räume durchsuchen.«

Möller verlangsamte seinen Schritt. »Den hat nur der Jourdienstleiter, so wird der Herr vom Schließdienst genannt. Aber heute is sicher alles offen, is ja Inventur.«

Wieder beim Fundort des Toten angelangt, registrierte Oppenheimer, dass die Spurensicherung ihre Arbeit mittlerweile abgeschlossen hatte und, abgesehen vom Blutfleck, alle Anzeichen des Vorfalls beseitigt waren. Als er überlegte, wo sie am besten mit der Suche nach dem Manschettenknopf anfangen sollten, fiel sein Blick auf eine Tür direkt gegenüber dem Zugang.

»Wo geht es da hin?«, fragte Oppenheimer den Hausdetektiv.

Möller antwortete prompt: »Das is das Lager. Die Glaswarenabteilung benutzt es mit der Porzellanabteilung zusammen.«

In dem Lager herrschte eine große Enge, und die Luft war so abgestanden, dass Oppenheimer die Eingangstür lieber geöffnet hielt. Auf wenigen Quadratmetern standen hier unzählige Regalreihen, in ihnen sauber geordnetes Kristallglas und Porzellan.

»Gibt es hier noch einen anderen Zugang?«

»Ja, auf der linken Seite is die Tür zur Porzellanabteilung«, erklärte Möller. »Und hier rechts is noch 'n Ausgang zum Hauptkorridor.«

Oppenheimer brauchte einige Sekunden, um sich dies bildhaft vorzustellen. »Also ist es möglich, dieses Lager zu betreten, ohne gesehen zu werden?«

»Das könnte schon klappen.«

Ziellos wanderte Oppenheimer die gefüllten Regalreihen entlang. Mit der Zeit glaubte er, ein Ordnungsprinzip zu erkennen, ein geometrisches Muster, in dem die Artikel ihren angestammten Platz hatten.

Plötzlich blieb er stehen und senkte seinen Blick. An einer Stelle schien dieses Muster nicht zu stimmen. Auf halber Höhe waren dort Karaffen aufgereiht, doch sie standen

durcheinander, ganz so, als habe sie jemand hastig einge-
räumt.

Willeg hatte ihm geraten, auf merkwürdige Begleitumstände zu achten, und so begann Oppenheimer, die einzelnen Karaffen zu inspizieren. In der ersten Reihe war nichts zu finden, doch als er eines der Tafelgefäße aus der hinteren Reihe
hervorziehen wollte, ertönte aus dem Inneren ein leises Geräusch. Erst dann erkannte Oppenheimer auf dem Grund des
Glasgefäßes ein Blitzen. Es war ein fremder Gegenstand.

Unwillkürlich hielt Oppenheimer den Atem an und kramte ein Taschentuch aus seiner Jacke. Dann senkte er das Ober-
teil der Karaffe und ließ den Gegenstand vorsichtig auf das
Taschentuch gleiten.

Es war der fehlende Manschettenknopf des Toten.

»Na, so was«, murmelte Oppenheimer mit zufriedenem
Lächeln. »Der Täter hat versucht, alle Spuren zu verwischen,
aber das hier hat er übersehen.«

Möller beobachtete das Schauspiel mit unverhohlener Fas-
zination. »Und was heißt das jetzt?«

»Wahrscheinlich fand hier ein Kampf statt. Er muss recht
heftig gewesen sein, wenn sogar ein Manschettenknopf dabei
abging.«

»Also hier is der Mord geschehen?«

Kopfschüttelnd antwortete Oppenheimer: »Nicht ganz.
Die Tat war nicht geplant, also musste der Mörder improvi-
sieren. Mister Manville wurde hier im Lager lediglich bewusstlos geschlagen. Der Täter hat ihn dann in eine Ecke des
Verkaufsstands geschleift. Jeder war in seiner eigenen Abteilung beschäftigt, Kunden waren ebenfalls nicht anwesend,
das Risiko, dabei gesehen zu werden, war also recht gering.
Der Täter kennt das Haus ziemlich genau. Und er wusste,
dass er am Schreibpult eine ideale Tatwaffe finden würde –

die Tintenfeder, mit der Mister Manville die Eintragungen ins Kontorbuch vornahm.«

Herr Möller verstand sofort, was das hieß. »Dann muss der Täter ein Angestellter sein.«

»Tja, ich befürchte, das ist die einzige Lösung. Aber dass es eine Auseinandersetzung gab und Manville dabei bewusstlos geschlagen wurde, wussten wir ja. Doch der Aschenbecher wurde woanders aufgefunden.« Oppenheimer versuchte, seine Gedanken zu sortieren. Es musste eine Lösung für diese Ungereimtheit geben. »Vielleicht wollte uns der Täter hier weglocken, unsere Aufmerksamkeit in die falsche Richtung lenken? Vielleicht wurde er ja gestört, und es befindet sich hier noch ein Hinweis, den er nicht rechtzeitig verschwinden lassen konnte?«

Je mehr Oppenheimer darüber nachdachte, desto plausibler kam ihm dieser Gedanke vor. Vergnügt rieb er seine Hände. »Na dann schauen wir mal, was wir sonst noch so finden!«

Daraufhin durchsuchten sie das Lager nach Verstecken. Möller ließ sich von Oppenheimers Jagdeifer anstecken, rückte unermüdlich Regale nach vorn und wieder zurück, begann schließlich sogar, die Wandvertäfelung abzuklopfen.

Als Oppenheimer gerade auf dem Boden kauerte, um unter die Regale zu schauen, drang aus einer Ecke Möllers Stimme zu ihm. »Ähm, Herr Kommissar?«

Flink sprang Oppenheimer auf und eilte zum Hausdetektiv. Dieser hockte vor einer Nische und befühlte einen Teil der Wandverkleidung. »Die Platte hier. Die is irgendwie locker.«

Gemeinsam versuchten sie, die Holzplatte zu lösen. Es ging recht einfach, sobald Oppenheimer begriffen hatte, dass sie lediglich an Seitenhaken befestigt war.

Weil die Beleuchtung kaum bis in diesen abgelegenen Winkel drang, musste er seine Augen anstrengen, um in dem dunklen Schlund etwas zu erkennen.

»Hier ist etwas«, sagte er schließlich. »Das Endstück eines Rohrs oder so was.«

»Wahrscheinlich die Überreste der Zentralkasse.«

Oppenheimer blickte sich nach Möller um. »Was meinen Sie damit?«

»Die funktioniert nicht mehr. Das war noch vor meiner Zeit. Sie können sich das vorstellen wie so 'ne Art Rohrpost fürs Wechselgeld. Aber da gab's laufend Reparaturen, also hat man's abgestellt. Hier in den Wänden sind noch überall die alten Rohre.«

Oppenheimer ertastete den freiliegenden Rand des Rohrs. »Das hat jemand abgesägt und dann nicht vernünftig entgratet«, murmelte er. »Das war sicher kein professioneller Handwerker.«

Um mit der Hand in das Rohr hineinzugreifen, musste sich Oppenheimer mit der kompletten Schulter in die Öffnung lehnen. Er glaubte schon, eine Niete gezogen zu haben, als seine Fingerkuppen plötzlich gegen einen samtenen Gegenstand stießen.

»Moment, hier ist was.« Mit der Zunge zwischen seinen Lippen tastete er nach dem Ding. Schließlich bekam er es zu fassen und nahm es aus dem Rohr.

Es war eine Art Säckchen. Jemand hatte es mit einer Schnur am Rohrende befestigt.

Oppenheimer zog die obere Öffnung auseinander und blickte in den Stoffbehälter.

Dann erstarrte er.

»Holen Sie Kommissar Willeg. Sofort!«

*

Die Falle war gestellt. Jetzt blieb nichts mehr übrig, als auf den Mörder zu warten. Widerstrebend musste Oppenheimer einsehen, dass Willeg in diesem Fall richtiggelegen hatte. Es musste eine Verbindung zum organisierten Verbrechen geben, denn in dem Stoffsäckchen waren mehrere Gramm Kokain versteckt. Für den rein privaten Gebrauch eindeutig zu viel.

Als Willeg wenige Minuten später hinzugekommen war, hatte er die These aufgestellt, dass sie auf ein bislang geheimes Vertriebsnetz gestoßen waren. Der Standort des *KaDeWe* passte nur allzu gut zu dieser Mutmaßung, denn praktisch vor der Tür lag der Wittenbergplatz. Dort wurde so viel Kokain verkauft wie an keinem anderen Ort in Berlin. Die Polizei drückte meistens ein Auge zu, denn die Ringvereine hatten bislang dafür gesorgt, dass die damit verbundenen Gewalttätigkeiten auf ein Minimum reduziert blieben, schließlich besaßen unschöne Zwischenfälle wie Mord und Totschlag das Potenzial, die prächtig laufenden Geschäfte zu beeinträchtigen.

Doch in diesem Fall gab es nichts zu deuten. Vermutlich war Manville schlichtweg ermordet worden, weil er das Kokainversteck entdeckt hatte und es melden wollte. Auf einer eilig einberufenen Konferenz im Polizeipräsidium hatte sich der Mordbereitschaftsdienst mit dem Drogendezernat darauf verständigt, die Affäre restlos aufzuklären. Willeg stimmte Oppenheimers Vermutung zu, dass der Täter versuchen würde, das Kokain unbeobachtet aus dem Warenhaus fortzuschaffen. Obwohl es ein großes Risiko darstellte, war die beste Gelegenheit dazu ein Einbruch im Schutze der Nacht.

Oppenheimer saß versteckt gegenüber der Glaswarenabteilung, denn so hatte er die beiden vorderen Zugänge des

Lagers im Blick. Der dritte Ausgang im Seitenkorridor wurde vom Hausdetektiv Möller bewacht, für den es eine Frage der Ehre war, der Polizei zu helfen.

Vor dem Warenhaus parkten zwei unauffällige Autos mit Polizisten in Zivil. Erst wenn eine verdächtige Person aus dem Gebäude trat, sollten sie in Aktion treten und die Verfolgung aufnehmen.

Die ersten Stunden des Lauerns waren für Oppenheimer noch vergleichsweise aufregend gewesen, doch mittlerweile fühlte er sich schläfrig.

Die Atmosphäre besaß etwas Unwirkliches. Der Hauptkorridor war in gedämpftes Notlicht getaucht, die Waren in den menschenleeren Verkaufsständen ruhten zugedeckt unter weißen Laken. Pünktlich jede Stunde machte der Nachtwächter seine Runde und watschelte, seinen Schnurrbart zwirbelnd, durch Oppenheimers Gesichtsfeld.

Er unterdrückte gerade ein Gähnen, als er ein verdächtiges Geräusch hörte. Oppenheimer bekam eine Gänsehaut. Direkt neben ihm öffnete sich eine Tür.

Zentimeter für Zentimeter wurde das Türblatt nach außen geschwenkt, doch das Quietschen der Scharniere wirkte dadurch umso lauter.

So leise, wie es ihm möglich war, wich Oppenheimer zurück. Direkt hinter ihm befand sich ein Verkaufsregal. Als er sich so postiert hatte, dass er die Tür gerade so noch im Blick behalten konnte, betrat eine menschliche Gestalt den Verkaufsstand. Sie war zunächst nicht viel mehr als ein scharf umrissener Schatten. Erst als sich der Mann dem Hauptgang näherte und ins Licht der Notbeleuchtung trat, erkannte ihn Oppenheimer.

Es war Bienert, der Arbeitskollege des toten Mister Manville. Für Willeg gehörte er schon seit Beginn der Untersuchung zu den Verdächtigen, und jetzt hatte ihn Oppenheimer auf frischer Tat ertappt.

Unsicher verharrte Bienert vor dem Ausgang des Verkaufsstandes und starrte auf den Hauptgang, als sei er ein Schwimmer, der den Ärmelkanal durchqueren wollte. Schließlich atmete er durch, blickte kurz nach rechts und links und hastete dann über den beleuchteten Gang.

Als Bienert in der Glaswarenabteilung verschwand, trat Oppenheimer wieder aus dem Schatten.

Solange sich Bienert im Lager befand, konnte Oppenheimer nichts tun, denn schließlich wollten sie auch die Auftraggeber schnappen. Oppenheimer ahnte, dass Bienert die eingehängte Platte der Holzverkleidung entfernen würde, um nach dem Säckchen im Leerrohr zu greifen. Sie hatten das Kokain vorsorglich gegen Backpulver ausgetauscht. Selbst in dem unwahrscheinlichen Fall, dass Bienert entkam, würde er eine böse Überraschung erleben.

Mit diesen Gedanken starrte Oppenheimer auf das schwarze Rechteck, in dem sich der Eingang zum Warenlager befand.

Erst verging eine Minute. Dann verging die zweite.

Nach der fünften Minute wurde Oppenheimer allmählich unruhig. Er fragte sich, warum es so lange dauerte. Das Kokainpäckchen an sich zu bringen und das Versteck wieder zu verschließen, ließ sich mit etwas Routine sicher innerhalb wenigen Sekunden über die Bühne bringen.

Oppenheimer wägte gerade ab, ob er sich anschleichen sollte, als es raschelte.

»Stehen bleiben!«, erklang eine laute Stimme aus dem Seitengang. Dann folgte ein Handgemenge. Polternd fiel etwas gegen die Wandverkleidung.

Zu diesem Zeitpunkt war Oppenheimer bereits losgelaufen. Es konnte nur Möller sein. Anstatt Bienert zu beobachten, hatte er wohl versucht, ihn aufzuhalten.

Und tatsächlich, als Oppenheimer um die Ecke bog, sah er, wie sich auf dem Boden eine Gestalt krümmte. Der Mann hatte leuchtend rote Haare.

Im leeren Gebäude hallte das Geräusch eiliger Schritte.

*

»Ein Glück, dass er uns nicht durch die Lappen gegangen ist«, knurrte Oppenheimer.

Ein zustimmendes Brummen von Willeg war die einzige Antwort, denn er war zu sehr damit beschäftigt, das Fahrzeug aus der zugeschneiten Parkbucht zu rangieren.

Offenbar hatte vor dem *KaDeWe* ein Komplize mit einem Auto auf Bienert gewartet, und nun rasten sie im halsbrecherischen Tempo die Kleiststraße entlang in Richtung Osten.

»Was war da überhaupt los?«, fragte Willeg, sobald sich ihr Fahrzeug auf der Straße befand und er den vorausfahrenden Zivilfahrzeugen der Polizei folgen konnte.

Oppenheimer zuckte mit den Schultern. Es war ihm peinlich, zugeben zu müssen, dass er den Hausdetektiv unbeobachtet zurückgelassen hatte. Doch Willeg wischte diese Bedenken beiseite.

»Es ging nicht anders. Sonst hätten wir zu wenig Männer gehabt, um diesen Bienert draußen abzufangen. Dem ist doch wohl nichts passiert, oder?«

Oppenheimer brauchte einige Sekunden, ehe er verstand, dass Willegs Nachfrage offenbar dem Hausdetektiv Möller galt. »Außer einem Brummschädel wird er keine weiteren Schäden davontragen.«

»Na also«, murmelte Willeg. »Die Hauptsache ist jetzt, dass wir diese Spitzbuben erwischen.«

Je weiter sie sich vom *KaDeWe* entfernten, desto spärlicher wurden die Straßenlaternen. Wenigstens hatte der Schneefall nachgelassen, so dass die Sicht frei war. Willeg bremste scharf ab, als vor ihnen die roten Lichtpunkte des Polizeiautos aufleuchteten. Ihr Wagen driftete gefährlich zur Seite, ehe er ganz zum Stehen kam.

Dann riss Willeg den Lenker nach links und beschleunigte, um mit durchdrehenden Reifen die Belle-Alliance-Straße entlangzufahren.

Kurz darauf bog das vorausfahrende Polizeiauto erneut ab. Willegs Stimme war über dem lauten Motorengeräusch kaum zu verstehen. »Wo zum Teufel will der denn hin?«

»Er fährt den Luisenstädtischen Kanal entlang!«, rief Oppenheimer und wies mit seinem Zeigefinger auf die sich entfernenden Lichter.

Nach wenigen hundert Metern erschien aus der Finsternis ein Mann in einem Wintermantel. Oppenheimer erkannte ihn, es war einer der Polizisten. Mitten auf der Straße stehend winkte er ihnen zu, damit sie das Tempo drosselten.

»Sie haben vorne angehalten und sind in ein Haus getreten«, wisperte er. »Wir haben jemanden zur Polizeiwache geschickt, um Verstärkung zu holen.«

Willeg stellte den Motor ab, und sie näherten sich die letzten Meter zu Fuß.

Oppenheimer war bislang eher selten in die Luisenstadt gekommen. Er erinnerte sich in erster Linie an den durchdringenden Gestank des Kanals, auf dem nur noch selten Boote entlangschipperten. Doch jetzt warf dort eine Eisschicht das Schimmern des Mondes zurück, und die Geruchsbelästigung hielt sich in Grenzen.

Der Polizist hielt an und zeigte auf ein Eckhaus.

»Da sind sie drin«, murmelte er. »Die anderen sind schon auf der Rückseite und bewachen die Hinterausgänge. Wenn die Verstärkung kommt, nehmen wir sie hops.«

Oppenheimer nickte, auch Willeg grunzte zustimmend.

»Hierbleiben«, flüsterte er Oppenheimer zu. »Wir sind gleich um die Ecke.« Damit ließen sie ihn allein zurück.

Die Hände in den Manteltaschen vergraben, blieb Oppenheimer auf seinem Posten. Da er keine Winterschuhe anhatte, begann er schon nach wenigen Minuten, mit den Füßen zu stampfen.

Dem Schild nach zu urteilen, war im Erdgeschoss des Eckhauses eine Schneiderei untergebracht, doch es sah nicht nach einem florierenden Unternehmen aus. Selbst in der Dunkelheit konnte Oppenheimer erkennen, dass die Scheiben blind vor Staub und die Öffnungszeiten auf der Pappkarte kaum noch zu entziffern waren. Die Schaufensterpuppe in dem Hochzeitskleid erinnerte ihn an die Spukgestalten, vor denen er sich als Kind gefürchtet hatte. Doch sie jagten keine Geister. Es waren Menschen aus Fleisch und Blut, hinter denen sie her waren. Und gerade jetzt, in diesem Augenblick, befanden sie sich irgendwo in dem Gebäude.

Die Nacht war so still, dass Oppenheimer das Blut in seinen Adern rauschen hören konnte. So angestrengt er auch lauschte, aus dem Inneren des Hauses drang kein einziges Geräusch.

Dafür vernahm er andere Laute. Schlurfende Schritte, Gemurmel.

Schließlich konnte Oppenheimer eine Männerstimme erkennen.

Dann erschien eine Silhouette.

Oppenheimer erstarrte, denn er konnte sich zunächst keinen Reim drauf machen. Schwankend kam die Gestalt auf ihn zu. Als sie sich ihm genähert hatte, erkannte er, dass sie scheinbar zwei Köpfe besaß.

Ein Mann mit Zylinder führte eine zusammengesunkene Gestalt die Straße entlang und brabbelte dabei zusammenhangslos vor sich hin.

Oppenheimer atmete auf. Verbrecher pflegten sich nicht so auffällig zu benehmen. Zweifellos waren es feuchtfröhliche Zecher auf dem Weg nach Hause oder zur nächsten Feier. Diskret trat er in den nächsten Hauseingang, um sie vorbeizulassen.

Doch als sich das Paar in Richtung des Kanals entfernte, fiel Oppenheimer auf dem plattgetretenen Schnee eine dunkle Spur auf.

Konnte das Blut sein?

Fragend blickte Oppenheimer den beiden Gestalten nach und registrierte, dass sich die zusammengesunkene Person kaum bewegte. Die Fußspitzen schleiften über den Boden, während der Mann mit dem Zylinder mühsam versuchte, den leblosen Körper mit sich zu ziehen.

Oppenheimer schritt aus dem Hauseingang und rief: »Stehen bleiben! Polizei!«

Die Schattengestalt blieb abrupt stehen. Ihre Trunkenheit war verschwunden. Es war eine Finte gewesen, und Oppenheimer hatte sie durchschaut.

Der Mann stand immer noch regungslos auf dem Gehweg, aber schon im nächsten Augenblick ließ er den schlaffen Körper seines Kumpans zu Boden gleiten und begann zu rennen.

»Hierher!«, konnte Oppenheimer gerade noch rufen, ehe er dem Flüchtenden hinterherlief.

Hinter sich hörte er die herbeieilenden Schritte seiner Kollegen. Der Mann mit dem Zylinder kümmerte sich nicht darum, dass der Wind seine Kopfbedeckung herunterriss, sondern hielt auf die nächste Brücke zu.

Trotz des schlüpfrigen Kopfsteinpflasters konnte Oppenheimer aufholen.

Auf der Brücke angelangt, wirbelte der Verfolgte herum. Oppenheimer registrierte das metallische Blitzen einer Feuerwaffe.

Mit einem gewaltigen Satz sprang er nach vorne, bekam den Arm zu fassen und versuchte, die Schusswaffe zur Seite zu drücken.

Hartnäckig rang er mit seinem Widersacher.

Überraschend gab der Verfolgte nach, und Oppenheimer verlor seinen Halt, fiel zur Seite gegen das Brückengeländer.

Sekundenbruchteile später befand er sich im freien Fall. Aus Oppenheimers Perspektive drehte die Welt Kapriolen. Ungebremst flog er der vereisten Oberfläche des Kanals entgegen.

Als er wieder zu Sinnen kam, war es bereits zu spät.

Er befand sich unter der Eisdecke und wurde von den vollgesogenen Kleidern in die Tiefe gezogen.

Schallwellen drangen durch das Wasser. Ein Knall. Ein weiterer Körper war in das Eis eingebrochen, doch Oppenheimer bekam dies nur noch undeutlich mit.

Krämpfe schüttelten seinen Körper. Die Lunge mit dem Rest der verbrauchten Luft zog sich zusammen, verlangte nach neuem Sauerstoff.

Dann war der Punkt erreicht, er konnte es nicht mehr verhindern.

Oppenheimer öffnete seinen Mund und tat einen Atemzug.

Wasser schoss ihm in die Lunge. Er versuchte, es auszuhusten, doch es ging nicht. Immer neues Wasser strömte nach, erfüllte sein Inneres mit Eiseskälte.

Es wurde dunkel. Doch aus tiefer Dunkelheit griff jemand nach ihm.

Eine grobe Hand.

Oppenheimers dahingleitender Körper wurde mit einem gewaltigen Ruck nach oben gerissen.

Erst als sich sein Kopf wieder über der Wasseroberfläche befand, begriff er, dass er gerettet war. Fahrig griff er nach einer Eisscholle. Neben ihm schwamm eine Gestalt mit einem Quadratschädel.

»Jetzt atme schon!«, rief sie.

*

Zehn Minuten später befanden sich Oppenheimer und Willeg auf der Rückbank eines Polizeiwagens, notdürftig in die letzten Stoffreste aus der pleitegegangenen Schneiderei eingewickelt. Auf dem Weg zur nächsten Polizeiwache schlotterten sie am ganzen Leib.

»Junge, du gehst noch mal hops, wenn du so weitermachst«, sagte Willeg. Nach seinem Sprung in den Kanal war er immer noch aufgebracht. »Du kannst doch nicht jeden Spitzbuben persönlich zur Strecke bringen.«

Trotz seiner Erschöpfung brachte es Oppenheimer fertig, eine Frage zu stellen. »Und Bienert?«

»Was? Bienert? Ach, der is so weit in Ordnung. Hat noch Mal Schwein gehabt. Sein Komplize hat ihn bearbeitet, als er gemerkt hat, dass die Beute kein richtiges Kokain war.«

»Er hat ihn also in die Mangel genommen?«

Willeg machte eine Kopfbewegung, die Oppenheimer als Zustimmung deutete.

»Warum hat er ihn dann noch mitgeschleppt? Und warum diese Verkleidung?«

»Einen Mord wollte er wohl nicht auf dem Kerbholz haben. Vielleicht hat er Bienert auch noch eine Chance gegeben, das Kokain zu besorgen, wer weiß. Das werden wir schon noch rauskriegen. Als er sich davonmachen wollte, hat er jedenfalls bemerkt, dass wir vor dem Haus standen. Bienert konnte er schlecht zurücklassen, der hätte geplaudert. Da hat er lieber versucht, den Betrunkenen zu spielen.«

Dann schüttelte Willeg den Kopf und lachte in sich hinein. »Na, mit dir macht man schon was mit«, murmelte er und kramte in der Innentasche seines Jacketts.

»Da, haste dir verdient.« Mit diesen wohlmeinenden Worten drückte er Oppenheimer einen länglichen Gegenstand in die Hand. Es war eine seiner scheußlichen Zigarren.

Zuerst wusste Oppenheimer nicht, wie er reagieren sollte. Dann sagte er schließlich: »Die ist aber völlig aufgeweicht.«

Mit einem Grinsen im Gesicht schlang Willeg die Arme um seinen fröstelnden Oberkörper.

»Na, wie heißt es so schön«, sagte er mit klappernden Zähnen. »Der Gedanke zählt.«

Über den Autor

Harald Gilbers, geboren 1969, studierte Anglistik und Geschichte in Augsburg und München. Anschließend arbeitete er zunächst als Feuilleton-Redakteur beim Fernsehen, bevor er als freier Theaterregisseur tätig wurde. Er lebt in Erding. Sein Debüt »Germania«, ein hochspannender Thriller über den jüdischen Kommissar Oppenheimer im zerbombten Berlin des Jahres 1944, wurde 2014 auf Anhieb mit dem angesehenen Friedrich-Glauser-Preis ausgezeichnet. Mit dem 2015 erschienenen zweiten Band »Odins Söhne« lässt Gilbers Kommissar Oppenheimer erneut in der irrwitzigen Realität von Hitlers Alptraumreich ermitteln.

Mehr zum Autor unter www.droemer-knaur.de

Lust auf weitere Hochspannung mit
Harald Gilbers?

Germania
Roman

Berlin 1944: In der zerbombten Reichshauptstadt macht ein Serienmörder Jagd auf Frauen und legt die verstümmelten Leichen vor Kriegerdenkmälern ab. Alle Opfer hatten eine Verbindung zur NSDAP. Doch laut einem Bekennerschreiben ist der Täter kein Regimegegner, sondern ein linientreuer Nazi.

Der jüdische Kommissar Richard Oppenheimer, einst erfolgreichster Ermittler der Kripo Berlin, wird von der SS reaktiviert. Oppenheimer weiß, dass sein Leben am seidenen Faden hängt. Erst recht, wenn er den Fall lösen sollte.

Odins Söhne
Roman

Berlin 1945: Kommissar Oppenheimer ist untergetaucht und muss sich mit Schwarzmarktgeschäften über Wasser halten. Als dabei ein brutaler Mord geschieht, wird seine Unterstützerin Hilde verhaftet. Der Tote ist Hildes Ehemann, SS-Hauptsturmführer Erich Hauser. Das Paar ist seit Jahren getrennt und Hilde hätte als Regimegegnerin ein Motiv: Der skrupellose Mediziner Hauser war KZ-Lagerarzt im Osten und hat dort Versuche an Menschen durchgeführt. Oppenheimer muss alles riskieren, um Hilde aus den Fängen der NS-Justiz zu retten.

Eine Auswahl der wichtigsten Krimi- und Thriller-Auszeichnungen

Deutscher Krimi Preis

Der angesehenste Kritikerpreis für das Genre der Kriminalliteratur im deutschsprachigen Raum wird von einer Jury aus Buchhändlern, Kritikern und Literaturwissenschaftlern verliehen. Er wurde im Jahr 1985 vom Bochumer Krimi Archiv als erster deutschsprachiger Kritikerpreis in diesem Genre ins Leben gerufen und seither jedes Jahr im Januar verliehen. Mit ihm sollen nach eigener Definition Autoren und Autorinnen gewürdigt werden, die »inhaltlich originell und literarisch gekonnt dem Genre neue Impulse verleihen«. Die Auszeichnungen werden in den Kategorien »National« und »International« (jeweils 1. – 3. Preis) verliehen. Der Deutsche Krimi Preis ist undotiert und wird – ungewöhnlich in der Szene der Literaturpreise – in der Regel nicht öffentlich verliehen, sondern lediglich der Öffentlichkeit bekannt gegeben.

Unter den honorierten Autoren der letzten Jahrzehnte sind so bekannte Namen wie Jakob Arjouni, John le Carré, James Ellroy oder Oliver Bottini vertreten.

Unsere Nominierten & Preisträger: Friedrich Ani, Mechtild Borrmann, Don Winslow, Kate Atkinson, Sara Gran, Michael Connelly, Wolfram Fleischhauer

Friedrich-Glauser-Preis

Der abgekürzt *Glauser* genannte Friedrich-Glauser-Preis ist neben dem Deutschen Krimi Preis der wohl wichtigste Krimipreis im deutschsprachigen Raum. Benannt ist er nach dem Schweizer Schriftsteller Friedrich Glauser (1896–1938), der als erster deutschsprachiger Krimiautor gilt. Der Preis wird seit 1987 alljährlich in mehreren Kategorien vom *Syndi-*

kat verliehen – der 1985 von Fred Breinersdorfer gegründeten, über 700 Mitglieder zählenden Autorengruppe deutschsprachiger Kriminalliteratur. Die populärste Auszeichnung wird für den besten Kriminalroman des Jahres in deutscher Sprache vergeben und ist mit 5.000 Euro dotiert. Zu den weiteren Kategorien gehört der Ehrenglauser, der besondere Verdienste einer Person um die deutschsprachige Kriminalliteratur würdigt. Seit 2002 wird der Friedrich-Glauser-Preis zusätzlich in den Kategorien Debütroman, dotiert mit 1.500 Euro, und Krimi-Kurzgeschichte, dotiert mit 1.000 Euro, verliehen. Die Preisverleihungen finden jedes Jahr in jeweils wechselnden Städten auf dem großen Krimi-Event des Syndikats, der *Criminale*, statt.

Unsere Nominierten & Preisträger: Nina George, Judith Merchant, Harald Gilbers, Judith W. Taschler, Andreas Föhr, Petra Busch, Sebastian Fitzek

Dagger Award

Der Dagger Award ist eine renommierte Auszeichnung für Kriminalliteratur in Großbritannien. Sie wird seit 1955 in einer wechselnden Anzahl von Kategorien durch die britische Crime Writers' Association (CWA) verliehen. *Dagger* ist das englische Wort für eine klassische Mordwaffe, den Dolch. Derzeit vergibt die CWA zehn zum Teil von Sponsoren geförderte Preise. Zwischen 2006 und 2008 war die englische Privatbank *Duncan Lawrie private bankers* Hauptsponsor der britischen Crime Writers' Association und mit £ 20 000 kurzzeitig der höchstdotierte Krimipreis der Welt. Die weltweite Finanzkrise zwang den Sponsor jedoch zum Rückzug. Die Dotierung des wieder entstandenen CWA Gold Dagger sank bei der Preisverleihung 2009 auf £ 2500. Die bedeutendste Auszeichnung der CWA ist der seit 1986 ins Leben gerufene Cartier Diamond Dagger. Er wird nur Autorinnen und Autoren zuteil, die während ihres bisherigen literarischen Lebens besondere Leistungen für den englischsprachigen Krimi erbracht haben. 2010 ging diese Auszeichnung an Val McDermid.

Unsere Nominierten & Preisträger: Val McDermid, Reginald Hill, P.D. James, Lee Child, Michèle Rowe, Steve Mosby, Giles Blunt

KrimiZEIT-Bestenliste

Die KrimiZEIT-Bestenliste (bis November 2010: *Krimi-Welt-Bestenliste*) ist seit 2005 ein gemeinsames Projekt der Wochenzeitung Die ZEIT und des Radioprogramms Nordwestradio; bis Februar 2012 war der Fernsehsender ARTE ein weiterer Kooperationspartner. Monatlich wird eine Liste mit zehn Kriminalromanen von einer gegenwärtig 21-köpfigen Jury aus Literaturkritikern und Krimispezialisten Deutschlands, Österreichs und der Schweiz erstellt und als Krimi-ZEIT-Bestenliste in den Medien vorgestellt. Jeder Kritiker darf insgesamt drei Mal für das gleiche Buch stimmen. Voten für Bücher, an deren Produktion oder kommerzieller Verbreitung der Kritiker beteiligt ist, sind ausgeschlossen. Zwischen Kriminalromanen in der Originalsprache Deutsch und Übersetzungen wird kein Unterschied gemacht.

Unsere Nominierten & Preisträger: Thomas Kastura, Friedrich Ani, Don Winslow, Sara Gran

Rivertonprisen

Der Riverton-Preis (norwegisch *Rivertonprisen*) ist einer der renommiertesten Literaturpreise Norwegens, der seit 1972 für das beste kriminalliterarische Werk jährlich von einem Verein mit dem Namen Rivertonklubben in Zusammenarbeit mit Buchhändler- und Verlegervereinigungen vergeben wird. Namensgeber ist der Norweger Sven Elvestad (1884–1934), der als Krimiautor unter anderem das Pseudonym Stein Riverton wählte und als Begründer des norwegischen Kriminalromans gilt. Mitglieder des Vereins sind Schriftsteller, Journalisten, Verleger und Literaturwissenschaftler. Die »Trophäe« ist der *Gyldne Revolver* – ein vergoldeter belgischer Armeerevolver. Der Preis hat mit dem wachsenden internationalen Erfolg skandinavischer Spannungsautoren in Deutschland über die Jahre erheblich an Renommee gewonnen.

Unsere Nominierten & Preisträger: Chris Tvedt, Torkil Damhaug, Jørn Lier Horst, P.D. James

Grand prix de littérature policière

Der Grand prix de littérature policière (deutsch *Großer Preis der Kriminalliteratur*) ist ein französischer Literaturpreis, der als bedeutendste Auszeichnung für Werke der Kriminalliteratur gilt. Der Preis wurde 1948 von dem französischen Kriminalschriftsteller, Übersetzer und Literaturkritiker Maurice-Bernard Endrèbe (1918–2005) ins Leben gerufen. Seither werden jedes Jahr im Herbst in den Kategorien National und International der beste französische Kriminalroman und der beste ausländische Kriminalroman in französischer Übersetzung gekürt. Die Preisträger werden von einer bis zu zehnköpfigen Jury ermittelt, die ebenfalls aus Autoren besteht. Unter den honorierten Autoren der letzten Jahrzehnte sind so bekannte Namen wie Mary Higgins Clark, Elizabeth George, Thomas Harris, Patricia Highsmith, Arnaldur Indriðason oder Manuel Vázquez Montalbán vertreten.

Unsere Nominierten & Preisträger: John Katzenbach, Michael Connelly, P.D. James

Edgar Allan Poe Award

Der Edgar Allan Poe Award ist der weltweit populärste und gleichzeitig bedeutendste Preis für kriminalliterarische Werke in den USA. Der *Edgar*, wie er auch kurz genannt wird, wird seit 1946 von den Mystery Writers of America (MWA) verliehen. Namensgeber ist Edgar Allan Poe (1809–1849), der als Begründer der modernen Kriminalliteratur gilt. Derzeit wird der Edgar in insgesamt dreizehn Kategorien vergeben, für die jeweils eine eigene Jury zuständig ist. Nur aktive MWA-Mitglieder kommen als Juroren in Frage. Jeder Juror legt dabei eine sogenannte Top-Ten-Liste an, die als Grundlage für die gemeinsame Abstimmung dient. Die Auszeichnung findet während des Edgar Awards Banquets statt. Unter den honorierten Autoren der letzten Jahrzehnte sind so bekannte Namen wie John le Carré, James Lee Burke, Stephen King, Gillian Flynn oder Ian Rankin vertreten.

Unsere Nominierten & Preisträger: P.D. James, Steve Hamilton

Marlowe

Der Marlowe war ein deutscher Literaturpreis für Kriminalliteratur, der zwischen 1992 und 2002 von der Raymond-Chandler-Gesellschaft (Deutschland) e.V. in mehreren Kategorien verliehen wurde. Philip Marlowe ist der wichtigste Protagonist in den Romanen des amerikanischen Schriftstellers Raymond Thornton Chandler (1888–1959) und der Namensgeber des undotierten Preises.

Die von Literatur- und Sprachwissenschaftlern 1991 gegründete Gesellschaft legte einige Hauptkriterien fest, die für das jeweils auszuzeichnende Werk galten: Es musste eine überzeugende literarische Qualität aufweisen, einen wertvollen Beitrag zur Kriminalliteratur leisten und letztlich von Originalität und anspruchsvollem Inhalt getragen sein. Juroren waren Wissenschaftler des Vereins, aber auch Kritiker, Autoren und andere Personen.

Unsere Nominierten & Preisträger: Michael Connelly, Tatjana Kruse

Copyright-Vermerk